LA HISTORIA DETRÁS DEL DESASTRE

Crónica de una herencia envenenada

LA HISTORIA DETRÁS DEL DESASTRE

DEL DESASTRE

Crónica de una herencia envenenada

ROBERTO ROCK L.

Grijalbo

La historia detrás del desastre
Crónica de una herencia envenenada

Primera edición: junio, 2019

D. R. © 2019, Roberto Rock L.

D. R. © 2019, derechos de edición mundiales en lengua castellana:
Penguin Random House Grupo Editorial, S. A. de C. V.
Blvd. Miguel de Cervantes Saavedra núm. 301, 1er piso,
colonia Granada, delegación Miguel Hidalgo, C. P. 11520,
Ciudad de México

www.megustaleer.mx

ISBN: 978-607-317-613-2

Impreso en México – *Printed in Mexico*

El papel utilizado para la impresión de este libro ha sido fabricado a partir de madera procedente
de bosques y plantaciones gestionadas con los más altos estándares ambientales, garantizando
una explotación de los recursos sostenible con el medio ambiente y beneficiosa para las personas.

Penguin
Random House
Grupo Editorial

Índice

A don Jorge y a doña Graciela. Raíz y soporte.
A mi esposa, Violeta; a mis hijos, Graciela y Roberto,
por todo lo que sabemos.

Nota del autor

Este libro ha sido elaborado con base en cientos de entrevistas con actores ligados directamente a los hechos de los que se da cuenta: funcionarios, políticos e incluso periodistas que compartieron versiones de primera mano, todas las cuales fueron verificadas y contrastadas. Los testimonios recogidos, salvo los citados en forma expresa, fueron aportados bajo un acuerdo de anonimato, o en uso del extendido principio periodístico de emplear la información aportada sin indicar su origen.

Apuntes personales, documentos oficiales, videos y otras fuentes primarias fueron puestos al alcance del autor como un soporte indispensable para garantizar la certeza de los datos aportados.

Agradezco ampliamente la confianza que me permitió recibir de expresidentes de la República, secretarios de Estado, altos funcionarios, líderes empresariales o partidistas, múltiples testimonios sobre acontecimientos no narrados hasta ahora. Tengo para mí que ello se debe a la cada vez más extendida convicción, entre hombres y mujeres públicos, de que la información que poseen es propiedad a fin de cuentas de los ciudadanos.

Desde que era poco más que una idea, este libro recibió el respaldo de la editorial Penguin Random House México, por lo que reconozco la generosidad y profesionalismo de su equipo, en particular de los editores Andrés Ramírez y Juan Carlos Ortega.

Este proyecto guarda una deuda con los autores de otros libros sobre la administración de Enrique Peña Nieto y el advenimiento del gobierno de Andrés Manuel López Obrador. Las iniciativas de esta naturaleza, que corren siempre el riesgo de escrutar en la historia viva, ofrecen claves esenciales para entendernos, especialmente cuando muchos pueden creer que para contar con un diagnóstico adecuado basta consultar las noticias del día o, peor, confiar en esas *cámaras de eco* que son la redes sociales.

El libro se nutre de un trayecto profesional que en 2019 sumó 40 años, estrechamente ligados al diario *El Universal*, donde muchos de sus directivos y colegas merecen mi gratitud y lealtad. La más reciente de esas cuatro décadas concentré mi mayor dedicación en el *Grupo La Silla Rota*, cuyo equipo es motivo diario de aprendizaje y orgullo.

Una amplia y especial mención debe ser hecha para el apoyo esencial de Diana Juárez Torres, periodista e investigadora social, que tuvo a su cargo la documentación de extensos tramos de este libro, así como la verificación y puesta en perspectiva de muchos datos esenciales, todo lo cual fue enriquecido con su visión personal.

Introducción

Escena 1. Primavera de 2012. En plena campaña presidencial de Enrique Peña Nieto, líderes sindicales, gobernadores priistas y otros actores de poder fueron convocados a diversos encuentros privados con el hombre del momento, el carismático exgobernador del Estado de México, el irresistible heraldo del regreso de un "nuevo PRI". El propósito: presentarles un diagnóstico de la contienda y pedirles compromisos de contribuciones de dinero en efectivo. Cada asistente apuntaba una cifra en una tarjeta que entregaba directamente al candidato, lo que semejaba las reglas de una cofradía secreta. Hubo tarjetas en las que se inscribieron cifras alucinantes, hasta de 1 000 millones de pesos. Según alardearon después, entre los mayores aportantes figuraron los gobernadores de Veracruz, Javier Duarte; de Chihuahua, César Duarte, y de Quintana Roo, Roberto Borge, sobre los que ya había señalamientos de saqueo de fondos públicos.

El lugar: Casa de Gobierno en Toluca, entonces sede del gobernador Eruviel Ávila, o la residencia en donde estaba radicada la representación del gobierno del estado, en la avenida Explanada de la Ciudad de México, en el exclusivo barrio de las Lomas de Chapultepec.

El expositor: Luis Videgaray, *alter ego* de Peña Nieto. En la primera de esas reuniones, este experto en finanzas, formado en el ITAM y con posgrado en el prestigiado Instituto Tecnológico de Massachusetts (MIT, por sus siglas en inglés) de Boston, Estados Unidos, presentó su estrategia. Todo va bien, les dijo, pero la contendiente panista, Josefina Vázquez Mota, "está creciendo mucho", por lo que pidió a los gobernadores alentar apoyos en medios locales y promover anuncios en carteleras espectaculares para "hacer subir" a López Obrador.

Alguien pudo haber percibido que en estos encuentros algo olía mal; que esos diagnósticos estaban cargados de mucha autocomplacencia y muy poca comprensión de un país confrontado. Pero todos parecían entusiasmados con el retorno de quienes "sí saben hacer las cosas". Y hasta la oposición parecía apenas ocultar su satisfacción con *el estado de la cuestión*.

La euforia llegó con el Pacto por México, anunciado en la toma misma de posesión del nuevo presidente de la República. En unos cuantos meses se impulsaron 13 ejes de reformas cruciales. Con sólo unos días de por medio, al Congreso llegaron las reformas energética, fiscal y educativa. Cada una rompía con un estado de cosas. Y ahí estaba para ratificarlo el encarcelamiento de la cacique sindical magisterial Elba Esther Gordillo. El plan del gobierno a corto plazo era imponer las reformas, advertía el presidente Peña Nieto, lo repetían sus principales colaboradores: Luis Videgaray, Miguel Ángel Osorio Chong, Aurelio Nuño. Y a largo plazo no quedaba más que implementar esas mismas reformas...

Pronto, sin embargo, empezaron a surgir señales de que algo en palacio se estaba pudriendo.

Escena 2. Un procurador general de la República durante la administración de Peña Nieto conversa con conocidos empresarios. Uno de éstos revisa su celular y súbitamente palidece. Muestra al procurador el mensaje de un abogado cercano a Los Pinos, el que alertaba al empresario que al día siguiente sería emitida por la Procuraduría General de la República (PGR) una orden de aprehensión por fraude fiscal, pero le sugiere que "hay forma de frenarlo". El procurador consulta con sus subordinados y confirma que tal orden de arresto efectivamente está en proceso. Ha presenciado directamente cómo funciona un esquema de alta extorsión que implica a abogados y funcionarios gubernamentales.

Escena 3.- En los meses previos a su segunda fuga de un penal "de alta seguridad", el del Altiplano, Joaquín "el Chapo" Guzmán Loera había entrado en negociaciones con integrantes de la administración de Peña Nieto a fin de obtener protección para sus hijos y lugartenientes a cambio de negociar con otros capos una disminución de la violencia en el país. El gobierno estadounidense, y en particular su agencia antinarcóticos, la DEA, les dicen a sus contrapartes mexicanas estar sorprendidos por las facilidades otorgadas a miembros de conocidos cárteles, como el de Sinaloa y Jalisco Nueva Generación. Ello atrae una pérdida de confianza en la Secretaría de Gobernación y en su titular, Miguel Ángel Osorio Chong, responsable simultáneamente de la política interior y de los sistemas de seguridad de seguridad federal en México.

Como todo texto que se aventure a bucear en la historia viva, este libro pretende aportar estampas elaboradas con los referentes de un trabajo periodístico que atisba por puertas y ventanas que a muchos le gustaría mantener, como antaño, cerradas del todo y ajenas al escrutinio público.

Las instantáneas que describen el desplome de la presidencia de Enrique Peña Nieto seguramente resistirán varias interpretaciones, incluso contrapuestas, no sólo a partir del lugar escogido por el lector en el espectro político e ideológico. También cabrán balances alternos a la luz de nuevos acontecimientos, en México y otras naciones, que nos permitan a todos mirar bajo diversos cristales lo que significó el gobierno mexicano en el periodo 2012-2018.

No debe descartarse la posibilidad de que en los siguientes años avance una tesis en el sentido de que, en un mundo en el que el poder es cada vez más difícil de ejercer y más fácil de perder, Peña Nieto representó simplemente el acto fallido de una clase política y de un país con un pésimo diagnóstico sobre lo que México necesitaba. Otras voces defenderán que, frente a sociedades polarizadas como la nuestra, con elecciones atípicas en todo el mundo, el desastre de un gobierno no será la excepción sino la norma.

El lector que se aproxime a estas páginas encontrará episodios centrales en la administración de Peña Nieto, reconstruidos a partir de un centenar de testimonios de actores directos o de versiones de primera mano que, como piezas de un rompecabezas, pretenden dibujar, sin concesiones ni matices, a un equipo forjado en la cultura política del Estado de México, una de las más sólidas y estables del país, pero también una de las más pragmáticas y corruptas.

La lectura contemporánea del gobierno de Peña Nieto puede concluir que tras décadas de anhelar que uno de los suyos llegara a Los Pinos, la clase política mexiquense (el simplistamente llamado Grupo Atlacomulco) lo logró por fin, sólo para fracasar rotundamente. Dominado por las cortesanías del poder, por el glamur de las oficinas y, a no dudarlo, por los negocios a trasmano, todo indica que ese grupo perdió de vista un país bajo transformaciones intensas, con una sociedad hipercrítica y profundamente desencantada no sólo de sus gobernantes sino del tipo de democracia que trajo la alternancia partidista en la década del año 2000, con Vicente Fox y Felipe Calderón.

Una de las conclusiones a las que muy probablemente llegará quien recorra este trabajo será que Fox y Calderón lograron una doble proeza: echaron al PRI de Los Pinos (lo que era un clamor generalizado tras más de 70 años de gobiernos de un solo partido), pero no tomaron el poder real y lo regresaron casi intacto. El contrapeso de los gobernadores priistas, el control del oficialismo sobre el Congreso y la incapacidad de los gobiernos panistas ante los poderes fácticos —desde los monopolios hasta el crimen organizado, pasando por los cacicazgos sindicales— condujeron a un *statu quo* que permitió al PRI perder la Presidencia, pero conservar enormes cuotas de poder.

Los últimos tres capítulos de este libro fueron elaborados para incluir una mirada, si bien apresurada, sobre el triunfo de Andrés Manuel López Obrador, no únicamente en la contienda presidencial sino en otros significativos espacios, incluidas gubernaturas, el Congreso federal y más de la mitad de los Congresos estatales del país.

Este nuevo balance y lo que traiga a la vida de la nación permitirá arrojar otras miradas sobre el sexenio de Peña Nieto. Entonces se podrán dilucidar claves adicionales para entender qué le ocurrió a un gobierno que durante sus primeros 20 meses logró cautivar al mundo por su capacidad de emprender reformas "estructurales" y crear lo que fue bautizado por la prensa internacional como el "Mexican moment".

En la cima de ese reconocimiento global, Peña Nieto visitó en septiembre de 2014 Nueva York, donde habló ante la Asamblea General de las Naciones Unidas; fue designado líder de una iniciativa sobre gobierno abierto; recibió el aplauso de Barack Obama y de representantes de la comunidad judía mundial, incluido el legendario Henry Kissinger. Pero horas después de regresar a México, cuando el mandatario mexicano seguramente seguía teniendo en sus dedos la sensación de haber rozado el

cielo, su administración se empantanó en la crisis desatada por la tragedia de los estudiantes de la normal de Ayotzinapa, en Guerrero. El brutal
episodio con el que los mexicanos confirmamos que crimen organizado
y corrupción política se alimentan mutuamente.

Después, en noviembre de ese mismo 2014, vendría el escándalo de
la "Casa Blanca", y ya nada fue igual. O, mejor dicho, todo fue de mal
en peor. Peña Nieto iniciaría un largo invierno en materia de aprobación ciudadana. Durante 24 meses sucesivos, la imagen de su administración mantuvo picos y valles, pero la tendencia general impuso una
caída de la que nunca pudo recuperarse.

De acuerdo con las mediciones que presentaban casas encuestadoras,
el peor momento, la ruptura más profunda del gobierno de Peña Nieto
con la sociedad, estuvo marcado por la crisis del llamado "gasolinazo",
con mayor énfasis entre diciembre de 2016 y enero de 2017.

La cronología de esos hechos podría ofrecer elementos para un ma-
nual de cómo desatar el mal humor social, o cómo emprender una estrategia de comunicación fallida. A toro pasado, integrantes del gabinete
presidencial como Miguel Ángel Osorio Chong, titular de Gobernación,
o Rosario Robles, de Desarrollo Social, lo mismo que varios gobernadores, aseguraron en conversaciones privadas haber intentado convencer a
Peña Nieto y al secretario de Hacienda, Luis Videgaray, para no aplicar
el aumento a las gasolinas o al menos dosificarlo, como acabó haciéndose
eventualmente. En Los Pinos se negó que tales impugnaciones hayan
sido presentadas.

La misma cronología de esta crisis ofrece una relación de acontecimientos que vistos en forma aislada resultan irritantes. Pero una mezcla
de todos, en un corto lapso como ocurrió en este caso, tenía que traer,
necesariamente, resultados social y políticamente explosivos.

Ello incluye una decisión económica mal comunicada por el gobierno; un aumento en las gasolinas cuando el precio del petróleo iba en
caída; un impacto en la economía familiar en una atmósfera en la que
se calificaba de corruptos a los gobernantes; una medida que se emprendió en momentos en que públicamente se sabía que el presidente estaba
disfrutando de vacaciones. En los días previos se había desatado un fenómeno de especulación que provocó escasez del combustible en la tercera

17

parte del país. Los aumentos, que fueron de 14 a 20%, eran constatados por el público cada vez que pasaba frente a una gasolinera.

El 2 de enero de 2017 iniciaron bloqueos en varios puntos del país por el alza en los precios del combustible. Las protestas incluyeron tomas de casetas de peaje en carreteras federales, obstrucción de carreteras en general, cercos a centros de almacenamiento de Petróleos Mexicanos, plantones y acciones contra oficinas públicas de los tres niveles de gobierno, marchas que desembocaron en las sedes de los Congresos y las gubernaturas estatales y, en varios casos, confrontaciones con las fuerzas públicas, con saldos de muertos, como sucedió en Ixmiquilpan, Hidalgo.

Hubo invasión y daños en palacios de gobierno, como pasó en Monterrey; detenciones y consignaciones en Durango, con tres activistas que Pemex pretendió culpar de pérdidas de 61 millones de pesos por bloquear el paso a sus instalaciones; toma de cruces internacionales como en Ciudad Juárez y Tijuana; tiros al aire de policías para dispersar a manifestantes en Nogales, Sonora, que impedían el paso a trenes. En Ciudad Camargo, Chihuahua, ciudadanos se arrodillaron y cantaron el Himno Nacional, lo que logró frenar una embestida policiaca que pretendía retirarlos de una caseta de peaje en la Carretera Panamericana.

Además de protestas y manifestaciones, se registraron saqueos en Chihuahua, Morelos, Durango, Michoacán, Hidalgo, Veracruz y en el Estado de México. El temor al vandalismo ocasionó que cientos de comercios, tiendas y centros comerciales en varias ciudades de México cerraran sus puertas. Oficialmente fueron saqueadas 79 tiendas y 170 negocios cerraron, de acuerdo con la Asociación Nacional de Tiendas de Autoservicio y Departamentales de México (ANTAD).

El 4 de enero Peña Nieto dio un mensaje oficial con motivo del alza de gasolinas, alegó que en el sexenio anterior se habían eludido costos políticos y se perdió un billón de pesos por el subsidio de la gasolina. "Tratar de mantener el precio artificial de las gasolinas nos hubiera obligado a recortar programas sociales, a subir impuestos o a incrementar la deuda del país, poniendo en riesgo la estabilidad de toda la economía."

Pero una frase en su discurso llamó la atención:

"Aquí les pregunto: ¿qué hubieran hecho ustedes?"

El presidente descolocado

Para no pocos observadores agudos, Ayotzinapa, la "Casa Blanca" y el "gasolinazo" causaron un impacto profundo en Peña Nieto, al grado que parece haberse descubierto desnudo a medio desfile, como el rey del cuento de H. C. Anderson.

Como una referencia no del todo aislada, puede consignarse que Peña Nieto acostumbraba sostener periódicamente reuniones con el conjunto de los ministros de la Corte. Sabedor de la división de poderes, era muy cauteloso y combinaba una charla informal con rondas de consultas sobre temas centrales. Hacía gala de astucia política y de trato sedoso frente a los 11 hombres y mujeres que ocupan el más alto espacio en materia de interpretación constitucional y son la última instancia en resoluciones judiciales, su doble rol en la democracia mexicana.

Tras los citados eventos, Peña lucía desorientado, eludía los temas del momento, hablaba de frivolidades. Había perdido el toque que lo volvía una fuerza de seducción irresistible. Para propios y extraños, parecía haberse vuelto un presidente con una mirada corta sobre los asuntos.

Otro episodio que cimbró al personaje forjado en las entrañas mismas de la política mexiquense fue la contienda electoral en su estado natal, en 2017, para renovar la gubernatura al término de la gestión de Eruviel Ávila, su antecesor en el cargo. A nadie escapaba que una de las raíces fundadoras del PRI se extiende hasta el Estado de México por la vía de Carlos Riva Palacio Carrillo, parte del bloque político que sustentó a la familia Gómez, la cual antecedió en el dominio de la entidad al grupo de Atlacomulco.

La derrota del partido oficial en el estado, teniendo gobernador y presidente priistas, hubiera sido una de esas afrentas que toma generaciones enteras enmendar. Y Peña Nieto se asomó a esa condición.

De haber contendido el PRI en solitario durante los comicios estatales del 4 de junio de ese año, el triunfo hubiera correspondido a Delfina Gómez, de Morena. Una candidata virtualmente desconocida, abanderada de un partido formado dos años antes, habría hecho morder el polvo al Institucional, que postulaba a Alfredo del Mazo Maza, parte de una dinastía que ya había dado dos gobernadores, su padre y su abuelo. Y que, por añadidura, se trataba de un primo del presidente Peña Nieto. El tercer Del Mazo sólo pudo llegar al poder gracias a los votos aportados por sus aliados, el Verde, Nueva Alianza y Encuentro Social, que lo hicieron ganar por menos de tres puntos porcentuales de diferencia.

Algo quedó roto en Peña Nieto luego de esa elección de pesadilla en el Estado de México. Lo ahí ocurrido envenenó su relación con el PAN y en particular con quien sería su aspirante presidencial, Ricardo Anaya. Hay múltiples evidencias de que Los Pinos dictó combatir a Anaya en la campaña de 2018 con mucho mayor énfasis que a López Obrador.

Tras lo sucedido en el Estado de México, Peña Nieto rompió la costumbre, que sostuvo a lo largo de todo el sexenio, de recibir a todo tipo de personajes en Los Pinos siempre acompañado por alguno de sus principales colaboradores, en particular Luis Videgaray o Miguel Ángel Osorio Chong. Comenzó a tener reuniones él solo al tiempo que se multiplicaban señales de deterioro con su equipo cercano, en particular con Osorio Chong. En las semanas previas a la salida de éste de Gobernación, en enero de 2018, testigos presenciales de conversaciones entre ambos, particularmente por vía telefónica, daban cuenta: "Miguel le miente abiertamente, asume un tono desafiante con el presidente. Al colgar se expresa en forma despectiva o con gestos displicentes".

Un juicio inicial sobre la gestión de Peña Nieto no podría excluir, justamente, su decisión, desde los primeros días del gobierno, de nombrar dos cabezas al frente del gabinete, Osorio Chong, a cargo de la "supersecretaría" de Gobernación, y Videgaray, el poderoso secretario "transversal" en todos los temas con algún componente económico, fuera en Hacienda, Pemex o la cancillería. Ambos personajes, a querer o no, fueron colocados en una prematura, desgastante y en ocasiones encarnizada disputa por la sucesión presidencial, cada uno con sus respectivos aliados internos.

El "estilo personal de gobernar" de Peña Nieto incluyó un modelo ampliamente practicado en el Estado de México, donde partidos y líderes opositores participan en una simulación en la que se les asigna un rol desde el poder central, que supone espacios y canonjías que, sin embargo, nunca ponen en riesgo la vigencia del mando verdadero. Esa función parece haber sido cubierta en este caso por personajes satélite como Miguel

Ángel Mancera, jefe del Gobierno de la Ciudad de México, figura clave del Partido de la Revolución Democrática (PRD), y por Ricardo Anaya e incluso Rafael Moreno Valle, los dos actores más relevantes en su momento en el Partido Acción Nacional (PAN).

Debe considerarse singular que, en la historia de la administración de Peña Nieto, los partidos políticos como estructuras complejas de agrupación ciudadana no hayan tenido más que un protagonismo meramente formal. El mandatario, de extracción priista, no se apoyó en su partido para llegar al poder (en verdad, lo hizo mediante pactos con los gobernadores representados en la Conferencia Nacional de Gobernadores, Conago), ni lo dotó de peso alguno en la deliberación pública. Si acaso, se permitió un experimento acotado con la dirigencia de Manlio Fabio Beltrones, que naufragó en los comicios de 2016 y se derrumbó en menos de un año.

El PRD y el PAN fueron alcanzados también por este virtual desmantelamiento del sistema de partidos en México, rendidos ante una captura de la política por parte de la cúpula gubernamental, a lo que se sumó el fenómeno de Morena, que tampoco se desempeñó propiamente como un partido pues fue apenas un referente en el movimiento personalísimo de un líder absoluto: Andrés Manuel López Obrador.

A nadie debe extrañar, en consecuencia, que la campaña presidencial del PRI haya flotado en el limbo de un partido que ya no estaba habitado por liderazgos nacionales y locales, sino por el vacío imaginable tras seis años de marginación. José Antonio Meade, se acabó demostrando, representó la fórmula contraria a lo que exigía una verdadera contienda por la presidencia: contra un político puro y duro como López Obrador, fue colocado un tecnócrata ajeno a la política. Frente a un personaje con un sexto sentido por lo popular, un hombre inteligente "con el carisma de una silla", según se le describió en un medio internacional.

"Este hombre [Peña Nieto] no entiende que no entiende", estableció la influyente revista *The Economist* en enero de 2015, uno de los juicios más duros que se haya publicado en la prensa extranjera para un presidente mexicano, en especial porque en los inicios de su gobierno fue descrito como "alguien que pueda enseñarnos cómo funcionan las nuevas democracias".

Ese dramático contraste entre el hombre promotor de reformas legales que presentó como señales de un México nuevo, y el gobernante que el mundo observó maniatado por un sistema político corrupto y sin remedio, constituye el telón de fondo para intentar esta crónica de un derrumbe.

Ciudad de México. Invierno de 2018

Capítulo 1
El origen. El pacto con Calderón

El estilo político de Enrique Peña Nieto no lo llevó jamás al debate en la tribuna ni en las plazas, a la batalla a campo abierto. Lo suyo fue el acuerdo en discretos coloquios. A su tutor, el exgobernador Arturo Montiel, le debe haberlo impuesto primero como diputado local, líder del Congreso estatal y luego gobernador en el Estado de México, por lo que no debió librar aduana alguna en el partido donde militaba por tradición familiar y de clase política: el Partido Revolucionario Institucional (PRI). Su ascenso fue rápido, relativamente fácil y aceitado por un caudal irrefrenable de dinero —código esencial de la política mexiquense—.

Una vez en el palacio de gobierno estatal, Peña Nieto tejió una urdimbre de acuerdos con los gobernadores que fueron electos en coincidencia con los años de su gestión (2005-2011). Con ellos construyó su postulación presidencial, apoyado por dos mandatarios estatales: Humberto Moreira, de Coahuila, y Miguel Ángel Osorio Chong, de Hidalgo.

La actividad partidista nunca lo cautivó. Receló de los dirigentes del PRI con los que se debió cruzar. Un antecedente obligado en su biografía política fue Isidro Pastor Medrano, quien usó la dirigencia en el PRI estatal para disputarle a Peña Nieto en 2004 la candidatura a la gubernatura.

De esa misma época data una guerra de baja intensidad, que se ha prolongado por años, una batalla tras otra, contra Roberto Madrazo, expresidente del PRI nacional, y su grupo cercano, en el que militaron Manlio Fabio Beltrones, exgobernador de Sonora y coordinador de la campaña presidencial de Madrazo en 2006; Elba Esther Gordillo, secretaria general del PRI con Madrazo (2002-2005), aunque en 2003 rompió ruidosamente con él; el gobernador oaxaqueño Ulises Ruiz y César Augusto Santiago, entre otros. El pragmatismo político pudo haberlo acercado circunstancialmente con alguno de ellos, como Beltrones Rivera. Pero incluso en esos momentos ambos supieron que se profesaban una mutua desconfianza.

En 2004 y 2005 el grupo de Madrazo lo había despreciado como aspirante a suceder a Arturo Montiel en la gubernatura del Estado de México. Alentaron al exdirigente priista y entonces diputado local, Pastor Medrano, a hacerse de la candidatura, por las buenas o por las malas. En las semanas previas a la definición sobre quién sería postulado, en el municipio de Naucalpan hubo un acto multitudinario a favor de Pastor, que el equipo de Peña Nieto identificó como organizado a trasmano por la dirigencia nacional del PRI, en particular la Confederación Nacional de Organizaciones Populares (CNOP) y César Augusto Santiago.

En la primavera de 2005, ya arrancadas las campañas y con Peña Nieto como candidato del PRI y del Partido Verde Ecologista de México (PVEM), una reunión en Toluca los congregó a él, al gobernador Montiel, a Madrazo, dirigente nacional del PRI, y a Jesús Murillo Karam, designado delegado del partido en el estado a solicitud del exgobernador Alfredo del Mazo González, tío de Peña Nieto.

"Gobernador, nuestro candidato arrancó 12 puntos atrás de [Rubén] Mendoza Ayala" (postulado por el Partido Acción Nacional —PAN— y Convergencia). "No lo conoce nadie; me temo que nos va a hacer perder", dijo Madrazo, quien había evitado asistir a la ceremonia de postulación de Peña Nieto, como lo haría el resto de su campaña. Girando la mirada hacia Murillo Karam, le subrayó: "Te lo dije, Chucho, fue mala idea que vinieras acá".

Meses atrás, antes de asumir la representación partidista en el estado, Murillo se había reunido en Toluca con Del Mazo y Peña Nieto cuando éste era un inquieto aspirante a la gubernatura. Conversaron largamente. Al regresar a la Ciudad de México, Murillo les dijo a sus cercanos: "Este muchacho, Peña, puede llegar a ser algo. Si sólo dejara de ser tan formalito, con esas corbatitas".

Cuando Madrazo se había retirado de aquella tensa reunión, en el salón continuaron conversando Montiel, Murillo y Peña Nieto. El gobernador reveló tener una estrategia para sobornar a la dirigencia del PAN, por conducto del polémico líder Ulises Ramírez, conocido por su venalidad, con el fin de que se le quitara la candidatura a Mendoza Ayala y poner en su lugar a José Luis Durán Reveles. Éste había sido alcalde de Naucalpan (1997-2000) y subsecretario de Gobernación (2000-2003) bajo la presidencia de Vicente Fox. En 1999 fue derrotado por el propio Montiel en la contienda por la gubernatura.

Murillo se opuso. Argumentó que las campañas son para contrastar personajes y propuestas. Y que no imaginaba mayor contraste que el que ofrecían Peña y Mendoza Ayala.

"Yo me hago cargo —advirtió—. Pero tú —le dijo a Peña— a partir de mañana te remangas la camisa, te olvidas de las corbatas y te entregas a la gente. Déjanos lo demás a nosotros". "Lo que digas, Jesús", contestó el interpelado.

"Lo demás" —como lo había llamado Murillo Karam y como lo publicó reiteradamente la prensa mexicana— fue un flujo incesante de dinero público y privado en favor de la campaña de Peña Nieto, estimado en 1 000 millones de pesos, cuando el tope de gastos autorizado fue de 216 millones. La consultora Ibope calculó que sólo en medios de comunicación la campaña oficial había erogado 300 millones de pesos. El día de los comicios, 4 de julio de 2005, Peña Nieto ganó la gubernatura con 47.5% de los votos. Rubén Mendoza obtuvo 24.7% de los sufragios. Yeidckol Polevnsky, del PRD-PT (Partido de la Revolución Democrática-Partido del Trabajo), logró 24%.

Peña Nieto había arrasado en las urnas. Pero cuando los vítores comenzaron a acallarse, el escenario nacional reclamó su atención. Traía en carne viva las humillaciones de Roberto Madrazo, que seguía siendo presidente nacional del PRI, y en noviembre de ese mismo 2005 se hizo de la candidatura para las elecciones presidenciales de 2006.

Para consumar su propósito, Madrazo aplastó las aspiraciones de Arturo Montiel (el tutor político de Peña Nieto) pues, según todas las evidencias, fue él quien filtró a medios información sobre la riqueza del exgobernador mexiquense, sus residencias en el extranjero, lo que incluyó un departamento de lujo en París, donde protagonizaba una amorosa historia con la periodista francesa Maude Versini, que lo volvió tema de escarnio nacional.

La intentona previa de Arturo Montiel de integrar un grupo de gobernadores y exgobernadores que formaron lo que fue bautizado popularmente como el "Grupo Tucom" (Todos unidos contra Madrazo), no pudo frenar al político tabasqueño en su ruta hacia la postulación presidencial con la dirigencia del PRI como plataforma.

El episodio no sólo hundió a Montiel, sino que lesionó la imagen de la clase política del Estado de México, y en particular la del gobierno de Peña Nieto. Desde el primer momento se dio a la tarea de sellar compromisos con gobernadores y futuros candidatos, muchos de ellos agraviados por Madrazo. Peña sabía que si Madrazo llegaba a Los Pinos su gubernatura se tambalearía y no habría futuro posible. En esta estrategia no podría acercarse al PRI, donde era un extraño y, además, sus dirigentes estaban al servicio de Madrazo.

La táctica desembocó naturalmente en urdir la derrota de Madrazo en la contienda presidencial, en la que se enfrentaba a Felipe Calderón, postulado por el PAN, y Andrés Manuel López Obrador, por el PRD. Había que escoger entre estos últimos a un aliado. La opción natural era el PAN, con el presidente saliente, Vicente Fox, y con el aspirante Felipe Calderón. Peña Nieto y los suyos se entregaron a la labor de derrotar al abanderado de su partido, aun cuando el PRI siguiera fuera de Los Pinos seis años más.

Estaba por consolidarse la historia de lo que fue denominado el "PRIAN", que había tenido sus primeras expresiones desde la administración de Carlos Salinas de Gortari (1988-1994). Un pacto profundo entre ambos partidos, en diversos órdenes, que incluyó una virtual cohabitación de figuras del PRI y del PAN durante los gobiernos de Vicente Fox (2000-2006), Felipe Calderón (2006-2012) y el tramo inicial del propio Peña Nieto (2012-2018).

En su libro *El amasiato* (Ediciones Proceso, 2016), el periodista Álvaro Delgado establece que hacia finales de la campaña presidencial de 2006 se estableció un acuerdo personal entre Peña Nieto y Calderón, lo que incluyó un encuentro en el hotel Nikko de la Ciudad de México, con la intermediación del alcalde con licencia de Tlalnepantla, Ulises Ramírez. Habrían acudido Peña Nieto acompañado de Luis Videgaray, así como Calderón Hinojosa junto con Juan Camilo Mouriño. En esa reunión se habría pactado, dice el periodista Delgado, "el apoyo del PRI mexiquense al panista en las elecciones […] y el respaldo del michoacano al entonces gobernador para los comicios de 2012". Delgado establece que dicho acuerdo buscó también expresamente impedir el triunfo en las urnas de Andrés Manuel López Obrador.

Informes generados en los años recientes arrojan perspectivas adicionales y dan señales de una compleja urdimbre desarrollada por Peña Nieto y el grupo de gobernadores que cada día comandaba con mayor claridad.

El acercamiento entre Peña Nieto y Calderón Hinojosa también fue catalizado por versiones de que importantes líderes gremiales desarrollaban negociaciones con el equipo de López Obrador para una eventual alianza con rumbo a las elecciones. Entre esos dirigentes sindicales se encontraban Elba Esther Gordillo, del Sindicato Nacional de Trabajadores de la Educación (SNTE), y Carlos Romero Deschamps. Ambos sostuvieron pláticas con Manuel Camacho Solís. Sin embargo, López Obrador rechazó reunirse con ellos y la propuesta se canceló. Eventualmente Gordillo apoyó a Calderón y Romero Deschamps se integró a la causa de Madrazo.

El esquema de acercamiento partió de la base de acuerdos previos con el presidente panista Vicente Fox, que emprendió, de la mano de las bancadas del PRI en el Congreso federal, reformas legales para transferir a los estados —bajo un superficial modelo de supervisión— partidas del presupuesto federal en montos nunca vistos bajo presidencias encabezadas por el PRI.

Fuera cual fuese la motivación para ello, las administraciones estatales comenzaron a experimentar una bonanza inédita y mayor autonomía sobre el ejercicio de esos dineros, que rayaba en la discrecionalidad. Pronto los gobernadores empezaron a no echar de menos la presencia de un presidente priista en Los Pinos. Comenzaba a construirse el *hoyo negro* de las enormes deudas estatales y los escándalos por el saqueo de fondos públicos. El país presenciaba cómo el perfil de los gobernadores-súbditos del presidente viraba hacia la asunción de "virreyes" estatales.

Gobernadores priistas consultados por este autor dieron cuenta de que el equipo del mandatario mexiquense Peña Nieto los contactó en las semanas previas a la elección de 2006 con la misma indicación: "Busca a Felipe, vía Camilo. Ofrece apoyo. Y pide lo que necesites, que te será concedido".

A partir de ahí se multiplicaron los encuentros de gobernadores priistas (y de otros partidos) con Juan Camilo Mouriño, el hombre más cercano a Felipe Calderón. Un panista de nuevo cuño del que recelaban los panistas tradicionales. En el arranque del gobierno entrante, en diciembre de 2006, fue designado jefe de la Oficina de la Presidencia, luego secretario de Gobernación y al momento de su trágica muerte, en el avionazo del 4 de noviembre de 2008, tenía virtualmente en la bolsa la candidatura presidencial del PAN en 2012.

YARRINGTON Y LOS PACTOS
CALDERÓN-PEÑA NIETO PARA 2006

Eugenio Hernández Flores, que había asumido la gubernatura de Tamaulipas en febrero de 2005, figuró entre los mandatarios cercanos a Peña Nieto que formó fila para pactar con Juan Camilo Mouriño, ofrecer apoyo a la campaña del PAN y pedirlo para sí y su propio grupo, con la confianza de que "te será concedido". Lo que ocurrió durante el gobierno de Calderón demostró las dimensiones que pudieron alcanzar esos pactos.

En este caso, el tema puesto en la mesa fue Tomás Yarrington, tutor político de Hernández Flores y su antecesor en la gubernatura (1999-2005). En esa condición, Yarrington había figurado en el Tucom alentado en 2005 por el mexiquense Arturo Montiel para frenar a Roberto Madrazo. Yarrington mismo se presentó al país como un prospecto atractivo de candidato presidencial. Al mismo tiempo, sin embargo, autoridades judiciales en Estados Unidos estaban abriendo un expediente penal en su contra al considerar que durante su gestión el mandatario tamaulipeco actuó como cabeza de cárteles de la droga en la región que gobernaba, como posteriormente documentó la prensa de ambos países.

Fuentes de la nación vecina y del sector judicial mexicano revelaron a este autor que entre finales de 2011 y principios de 2012 la administración de Calderón recibió evidencias que presuntamente involucraban a Yarrington, pero rehusó proceder en su contra bajo el argumento de que funcionarios fiscales ligados al PRI se negaban a colaborar en las indagatorias.

El argumento con el que el gobierno mexicano se excusó de intervenir, y que compartió con la agencia antidrogas estadounidense (DEA), estuvo dirigido al entonces jefe del Servicio de Administración Tributaria (SAT), Alfredo Gutiérrez Ortiz Mena, designado posteriormente ministro de la Suprema Corte de Justicia de la Nación (SCJN) y figura cercana a Emilio Gamboa Patrón, un veterano personaje del PRI que ha desempeñado múltiples cargos, entre ellos líder senatorial de su partido entre 2012 y 2018.

El cuestionamiento sobre Gutiérrez Ortiz Mena ante la DEA no pareció corresponder con las aparentes ligas del gobierno de Calderón con este personaje. En noviembre de 2012 Gutiérrez Ortiz Mena fue postulado por el propio Calderón para la Corte. Se dijo que ello había sido producto de un acuerdo del gobierno saliente panista con el equipo del entonces ya presidente electo Enrique Peña Nieto.

Los testimonios judiciales indican que la PGR, dirigida por Marisela Morales (abril de 2011-noviembre de 2012), pudo iniciar sólo acciones menores en contra de Yarrington con el fin de incautarle propiedades que mantenía con prestanombres, pero quedó atada de manos para actuar sobre tráfico de estupefacientes y lavado de dinero.

Testimonios recogidos por este autor entre colaboradores de la entonces procuradora Morales indican que ella recibió instrucciones directas del presidente Calderón para mostrar a abogados cercanos al ya candidato presidencial Peña Nieto todos los expedientes que inculparan a exgobernadores o gobernadores priistas en activo.

Las fuentes estadounidenses consultadas dijeron que la procuradora Morales participó en diversas reuniones en Estados Unidos en las que recibió las referidas pruebas, pero careció de respaldo en la administración de Calderón para levantar cargos como los esgrimidos por fiscales estadounidenses. Se ignora si la señora Morales compartió con sus homólogos la instrucción presidencial de poner sobre alerta a posibles implicados en las averiguaciones.

Información proveniente del ámbito diplomático mexicano y europeo indica que tras la detención de Yarrington en Florencia, Italia, en abril de 2017, personajes de su entorno hicieron llegar amenazas a la exprocuradora Morales, quien en mayo de 2013 fue designada cónsul en la ciudad italiana de Milán y no se le removió sino hasta diciembre de 2018, al inicio de la administración de López Obrador.

Funcionarios estadounidenses consultados dijeron que el señor Yarrington llamaba la atención de fiscales del vecino país desde mediados de los años noventa, tras ser alcalde de la ciudad fronteriza de Matamoros (1993-1995). Antes fue diputado federal (1991-1992). En 1995 se incorporó al gabinete del entonces gobernador Manuel Cavazos. Las primeras indagatorias de lavado de dinero usando a prestanombres para comprar propiedades en territorio estadounidense surgieron en 1998. Pero entonces fue designado candidato del PRI a la gubernatura y todo entró en suspenso.

"Creemos que el señor Yarrington fue por años no sólo un colaborador de los cárteles del Golfo y Los Zetas, sino una de sus cabezas [...] y así lo informamos a México", dijo una de las fuentes consultadas.

De acuerdo con las mismas fuentes, la DEA contaba con una radiografía completa de la estructura de poder criminal de Yarrington, incluido el financiero y empresario Fernando Cano, ligado por años a los negocios inmobiliarios de políticos priistas en Tamaulipas y quien fue acusado de operar para Yarrington cuentas bancarias y compras de residencias en Estados Unidos utilizando dinero sucio. Cano fue hundido por su exesposa, que rindió testimonio ante la justicia estadounidense.

El otro operador clave de Yarrington, a quien la DEA atribuyó haber sido el canal con los narcotraficantes, fue Antonio *Tony* Peña Argüelles, el cual habría pactado con un cártel de las drogas la entrega de una cifra millonaria en dólares para la campaña del candidato priista a la gubernatura, Rodolfo Torre Cantú, quien de acuerdo con los informes recabados fue ajeno al trato.

Torre Cantú (Ciudad Victoria, 1964), médico de profesión, inició su carrera política a los 25 años como coordinador de campañas sanitarias de Banrural. Llegó a ser secretario de Salud estatal y diputado federal bajo el ala protectora del gobernador Eugenio Hernández, quien en marzo de 2010 logró hacerlo candidato y su muy posible sucesor.

Tres meses después, en la mañana del 28 de junio, el convoy de dos camionetas que trasladaba a Torre Cantú al aeropuerto de Ciudad Victoria fue emboscado por un comando que empleó al menos ocho vehículos e incluyó a 16 sicarios que portaban uniformes similares a los de la Marina y actuaron en forma cronométrica, con tiradores profesionales.

Los vehículos utilizados, que en videos aparecen desplegados en forma estratégica horas antes de los hechos, interceptaron las camionetas del candidato. Según sobrevivientes de los hechos, Torre Cantú pensó que se trataba de un operativo militar de inspección y dijo a sus acompañantes: "Déjenme bajar para que los marinos me reconozcan".

En sólo tres minutos, cuatro de sus acompañantes yacían muertos en el piso. Torre Cantú fue obligado a arrodillarse al pie de la carretera y ejecutado con tiros en la cabeza. En lenguaje del crimen, se cobraba así el incumplimiento de un trato.

En noviembre siguiente, el cártel que habría pagado para que se le garantizara protección difundió una carta en la que señaló a los hermanos Antonio y Alfonso Peña de un engaño. El 29 de ese mes, en Nuevo Laredo, el cadáver de Alfonso apareció junto a un mensaje que acusaba a *Tony* Peña de haberles robado cinco millones de dólares. Este último huyó del país, se entregó a la DEA y se convirtió en un testigo protegido —entre otros, en este caso— que aportó documentos y testimonios sobre Yarrington y su estructura criminal.

En 2016, por primera vez en casi 90 años de historia, el PRI fue derrotado en Tamaulipas por conducto del panista Francisco García Cabeza de Vaca. Eugenio Hernández, el sucesor de Yarrington en la gubernatura estatal, fue detenido en 2010 por vínculos con el narcotráfico y hacia finales de 2018 tenía otras acusaciones penales pendientes de ser desahogadas.

***

Con todo ese antecedente de un camino pavimentado por un intenso cruce de intereses, Peña Nieto llegó a la presidencia en 2012. Acumuló la convicción de que su historia personal demostraba que, en México, una buena estrategia de campaña, los amarres adecuados y el dinero necesario son suficientes para encumbrar a un candidato poco conocido y hacerlo remontar 30 puntos o más en las encuestas para vencer a sus adversarios. Él lo había logrado primero para conquistar su gubernatura y luego la presidencia, con el apoyo de un amplio bloque de gobernadores (del PRI y otros partidos), que a su vez ayudó en una cadena de favores que en sí misma explica en parte los escándalos que dominaron el sexenio 2012-2018.

La misma creencia pareció seguir acompañando a Peña Nieto en 2018, cuando se inclinó por su colaborador José Antonio Meade, que ni siquiera militaba en el PRI, para ser el candidato a sucederlo en la presidencia de la República.

En esta última ocasión el resultado fue desastroso. La noche del día de los comicios Peña Nieto convocó a sus colaboradores a Los Pinos para esperar los resultados oficiales. Una vez que se confirmó que Meade Kuribreña había logrado apenas un lejano tercer lugar, el silencio se extendió en torno al presidente. En algún lugar del salón alguien sollozaba. Todos esperaban una frase de él, una reflexión sobre la derrota, acaso una autocrítica. Peña Nieto tomó una copa, dio un sorbo, y dijo, en voz apenas audible, como hablando para sí mismo: "No tuvimos suficientes gobernadores".

Capítulo 2
Pase de charola 2012. El germen del saqueo

Desde finales de 2011 y en ocasiones reiteradas, los integrantes de las generaciones de gobernadores priistas que asumieron el poder entre 2009 y 2011 fueron convocados a realizar aportaciones en efectivo, provenientes de fondos públicos, para la campaña del abanderado del PRI a la presidencia, Enrique Peña Nieto.

La mayoría de esos mandatarios estatales habían sido a su vez apoyados durante 2009 y 2010, en sus propias campañas a las respectivas gubernaturas, por el entonces gobernador mexiquense Peña Nieto o por gobernantes afines, como Humberto Moreira, de Coahuila, o Miguel Ángel Osorio Chong, de Hidalgo. El proceso se convirtió en una cadena de favores que generó un incentivo perverso en los estados, cuyas autoridades asumieron tener luz verde para resarcirse de las aportaciones realizadas o emprender negocios personales con la garantía tácita de que dispondrían de impunidad.

Osorio Chong, que había tenido un papel relevante en la etapa previa como emisario de Peña Nieto, fue el conducto para organizar este *pase de charola*. De acuerdo con múltiples señalamientos, la recolección directa del efectivo (en maletas, cajuelas de vehículos, cajas envueltas para regalo) o en especie (contenedores repletos de camisetas, despensas, utensilios de cocina, etc.) estuvo a cargo de Nuvia Mayorga, operadora financiera de Osorio Chong desde la administración de éste en Hidalgo (2005-2011), en la que ella se desempeñó como secretaria de Finanzas.

Los requerimientos fueron presentados varias veces a lo largo de la campaña presidencial. Cuando alguno de los mandatarios estimaba que las demandas excedían su capacidad de maniobra, lo manifestaban a Mayorga. Ante ello, Luis Videgaray, responsable de las finanzas de la campaña, llamaba para subrayarles: "Contamos con tu apoyo, gobernador; ya habrá tiempo de corresponder". Los reportes aportados por diversos mandatarios consultados coinciden en que esas aportaciones nunca fueron resarcidas.

Entre otros, los gobernadores priistas de esas generaciones a los que se instó a realizar aportaciones a la campaña de Peña Nieto fueron: Javier Duarte, de Veracruz; Ivonne Ortega, de Yucatán; Carlos Lozano, de Aguascalientes; César Duarte, de Chihuahua; Jorge Herrera, de Durango; Francisco Olvera, de Hidalgo; Roberto Borge, de Quintana Roo; Egidio Torre Cantú, de Tamaulipas; Mariano González Zarur, de Tlaxcala; Miguel Alonso Reyes, de Zacatecas; José Calzada, de Querétaro. En ese mismo caso estuvieron mandatarios estatales que tenían su origen en el PRI pero habían desertado de este partido y alcanzado la gubernatura bajo otras siglas. Entre ellos, Rafael Moreno Valle, de Puebla; Mario López Valdés, de Sinaloa, y Gabino Cué, de Oaxaca.

La presión ejercida tomó visos agravados en Hidalgo, donde Francisco Olvera, sucesor de Osorio Chong, era reiteradamente amagado por el hermano de éste, Eduardo Osorio, con un discurso intimidatorio que sufrían otros actores de la clase política local: "Miguel [Osorio] te puso en donde estás [...] tú no eres diputado, alcalde o gobernador; *trabajas* para Miguel como diputado, alcalde o gobernador".

Con el inicio de la administración de Peña Nieto y su hermano despachando en Gobernación, Eduardo Osorio Chong fue centro de múltiples señalamientos por presunto enriquecimiento apoyado de compañías constructoras a nombre de prestanombres, que operaba a través de delegados del gobierno federal en diversos estados, especialmente de la Secretaría de Comunicaciones y Transportes. Al final del sexenio, fuentes del gobierno estadounidense aseguraron a este autor haber abierto una indagatoria judicial sobre el hermano del secretario de Gobernación por sospechas de lavado de dinero en la compra de propiedades y activos financieros en Estados Unidos y otros países.

Otra situación singular ocurrió en Guerrero, entidad que entró en contienda electoral en 2010 con rumbo a los comicios locales, programados para enero de 2011. El político priista Ángel Aguirre Rivero manifestó con oportunidad interés por la candidatura de su partido, pero el 6 de agosto la presidenta nacional del PRI, Beatriz Paredes, anunció la postulación de Manuel Añorve, un personaje cercano a Manlio Fabio Beltrones, entonces coordinador del PRI en el Senado.

Aguirre Rivero decidió desertar del PRI el 25 de agosto y postularse por el PRD, en alianza con el PT y Movimiento Ciudadano. En las últimas semanas de ese 2010 trascendió entre el grupo de colaboradores cercanos a Beltrones un abierto malestar por indicios de que, desde la gubernatura del Estado de México, a cargo de Enrique Peña Nieto, se enviaban apoyos a favor de Aguirre. El día de los comicios éste ganó con 55.9% de los votos, contra 42.7% de Añorve.

El balance de este episodio fue que, desde esa etapa prematura, Peña Nieto y Osorio Chong no estaban dispuestos a permitir la llegada a la gubernatura de un aliado de Beltrones, que se perfilaba como precandidato a la sucesión presidencial de 2012 y sobre el cual el político había desconfiado por años.

Semanas después de su triunfo Aguirre fue consultado por el autor de este libro, en presencia de un testigo, si había recibido apoyos de Peña Nieto. Con una sonrisa franca, contestó: "No sé si fue Peña. A mí me llegaron 50 millones de pesos de mi amigo Osorio Chong, y me dijo que era una *cooperacha* de varios gobernadores camaradas". Ello fue reportado posteriormente en diversos espacios periodísticos. Otros actores vinculados a esta historia confirmaron la existencia de esta aportación.

Osorio y Aguirre eran ciertamente amigos cercanos. Ambos coincidieron como diputados federales en la legislatura iniciada en 2003, que el político hidalguense interrumpió tras poco más de un año para contender por la gubernatura de su estado.

En 2014, con Aguirre como gobernador de Guerrero y Osorio al frente de la Secretaría de Gobernación, esa amistad fue puesta a prueba durante la crisis causada por la desaparición forzada de jóvenes de la escuela normal de Ayotzinapa. El gobernante pidió licencia al cargo en octubre de ese año, un mes después de la tragedia. Se dijo que sería detenido, pero ello no ocurrió, lo cual fue atribuido al manto protector de Osorio.

"Necesitamos su ayuda para frenar a López Obrador"

Otro escenario del *pase de charola* en apoyo de la campaña de Peña Nieto se produjo en reuniones privadas conducidas por Luis Videgaray, coordinador de finanzas, quien mantenía al tanto a grupos compactos de gobernadores sobre el comportamiento de las encuestas y las estrategias que debían ser desarrolladas para conjurar cualquier peligro.

En uno de esos encuentros, Videgaray pidió a los mandatarios estatales "subir" en sus entidades más anuncios espectaculares a favor del aspirante presidencial del PRD, Andrés Manuel López Obrador, "porque Josefina [Vázquez Mota, aspirante del PAN] se nos está acercando".

No obstante, hacia mayo las cosas dieron un vuelco. Videgaray reunió a un grupo de gobernadores y dirigentes sindicales para explicarles que López Obrador había repuntado notablemente en las encuestas, por lo que les pidió "un último esfuerzo" en apoyos económicos. Hizo circular entre los asistentes tarjetas en blanco y sobres. Los instruyó a escribir el monto de la aportación que harían, y guardar la tarjeta con la cifra en un sobre, que debían entregar en ese mismo momento directamente al candidato. Un testigo consultado aseguró haber alcanzado a ver que un dirigente sindical escribió una cantidad de varios cientos millones de pesos.

Ya iniciado el gobierno de Peña Nieto, el conjunto de estas historias de mutua colaboración con gobernadores a lo largo de al menos el lustro previo generó una atmósfera de complicidades que marchó en forma armoniosa durante los primeros meses de la administración federal.

El panorama, sin embargo, entró en un rápido deterioro cuando estalló el caso de la corrupción desbocada en Veracruz, donde la administración del priista Javier Duarte (al que asesoraba Enrique Jackson, tutor político de Aurelio Nuño, jefe de la Oficina de la Presidencia) comenzó a acumular una montaña de señalamientos por parte de su acérrimo rival, el panista Miguel Ángel Yunes, al que oficialmente había derrotado en la elección de gobernador en julio de 2010. Estas denuncias condujeron eventualmente a la intervención de la Auditoría Superior de la Federación (ASF), a cargo entonces de Juan Manuel Portal. Las irregularidades detectadas por Portal y sus colaboradores escalaron pronto a decenas de miles de millones de pesos.

Tras una reunión exprés en la Ciudad de México con Miguel Ángel Osorio, secretario de Gobernación, Duarte pidió licencia al cargo 48 días antes de terminar su mandato. Unas horas después era declarado prófugo de la justicia.

Por todo el sistema priista corrió la percepción de que el gobierno de Peña Nieto entregaría la cabeza de varios gobernadores señalados de corrupción para mejorar su imagen con rumbo a la sucesión presidencial. La señal tuvo el efecto de una bomba política en todo el país. El esquema de encubrimientos mutuos sostenido durante una década comenzó a crujir. El derrumbe se anunciaba inminente e inevitable.

Capítulo 3
El nacimiento de *La Triada*. El *Jefe* Videgaray

A finales de mayo de 2012, en plena campaña presidencial, Enrique Peña Nieto convocó en privado a un estrecho grupo de colaboradores, afectados por la caída que sufrió en las encuestas —hasta 12 puntos, según algunos estudios publicados— luego de la desastrosa participación del político mexiquense en la Universidad Iberoamericana, el día 11 de ese mes, que derivó en un largo periodo de protestas y la formación del movimiento estudiantil #YoSoy132.

Frente a su equipo, Peña Nieto aceptó haber desoído las recomendaciones del "cuarto de guerra" de la campaña, contrarias a que acudiera a esa casa de estudios. Pero en la reunión convocada llamó a dejar atrás ese episodio. Y en un gesto dramático extrajo de su saco una tarjeta con su programa semanal de actividades. Mirando hacia Luis Videgaray, Miguel Ángel Osorio Chong y Aurelio Nuño, dijo: "A partir de hoy, ustedes controlan mis actividades; yo lo que quiero es hacer campaña, y estaré en donde ustedes me digan. Estoy en sus manos, señores". Y remató: "Toma nota, Edwin [Lino]", indicó a su secretario particular, quien controlaba la agenda oficial.

El *war room* central estaba formado por una docena de personajes. Además de los mencionados, participaban Pedro Joaquín Coldwell, presidente del PRI; Emilio Gamboa, Jesús Murillo Karam, Jorge Carlos Ramírez Marín, Liébano Saénz y Benito Neme, representante ante el Instituto Nacional Electoral (INE); David López y Roberto Calleja, operadores en temas de comunicación. Todos fueron testigos del anuncio hecho por el candidato. A todos les quedó claro que Peña Nieto confiaba su suerte a Videgaray, Nuño y Osorio.

El futuro equipo de Los Pinos recordaría esa reunión como el día en que nació *La Triada*, según fue bautizado el círculo de acero que capturó al presidente la mayor parte de su gestión. Durante al menos durante cinco años no hubo junta de trabajo que encabezara el presidente, pública o privada, con miembros del gabinete, gobernadores, líderes partidistas, embajadores o mandatarios extranjeros en la que no se hiciera acompañar por los tres. Peña Nieto solía abrir las reuniones con un breve mensaje, para luego ceder la palabra a alguno de sus cercanos, según fuera el tema.

Desde los primeros meses del gobierno *La Triada* tuvo un líder claro, Luis Videgaray, que conoció a Peña Nieto cuando éste presidía el Congreso mexiquense (2003-2005). Videgaray había sido contratado por el entonces gobernador Arturo Montiel como parte de la consultoría Protego, dirigida por Pedro Aspe, el poderoso secretario de Hacienda durante el sexenio de Carlos Salinas de Gortari (1988-1994). Al llegar Peña a la gubernatura, Videgaray se incorporó a su gabinete y pronto se convirtió en el hombre con mayor influencia sobre el mandatario estatal, condición que mantendría durante la época de Los Pinos. En *La Triada*, Aurelio Nuño se desempeñó a la sombra de Videgaray, y Osorio siempre fue un invitado incómodo en la mesa de ese poder centralizado.

El grupo entendió pronto la naturaleza del mandatario, proclive a trabajar más allá de la medianoche e iniciar tareas hacia el mediodía, o aún más tarde, si decidía dedicar la mañana a jugar golf.

Muy avanzada la noche, *La Triada* armaba para el presidente reuniones clave, convocando a funcionarios selectos que las más de las veces seguían un guión. Era común que integrantes clave del gabinete o miembros destacados del Congreso despertaran con la noticia de que durante la madrugada se habían resuelto en Los Pinos cuestiones complejas sobre la que tenían semanas esperando acuerdo con el presidente para analizarlas.

La Triada fue especialmente eficaz, implacable, fue para "purgar" del gabinete a funcionarios que sostenían cercanía personal con Peña Nieto, especialmente si podía ejercer influencia para que cambiara, durante el día, la decisión que hubiera adoptado la noche anterior. O peor, que en comentarios privados hubieran impugnado posturas de alguno de los tres poderosos funcionarios.

Por la "guillotina" de *La Triada* pasaron paulatinamente Emilio Chuayffet, secretario de Educación (opuesto a la estrategia de Videgaray y Osorio en el conflicto magisterial; Enrique Martínez y Martínez, de Agricultura; Emilio Lozoya, director de Pemex (abiertamente enfrentado a Videgaray), Humberto Benítez, procurador del Consumidor, o David Korenfeld, de la Comisión Nacional del Agua (Conagua). Fue el mismo caso, por partida doble, de Jesús Murillo Karam, primero como procurador y luego como titular de la Secretaría de Desarrollo Agrario, Territorial y Urbano (Sedatu).

Murillo había formado parte, junto con Videgaray y Osorio, del grupo de trabajo que apoyó a Peña Nieto para la integración de su gabinete. En las semanas previas a la toma de posesión, el primer día de diciembre de 2012, a Murillo le correspondió entrevistar, entre otros, a quienes se perfilaban como nuevo secretario de la Defensa, donde sucederían a Guillermo Galván Galván. La lista final se redujo a dos: Luis Arturo Oliver Cen y Salvador Cienfuegos Zepeda. Pese a que Peña Nieto parecía inclinarse a favor del primero, tras sendos encuentros con los aspirantes, Murillo se presentó ante el entonces presidente electo y lo convenció de que la nominación favoreciera a Cienfuegos.

Concluido todo el proceso para formar al nuevo gabinete legal y ampliado, Peña Nieto congregó a Videgaray, Osorio y Murillo para agradecerles su participación. Reveló ahí, en ese discreto coloquio y días antes de que se hiciera oficial, las posiciones que cada uno ocuparía como titular de Hacienda, Gobernación (incluido el aparato de seguridad pública) y la PGR, respectivamente. Acto seguido brindó con ellos, en honor al que llamó "mi primer equipo".

Al salir de la reunión, Murillo se acercó a Osorio Chong. Originarios ambos de Hidalgo, donde Osorio había crecido políticamente al amparo de aquél, se aseguraba que entre ambos había una franca camaradería. Esa noche Murillo advirtió a su antiguo colaborador que era un error absorber las tareas de seguridad y de gobernabilidad en el país. "Tanto peso te va a hundir", le dijo. Como respuesta sólo obtuvo una mirada gélida, una sonrisa enigmática, oriental. Algo se rompía en ese instante.

Menos de dos años después Murillo viviría la etapa más amarga de su larga carrera política con la salida de la PGR, en febrero de 2015, bajo la crisis provocada por la desaparición forzada de estudiantes de la escuela normal de Ayotzinapa, en septiembre de 2014.

La defenestración de Murillo fue propicia para *La Triada*, pues el hidalguense había sostenido durante más de 20 años una cercana relación personal con Peña Nieto, desde que éste fue postulado para la gubernatura del Estado de México y aquél se desempeñaba como delegado del PRI en aquella entidad.

Cuando fue decretada su salida de la PGR, Murillo sostenía ya una notable distancia con Osorio Chong por el tácito aval, desde la Secretaría de Gobernación, para el crecimiento del Cártel Jalisco Nueva Generación, que de estar constreñido históricamente a esa entidad, más Michoacán y Colima, se había extendido a la mayor parte del país.

Otro caso notorio de "purga" decretada por *La Triada* fue David López, cabeza del área de Comunicación Social en Los Pinos y con una larga trayectoria en el Estado de México, lo que lo había ligado con Peña Nieto y su familia. Desde la época de la campaña, Luis Videgaray buscó anularlo con el nombramiento, como vocero, de Eduardo Sánchez, quien formalmente fue recomendado por el controvertido senador priista Emilio Gamboa, asesor extraoficial del residente y su asiduo compañero en el golf. López y Videgaray dieron tempranamente señales reiteradas de fricciones.

Videgaray impuso a López la decisión de que columnistas cercanos al gobierno, que durante años habían recibido *compensaciones* en efectivo, simularan el establecimiento de portales digitales de noticias, que lograban minúscula audiencia, para disfrazar como publicidad esos mismos apoyos. En marzo de 2015 López fue finalmente desplazado con el anuncio de que sería postulado para ser diputado federal.

Esa área clave, que ejercía control sobre un presupuesto asignado a medios de comunicación estimado en decenas de miles de millones de pesos anuales, quedó a cargo del referido Eduardo Sánchez. Él sostuvo el modelo de gasto desmedido de publicidad, que era operado por el subsecretario de Gobernación, Andrés Chao. Ambos fueron reiteradamente señalados de pedir una comisión a los medios por asignarles pautas, lo que incluyó a periódicos de los estados. En septiembre de 2018 se informó que la Auditoría Superior de la Federación revisaba las operaciones de la oficina de Andrés Chao, al tiempo que organismos de la sociedad civil formaban un clamor para reducir y transparentar este gasto.

Capítulo 4
El prematuro epitafio diferido
de Elba Esther Gordillo

Miguel Ángel Osorio Chong parecía incómodo en ese amplio sillón café oscuro que domina la amplísima estancia de Elba Esther Gordillo en su *penthouse* de Galileo 7, en el corazón de Polanco, uno de los barrios residenciales de mayor abolengo en la capital del país. Frente a él, con rostro endurecido, lo escuchaba la lideresa del SNTE.

La frialdad del momento hacía parecer que hasta ellos se había colado el frío de esa tarde de inicios de febrero de 2013. Pero la tensión en el ambiente daba cuenta también, sin palabras de por medio, de la distancia política que a lo largo de años había sido construida entre la señora Gordillo y Enrique Peña Nieto, quien entonces se acercaba apenas a cumplir tres meses al frente de la presidencia.

La conversación ofreció un contraste singular. El poderoso secretario de Gobernación, cabeza del gabinete presidencial, se dirigía con humilde formalidad hacia su interlocutora, anteponiendo el "usted". Convocaba su ayuda, su comprensión, su apoyo... Ella, en cambio, lo tuteaba, lo reprendía, adelantaba admoniciones.

Ambos compartían una historia en la que Osorio recibió de la lideresa magisterial apoyos importantes para avanzar en su carrera. Un tutelaje que se había extendido por casi una década e incluía su diputación federal (2003) y el arribo y respaldo a su gubernatura en Hidalgo (2005-2011), periodo en el que fue homólogo de Enrique Peña Nieto, éste en el Estado de México.

Formado a puñetazos en las lides de la política universitaria de Pachuca y en los terregosos caminos de la vida partidista municipal; con un título de licenciado en Derecho que incluso fue puesto en duda, Osorio había conquistado un lugar en el Olimpo de Los Pinos gracias en cierta medida a la mujer que tenía enfrente. Por eso el funcionario se sentía obligado a la cautela, o calculaba que de esa forma obtendría mejores resultados para su encomienda: "Usted sabe, maestra, que el presidente le guarda agradecimiento, mucho respeto. A usted le consta que la aprecia. Ahora le pide su apoyo; se trata de un compromiso anunciado en su toma de posesión. La reforma educativa es...". Pero ella lo interrumpía.

"Miguel, no comprenden lo que están haciendo. ¿De quiénes son las exigencias que están tratando de satisfacer? Ustedes y los partidos que firmaron estos *pactos* no entienden lo que van a provocar si insisten en que la permanencia de los profesores en su trabajo dependa de una evaluación subjetiva. El tema fundamental es ése, la permanencia. No vamos a permitir más amenazas contra los maestros. No cuentes conmigo. Y lo dije: Si les estorbo, hagan de mí lo que quieran, pero no afecten a los profesores."

La conversación fue cerrada por Gordillo mediante un gesto de cansancio. Osorio Chong dejó su asiento con rostro apesadumbrado. Antes de despedirse acordaron una nueva reunión para retomar el tema. Cenarían, dijeron, al regreso de un nuevo viaje de ella a San Diego, Estados Unidos.

Ahí en San Diego, ella contaba con una residencia frente al Pacífico, su sitio favorito para restablecerse de tratamientos médicos por añejos males hepáticos; donde gustaba de invitar a sus nietos, recibir a familiares y amigos. Y tenía a tiro de piedra lujosos almacenes a los que podía acudir fuera del alcance de miradas curiosas. Su favorito era Nieman Marcus.

Desde los años previos crecían las evidencias de que la señora Gordillo utilizaba las cuentas del sindicato como su patrimonio personal. Eran frecuentes los reportes de que sus incondicionales e incluso familiares como su exesposo, Francisco Arriola, eran designados tesoreros a cargo de las finanzas del gremio, para facilitar el uso discrecional de los recursos por parte de "la maestra", como se le aludía sin necesidad de pronunciar su nombre.

La alianza establecida con los gobiernos emanados del PAN, con Vicente Fox (2000-2006) y Felipe Calderón (2006-2012), duplicó, según documentos oficiales, las cuotas y aportaciones que cubría al SNTE la Secretaría de Educación Pública (SEP). Otros redituables negocios en torno al sindicato alimentaban el flujo de dinero a disposición de la señora Gordillo, desde empresas inmobiliarias hasta compañías que cubrían comisiones para poder otorgar préstamos a miles de afiliados al gremio.

Se asumía en forma generalizada que ese mismo caudal de dinero alimentaba regularmente campañas electorales de políticos cercanos a la maestra Gordillo, de diversos partidos. Al final de la contienda presidencial de 2012, en la que triunfó el priista Enrique Peña Nieto, en el primer círculo de Gordillo se hablaba abiertamente de una importante aportación a la causa del político mexiquense, a pesar de que no existía entre ambos algo parecido a una amistad. Todos estos dichos fueron consignados por la prensa.

En este orden de cosas nadie pareció sorprenderse mucho cuando se supo que la dirigente era propietaria de una residencia en la exclusiva isla de Coronado, condado de San Diego, California. La mansión, de siete habitaciones y vista al mar, se halla en el área de Coronado Cays, en el número 23 de Green Turtle Road. Su valor comercial se estimaba en cinco millones de dólares.

Justo en esa residencia se hallaba la lideresa cuando recibió una llamada telefónica de Osorio Chong, según dijo entonces a sus cercanos, Acordaron tener la cena prevista en la Ciudad de México, el 26 de febrero. El secretario de Gobernación le propuso que en la mañana del día 27 se reunieran también con Luis Videgaray, secretario de Hacienda y el personaje con mayor influencia sobre el presidente Peña Nieto.

Tiempo después ella diría a sus colaboradores que debió haber presentido que se dirigía a una celada. De cualquier suerte, no puso reparo alguno en que los encuentros privados con Osorio y Videgaray fueran a efectuarse en la víspera del 36 Consejo General Extraordinario del SNTE, que había convocado en Jalisco, para consolidar su liderazgo y lanzarse a la batalla contra la reforma educativa.

Meses más tarde, ya en prisión, Gordillo se enteró de que durante su estadía en San Diego, Osorio Chong había logrado cooptar presumiblemente al secretario del SNTE, Juan Díaz, y a Soralla Bañuelos, apoderada general del sindicato, pactando una estrategia para neutralizar a la presidenta de la organización.

Hacia mediodía de ese 26 de febrero un comando integrado por policías federales, efectivos militares y agentes del Ministerio Público Federal estaba ya discretamente ubicado en las inmediaciones del hangar que usaba el avión de la señora Gordillo en el aeropuerto de Toluca para ingresar en cuanto el jet ejecutivo propiedad del SNTE aterrizara llevando en su interior a la dirigente sindical desde San Diego.

A esa misma hora la nave estaba lista para ser abordada. Gordillo la había estrenado ocho años atrás. Un Cessna 560 *Citation Encore*, con matrícula XA-UEF, con valor comercial, en 2013, de 3.9 millones de dólares, casi 80 millones de pesos de la época. La nave puede albergar a siete pasajeros en sus respectivos sillones de lujo, forrados en piel.

Ese jet era el centro de una leyenda que incluía haber albergado, en sus muy numerosos viajes, negociaciones políticas de —literalmente— altos vuelos con gobernadores, políticos y empresarios. A ello se sumaban, sin estar demostrado, historias de internamiento de todo tipo de mercancías de lujo y, en sentido contrario, del envío hacia Estados Unidos de grandes cantidades de dinero en efectivo, incluso de lingotes de oro, para ser ocultados bajo el piso de la residencia de San Diego, según se había publicado en el libro *Doña Perpetua*, de Arturo Cano y Alberto Aguirre.

Ese martes Elba Esther Gordillo despertó indispuesta, con el ánimo alterado. Tiempo después recordaría ante sus allegados que la noche anterior había dormido mal, lo que atribuyó a la ansiedad de esos días. Luego concluiría que se trataba de un mal presagio.

No se tomó tiempo para escoger su ropa o maquillarse, por lo que sólo anudó su cabello y optó por un conjunto deportivo, unos pants negros con una sudadera del mismo color que al frente ostentaba el diseño de un corazón formado por estrellas y la leyenda "Love Struck". Antes de iniciar el vuelo el capitán de la nave le sugirió tomar un coctel que, le dijo, la relajaría. Ella aceptó, contra su costumbre de evitar el consumo de alcohol por recomendación médica.

Esa bebida la hizo dormir casi todo el vuelo, que transcurrió con una sola novedad que en su momento pasó casi desapercibida para el piloto, pero que luego cobró relevancia: desde el momento de cruzar la frontera con México, otra nave los acompañó a la distancia durante su trayecto hasta que se dispusieron a aterrizar.

En la zona destinada a los hangares privados del aeropuerto de Toluca existe una práctica, mitad protocolo y mitad cortesía oficial, según la cual oficiales de Migración ingresan a la aeronave proveniente de un vuelo internacional para revisar pasaportes de los pasajeros y permitir que ahí mismo sean llenados los formularios de ingreso que se aplicaban en esa fecha.

El video de ese operativo, que el gobierno mexicano guardó bajo estricta confidencialidad, muestra cómo en los primeros instantes la señora Gordillo, con gesto somnoliento, observa apacible el ingreso de los primeros agentes, pero se sobresalta cuando se abren paso efectivos con pasamontañas que toman control de la cabina. Atrás de ellos entra un representante del Ministerio Público Federal. Ella parece palidecer cuando es informada que queda bajo arresto por cargos por delitos federales, entre ellos lavado de dinero.

Tras unos momentos de perplejidad, ella miró con aplomo a los funcionarios de PGR y les aseguró que no se opondría al proceso de detención.

El funcionario del ministerio público responde con tono nervioso, le dice que ella no debe tener ningún temor, que sus derechos están preservados.

Gordillo no pareció escucharlo, guardó silencio. Y de pronto expresó lo que pareció un pensamiento en voz alta: "Estos jóvenes... ¿Cuál es la necesidad de esto?… ¡qué barbaridad!".

A ello siguió un momento confuso en el que agentes federales, militares y oficiales de Migración parecieron discutir si Gordillo debía ser trasladada a las oficinas de esta última dependencia en el aeropuerto. De pronto se ven unas manos que acercan a la dirigente magisterial un formato aduanal para que lo firme, lo que ella hace.

"Deben estar tranquilos, les aseguro que no les daré ningún problema. Soy una señora, he estado enferma, y espero respeto de su parte. Les pido que estén tranquilos", dijo todavía la dirigente, según el nítido registro del video.

Habían pasado unos minutos de las 18:00 horas. Gordillo, la lideresa sindical más emblemática del país, la mujer que la revista *Forbes* había nombrado apenas meses atrás la política más poderosa del país, estaba siendo derrocada de un imperio que le ofrecía la mayor base social que dispusiera personaje público alguno en México.

En el preciso momento de la detención, los teléfonos de gobernadores, líderes partidistas, funcionarios públicos federales y dirigentes gremiales empezaron a recibir llamadas desde la Secretaría de Gobernación o desde Los Pinos en las que se les dio cuenta del arresto de la señora Gordillo y las razones para ello. Se pidió a todos operar una estrategia en sus respectivos ámbitos con el fin de evitar sobresaltos o exabruptos. El país debía estar tranquilo.

Bajo custodia, Gordillo descendió del avión y fue conducida a una segunda aeronave, propiedad de la Marina. Ella solicitó que su asistente le llevara su teléfono móvil; alegó que debía informar a sus hijas de lo que estaba ocurriendo "para que no se preocupen". Advirtió a sus captores que en ese momento en Jalisco estaban reunidos en asamblea los maestros "y quiero decirles que estén tranquilos". Pero advirtió: "Yo no seré responsable de lo que esto provoque...".

Frente a ella, el funcionario de la PGR le ofreció que "desde luego" le llevarían su teléfono. En ese momento otro policía le colocó un tapaojos a la dirigente. En técnica policiaca, este recurso se emplea para provocar la sumisión de la persona detenida.

En los instantes posteriores, ya con los ojos tapados y escuchando que el funcionario del ministerio público seguía haciendo comentarios, Gordillo lo interrumpió y le dijo que no deseaba tener ningún intercambio de palabras con él, que dejara de dirigirse a ella. Él guardó silencio. El teléfono celular de la dirigente nunca llegó.

La nave de la Marina inició un corto vuelo hasta el hangar de la PGR en la capital del país. Al llegar, otro grupo de funcionarios subió al avión. Uno de ellos le confirmó a Gordillo su arresto. Le informó que sería trasladada a un penal femenil y que un vehículo oficial se hallaba listo para ello. Cuando estaba a punto de dejar el hangar, llegó la instrucción del subsecretario de Gobernación, Luis Miranda, para que se proporcionara a la detenida un teléfono. Por fin, Elba Esther Gordillo hizo su ansiada llamada.

Cuando la dirigente magisterial ya iba camino a prisión, en el propio hangar de la PGR inició una conferencia de prensa bajo la conducción inicial del procurador general de la República, Jesús Murillo Karam, quien informó de la detención de la dirigente del SNTE y de tres colaboradores: Nora Ugarte, Isaías Galindo y José Manuel Díaz,

48

por "múltiples operaciones" irregulares que superan, dijo, los 2 000 millones de pesos.

La PGR conservó incautado el avión comprado por la maestra. Una aeronave en que ella o integrantes de su familia habían viajado en promedio una vez por semana desde que lo habían adquirido, según cálculos de las autoridades que tuvieron acceso a las respectivas bitácoras de vuelo.

Nunca el SNTE o sus abogados, los abogados de la compañía Avemex, S. A. de C. V., operadora oficial de la aeronave, o los abogados de la señora Gordillo hicieron reclamo alguno para recuperar la aeronave, sobre la que razonablemente tendrían que haber justificado el procedimiento de compra y el origen de los recursos utilizados para ello.

La PGR hizo publicar un edicto en el que se convocaba a personas físicas o morales a reclamar el jet. Nada ocurrió. Ese emblema de la corrupción sindical fue declarado en abandono. La PGR le cambió la matrícula a una oficial, la XC-LNN, y comenzó a usarla para diversos traslados de funcionarios, pero también de presuntos delincuentes apresados.

En agosto de 2013, apenas seis meses después de la detención de la dirigente magisterial, el avión fue usado para trasladar a la capital del país a otra dama célebre: Sandra Ávila Beltrán, *la Reina del Pacífico*. La vida encierra siempre ironías sorpresivas y un inevitable sentido del humor.

Se empezaba a cerrar un nuevo ciclo en la historia del sindicalismo mexicano. Se estaba desmoronando un imperio construido bajo las reglas del sistema, y bajo esas mismas reglas estaba cambiando de mando… conforme la voluntad del presidente de la República. En esta ocasión, sin embargo, flotaba en el ambiente la pregunta de si la derrota de la maestra sería definitiva o no.

***

Pocos lo sabían, pero todo se había precipitado a inicios de ese febrero. Días antes de la reunión que estaba destinada a ser la última con Gordillo, Osorio Chong fue convocado a una junta de trabajo con el presidente Peña Nieto en Los Pinos.

Los asistentes recibieron un informe según el cual el día 6, con motivo de su cumpleaños 68, la maestra Gordillo había querido significar su celebración con dos eventos. El primero, una reunión sindical pública en la que había criticado, nuevamente, la propuesta reforma educativa que discutía ya el Congreso. En esa oportunidad proclamó que estaba lista para lo que viniera y que en su caso, en su tumba quería un epitafio: "Aquí yace una guerrera, y como guerrera murió". Más tarde ofreció una comida privada en un restaurante en la zona de Santa Fe, al poniente de la Ciudad de México, con allegados, donde reiteró sus críticas. Según alertaba el reporte presentado en Los Pinos, ella había emitido "comentarios ofensivos" contra Peña Nieto.

Tras conocer ese informe, en la casa presidencial se acordó trazar la estrategia para frenar a la lideresa magisterial, recluyéndola en prisión.

Por su parte, tras el encuentro con Osorio Chong y antes de salir de San Diego, Gordillo había citado en su departamento de Polanco a los dirigentes nacionales del gremio, que conducía su incondicional, Juan Díaz, un personaje servil y untuoso cuyo trayecto hasta la Secretaría General del organismo, paso a paso, había sido recorrido bajo la voluntad de su lideresa.

En la reunión con ellos, Gordillo los urgió a estar preparados para una batalla contra el gobierno y la reforma educativa. Acordaron planear una movilización nacional, con la distribución de millones de volantes en escuelas públicas, cuando el Congreso se aprestara a aprobar en definitiva las reformas constitucionales en esta materia.

***

Conforme se acercaba al reclusorio femenil de Tepepan, en el sur de la Ciudad de México, Gordillo Morales repasaba aquella conversación con Miguel Ángel Osorio Chong. El tema de la reforma educativa ya los había reunido en otras ocasiones, casi siempre en el lujoso departamento de la lideresa magisterial.

En ese lugar, incluso en el mismo sillón café, había estado sentado también Aurelio Nuño, el entonces influyente jefe de la Oficina de la Presidencia de la República, sin lograr tampoco ningún acuerdo con la dirigente del SNTE, el sindicato más numeroso de América Latina, con 1.6 millones de afiliados oficialmente.

Ella ejercía en el sindicato una voluntad absoluta desde casi 25 años atrás. El domingo 23 de abril de 1989 Carlos Jonguitud Barrios, antecesor de la señora Gordillo en ese cacicazgo y por tres lustros su protector, había sido defenestrado por una orden del presidente Carlos Salinas de Gortari (1988-1994). La directriz fue transmitida durante un desayuno al que Jonguitud fue convocado de último momento por el entonces secretario de Educación, Manuel Bartlett.

Jonguitud Barrios mismo se había trepado al puesto de "líder vitalicio" magisterial 17 años antes, en 1972, con el impulso del presidente Luis Echeverría (1970-1976). Se trataba, como en muchos otros ámbitos de la política tradicional, de una cadena de acciones sujetas a las estrategias del mandatario en turno o, simplemente, a los deseos, rencores y caprichos presidenciales.

Todo ello y más ofreció telón de fondo para aquella infructuosa conversación entre la dirigente magisterial y el secretario Osorio Chong. A la mañana siguiente éste compartió su decepción con integrantes del gabinete presidencial. A sus espaldas, secretarios de Estado se mofaban de él por la falta de resultados en un tema tan delicado para la administración de Peña Nieto. Emilio Chuayffet, secretario de Educación, marginado de estas negociaciones por su larga confrontación política con la dirigente del SNTE, decía en privado que a Osorio "seguramente se le salen las lágrimas" cuando encaraba a la dirigente gremial.

Por su parte, Gordillo Morales comentaría ante cercanos su escepticismo cuando Osorio Chong le ofreció durante su reunión garantías del aprecio presidencial, la simpatía y el respeto de Peña Nieto. Ella había recibido comentarios en sentido opuesto, según los cuales el presidente expresaba por la dirigente desconfianza y animadversión. Sentimientos a los que correspondía puntualmente.

"Casi no lo he tratado", decía ella en el verano de 2012, cuando se le preguntaba por el ya entonces presidente electo. Refería haber tenido escaso trato con él incluso cuando se desempeñó como gobernador del Estado de México (2005-2011). Más en privado, la maestra Gordillo refería anécdotas con las que buscaba demostrar que Peña Nieto era un producto del marketing de las televisoras. Y refería que Bernardo Gómez, vicepresidente de Televisa, le había demostrado tener amplia influencia sobre el político mexiquense aun cuando éste era ya presidente electo. "Ellos [las televisoras] lo hicieron, ellos lo aniquilarán algún día", comentaba la lideresa. El mensaje era siempre que le atribuía novatez, falta de empaque.

Tras el encarcelamiento de la señora Gordillo, su caso empezó a mostrar casi de inmediato diferencias con las historias de los golpes de mano decretados desde Los Pinos con sus antecesores, que fueron reducidos al ostracismo y el virtual olvido público, pero no encarcelados.

La causa jurídica en su contra se fue debilitando al resultar cada vez más evidente que el dinero utilizado en las numerosas compras y desvíos de la dirigente del SNTE no tenía un origen ilegal, sino que provenía en su gran mayoría de los fondos del sindicato. Proceder en su contra requería que el nuevo liderazgo gremial presentara denuncias contra la señora Gordillo, lo que no ocurrió porque se hallaba implicado en tales manejos.

Los abogados de Juan Díaz, presidente y secretario general del sindicato, rehusaron que se presentara en careos con Gordillo o en diligencias periciales en las que debía reconocer su firma en cheques y otros documentos financieros. No hubo evidencia alguna de que los negocios inmobiliarios y otras estructuras económicas del SNTE hubieran sido modificados tras el encarcelamiento de la señora Gordillo Morales. Y mientras se complicaba el panorama político general para la administración de Peña Nieto, casi en automático se flexibilizaba el trato hacia ella.

Finalmente, en diciembre de 2017, tras casi cuatro años de cárcel, sin contar en ningún caso con sentencia de juez sobre los delitos que le eran imputados, Gordillo obtuvo un amparo que bajo el argumento de su edad —72 años— le permitió seguir llevando su proceso en prisión domiciliaria.

Regresó al *penthouse* de Galileo 7, en Polanco. Se multiplicaron entonces los informes de que tanto exdirigentes del SNTE que le seguían siendo afines —en particular Rafael Ochoa—, como integrantes de su familia —en especial su nieto René Fujiwara—, apoyaban cada vez más abiertamente la candidatura presidencial de Andrés Manuel López Obrador.

Al triunfo del dirigente del partido Morena en los comicios de julio de 2018, la fuerza de Elba Esther Gordillo resurgió, en demérito del peso del grupo encabezado por Juan Díaz, cuya duración en el puesto se anticipaba breve.

Contra todas las previsiones, la señora Gordillo había puesto en marcha su regreso a demostraciones públicas de poder político. En contraste, la fuerza del gobierno de Peña Nieto para controlarla se presentaba empequeñecida. La conclusión fue que había lastimado a una adversaria, pero no la pudo derrotar. Finalmente en agosto de 2018 le fueron retirados todos los cargos y obtuvo su libertad absoluta.

El epitafio político que Elba Esther Gordillo había pedido para ella misma tendría que esperar.

Capítulo 5
Peña Nieto se dice sorprendido ante el saqueo

"¡No es posible!", dijo en voz baja Enrique Peña Nieto, al tiempo que se inclinaba en el respaldo de su silla, con el gesto de alguien que se siente abrumado.

Con una señal llamó a un asistente militar, a quien ordenó:

"Dígale al secretario Virgilio Andrade que regresará conmigo a la Ciudad de México, debo hablar con él."

"Veré eso hoy mismo", aseguró a su interlocutor, Juan Manuel Portal, entonces auditor superior de la Federación.

Acababa noviembre de 2015 cuando el protocolo dictó que ambos se sentaran juntos esa mañana en Querétaro, durante una reunión de la Organización Latinoamericana y del Caribe de Entidades de Fiscalizadores Superiores (Olacefs).

—¿Cómo vamos, auditor? —le preguntó.

—Señor presidente, hay varias cosas graves.

—¿Como qué? —buscó atajar el mandatario.

—Javier Duarte…. Rosario…

—¿De qué tamaño es el problema?

—Entre ambos, puede llegar a 40 000 millones de pesos.

Tras su reacción inicial y el anuncio de que abordaría de inmediato ambos temas con el secretario de la Función Pública, Virgilio Andrade, Peña cerró la conversación con Portal. Sólo añadió:

—Estamos pendientes.

Días más tarde, Andrade estableció comunicación con Portal para solicitarle información actualizada de estos casos, la que le fue enviada. Sugirió una reunión con Rosario Robles, entonces secretaria de Desarrollo Social. Portal explicó que ya se había reunido con ella, sin resultado alguno. Andrade insistió en un nuevo encuentro, a lo que el auditor se mostró anuente. Pero la reunión entre los tres nunca se concretó. De hecho, durante 14 meses, para el gobierno estuvieron sepultados los dos temas más escandalosos de desfalcos con dinero público.

En marzo de 2017, tras dos elecciones intermedias para el Congreso federal y en diversos estados, ambas con malos resultados para el oficialismo, Portal fue convocado a Los Pinos para una reunión con Peña Nieto.

"Vayamos caso por caso" (sobre los malos manejos atribuidos a Duarte y a Rosario Robles), le pidió en esta ocasión el mandatario, a quien acompañaban varios colaboradores.

El auditor hizo una presentación sobre los desvíos detectados en Veracruz durante el gobierno de Javier Duarte, del PRI. Detalló cifras, el uso de empresas fantasma, el estilo burdo de retirar dinero de cuentas oficiales para depositar fondos a particulares, como se publicó en su momento en espacios periodísticos. Enfatizó que el mandatario estatal que entró en funciones en diciembre de 2010 recibió protección de la PGR durante el último tercio de la administración de Felipe Calderón, de extracción panista.

Explicó que el monto de lo desviado en Veracruz podía llegar a 4 500 millones de pesos, más una cifra no determinada, pero mucho más grande, de fondos estatales. Indicó que Duarte había incurrido en una simulación al depositar un aparente reembolso inicial por 450 millones de pesos, para retirarlos nuevamente unas horas después, lo que suponía un delito adicional. Destacó que lo que más le impresionaba al equipo de la ASF era el descaro con el que operaba Duarte.

"¡Qué barbaridad!", musitó Peña Nieto en cierto momento de la reunión, mientras tomaba apuntes, una práctica frecuente en él.

Vendría luego el tema de los desvíos en la Secretaría de Desarrollo Social (Sedesol) bajo la conducción de Rosario Robles. Portal detalló la triangulación de dinero utilizando a universidades aprovechando un resquicio en la ley. Esas universidades eran instruidas para contratar a empresas fantasma, muchas de ellas presuntamente cercanas a políticos del PRI. El trazo del dinero se perdía cuando personas no identificadas lo recogían en ventanillas bancarias y desaparecían del mapa.

PEÑA NIETO SE DICE SORPRENDIDO ANTE EL SAQUEO

Abundó en detalles sobre cómo colaboradores cercanos a Rosario Robles estaban implicados en esta maniobra, entre los que destacó al oficial mayor de la dependencia, Emilio Zebadúa. Un primer bloque de contratos ligados a empresas fantasma y este fraude, dijo Portal, implica un monto superior a los 7 000 millones de pesos, pero la cifra se multiplicaría, le dijo, según se profundice en las pesquisas, en particular si participaban la PGR y la Función Pública.

Tras 50 minutos, Peña Nieto levantó la reunión sin ningún acuerdo. Agradeció la presencia de los asistentes y se retiró del salón en el que se encontraban. "Nos veremos después", le dijo a Portal al despedirse. En su fuero interno, éste supo que ésa sería la última vez que hablaría en persona con el mandatario.

Portal lamentó no haber tenido tiempo de narrar que, tras una reunión con Rosario Robles para discutir estos desvíos, ella le dijo que tenía listas para su entrega 65 cajas con documentación comprobatoria, bajo custodia de Emilio Zebadúa, y le propuso posar ante los fotógrafos de prensa frente a las cajas. Portal se negó a tomarse la fotografía, pero planteó que personal de la Sedesol llevara de inmediato las 65 cajas a la ASF para su estudio conjunto. Un camión lo siguió hasta sus oficinas con ese material, llevando también a funcionarios de la Sedesol, con los que sería revisada la documentación. Al llegar se percataron de que las cajas estaban prácticamente vacías.

Tampoco alcanzó a referir Portal la reunión sostenida a mediados de 2013 con las casas de estudios agrupadas en la Asociación Nacional de Universidades e Instituciones de Educación Superior (ANUIES), muchas de las cuales habían participado en la triangulación de recursos para contratar a las empresas fantasma y acabando por esfumar el dinero. En ese encuentro, el dirigente del organismo, Enrique Fernández Fassnacht, dijo a Portal que las indagatorias de la ASF "violan la autonomía de cátedra" y excedían sus atribuciones. El auditor debió informar a Fernández las obligaciones que la ley les otorga.

El encubrimiento de Calderón

A punto de iniciarse 2012, Portal y su equipo de expertos auditores tenían ya grandes volúmenes de documentos que daban cuenta de irregularidades en la gestión de Duarte, una parte de ellos aportados por Miguel Ángel Yunes, el expriista que contaba con trayectoria dentro de los servicios de seguridad del Estado mexicano pero que se había sumado al PAN y era su figura más fuerte en Veracruz. Yunes y Portal llegaron a reunirse en tres ocasiones distintas con este tema. Otras tantas quien acudió a la ASF fue el gobernador Duarte.

El problema fue que ni la Secretaría de la Función Pública, que en ese periodo encabezó el panista Rafael Morgan, ni la PGR, a cuyo frente se hallaba Marisela Morales, mostraban el más mínimo interés en promover una sanción contra Duarte, fuera administrativa o penal.

Meses después la ASF tuvo conocimiento de que, en forma irregular e ilegal, la PGR había hecho llegar al equipo de abogados de Javier Duarte el expediente, al tiempo que archivaba las denuncias presentadas.

En los inicios del gobierno de Peña Nieto se supo que tras los comicios presidenciales de 2012, que fueron ganados por éste, el entonces todavía presidente Felipe Calderón le ordenó a la procuradora Marisela Morales informar al equipo del mandatario electo sobre todos los expedientes de gobernadores y exgobernadores que estuvieran bajo investigaciones judiciales.

El expediente de Duarte, lo mismo que los de otros mandatarios estatales señalados de corrupción (César Duarte, de Chihuahua; Roberto Borge, en Quintana Roo, entre otros), entraron en un limbo político y judicial desde finales del gobierno de Calderón, y así permanecieron hasta bien avanzado 2016.

Ese año trajo sonados descalabros electorales para la administración de Peña Nieto y para su partido, el PRI. El equipo de Los Pinos decidió que para mejorar la imagen de la administración era necesario relanzar la agenda anticorrupción, mencionada durante la campaña y luego sepultada.

Dentro de esa estrategia, y según avanzaron las semanas, se determinó que tendría un impacto positivo que el presidente Peña Nieto pidiera públicamente perdón a los ciudadanos por el episodio de la "Casa Blanca". En los siguientes meses lo haría en tres ocasiones diferentes. Ello dejó, sin duda, un antecedente en la historia del presidencialismo mexicano, pero no atrajo mayores bonos políticos para el mandatario.

Adiós y huida de Javier Duarte

Hacia mediodía del 11 de octubre de 2016, Javier Duarte, todavía gobernador veracruzano, estuvo en la Ciudad de México y regresó por la tarde a Veracruz para un discreto encuentro con amigos cercanos y con su esposa. La noche de ese mismo día volvió a la capital del país, donde muy temprano, el miércoles 12, anunció en el noticiero de Carlos Loret, en Televisa, que se separaría del cargo "para defenderse de ataques" que lo ligaban con una desatada extracción de fondos públicos, federales y estatales.

Voló de nuevo a Veracruz, y citó en el propio hangar del gobierno del estado a dos personajes clave: al entonces presidente del Congreso local, el priista Juan Nicolás Callejas, y a su secretario de Gobierno, Flavino Ríos. Según testigos del encuentro, a ambos les informó haber acordado el día anterior con el secretario de Gobernación, Miguel Ángel Osorio Chong, que presentaría una solicitud de licencia para separarse de la gubernatura. Entregó a Callejas el documento correspondiente, que ya llevaba elaborado y firmado. Y le indicó a Ríos Alvarado: "Ellos [en Gobernación] quieren que te quedes tú (como interino)".

Fuentes consultadas dijeron que Osorio había efectuado una consulta con varios actores para esa definición, entre ellos el exgobernador Miguel Alemán, con quien Flavino Ríos tenía una clara cercanía. Otro habría sido el entonces mandatario electo, Miguel Ángel Yunes Linares, distanciado de Ríos, pero con quien comparte padre político: el también exgobernador Rafael Hernández Ochoa (1974-1980). Yunes asumiría la gubernatura 50 días después. En ese "acuerdo de hangar", Duarte pidió autorización a Flavino Ríos para usar en las horas siguientes la oficina ubicada en esas instalaciones, a lo que el inminente gobernador interino respondió que se le darían las facilidades para ello. A la mañana siguiente

Duarte fue a jugar golf, con un aspecto relajado según quienes lo vieron. Se trasladó de nuevo al aeropuerto, donde pidió un helicóptero del gobierno estatal, con un plan de vuelo hacia Tabasco, desde donde desapareció por seis meses hasta ser detenido en abril de 2017 en Guatemala.

La convulsión en Veracruz pronto cobró un inconfundible aroma de acuerdo político entre el nuevo gobernador, Yunes Linares, e integrantes de la administración de Peña Nieto.

El secretario Osorio Chong había tenido la encomienda de vigilar la tragedia política y financiera de esa entidad desde que el entonces candidato opositor, Yunes Linares, fue postulado como aspirante a la gubernatura de un estado que por casi nueve décadas sólo había conocido el mando del PRI.

Osorio y Yunes habían nutrido por años una relación que se forjó en 2003, cuando ambos fueron diputados federales bajo el ala protectora de la exliideresa magisterial Elba Esther Gordillo, que en aquel entonces cayó en desgracia tras ser removida como coordinadora de la bancada tricolor por un golpe instrumentado desde el PRI por Roberto Madrazo y Emilio Chuayffet.

La protección de la maestra bastó todavía a Osorio para ser impulsado en 2005 a la gubernatura de Hidalgo, y a Yunes para tener cargos en los gobiernos de Fox y Calderón, con el primero en temas de seguridad y con el segundo en la dirección del Instituto de Seguridad y Servicios Sociales de los Trabajadores del Estado (ISSSTE). Desde ese cargo rompió en 2011 con su madrina política e inició, de la mano de Felipe Calderón, su ruta al interior del PAN.

Al asumir la gubernatura y pese a una retórica incendiaria, Yunes Linares arribó a acuerdos con la Secretaría de Hacienda, a cuyo frente se hallaba Luis Videgaray, para recibir partidas presupuestales extraordinarias, evitar la quiebra de las finanzas estatales y poder pagar la deuda acumulada.

En septiembre de 2018, 18 meses después de que fue detenido, el exgobernador Javier Duarte vio cómo las acusaciones que tenían en su contra fueron aligeradas por la PGR, entonces a cargo de Alberto Elías Beltrán. Gracias a lo anterior, se declaró culpable de delitos al amparo del nuevo sistema penal, lo que le abrió la posibilidad de salir de prisión a más tardar en 2021. Algunos de sus colaboradores dejaron la prisión por órdenes de jueces que determinaron que hubo irregularidades en sus procesos. La posibilidad de castigar el saqueo en Veracruz se empezó a agotar a pasos acelerados.

El enredo de "La estafa maestra"

El esquema aprovechó un hueco en la ley para desviar recursos a universidades públicas sin ningún tipo de supervisión. Esto comenzó con el sexenio de Felipe Calderón, pero en los primeros años del gobierno de Enrique Peña Nieto, 2013 y 2014, el tímido operativo se había vuelto un enredado y gigantesco mecanismo.

Información de la ASF, entregada a la agrupación Mexicanos contra la Corrupción y la Impunidad y al portal de noticias Animal Político, derivó en el amplio reportaje denominado "La estafa maestra", según el cual el monto inicial del fraude fue de 7 670 millones de pesos en sólo esos dos años. Una de las hipótesis de la investigación es que parte del dinero estaba en los bolsillos de los funcionarios públicos y el resto se usaría para las elecciones de 2018.

La justificación de la hipótesis se encontraba en el hecho de que, en México, ganar una elección cuesta caro. La consultora Integralia publicó en 2016 que durante el año de la campaña de Peña Nieto, 2012, el flujo de efectivo en el país aumentó 37 374 millones de pesos. La consultora citó dos datos para comparar: un año antes, el flujo había disminuido 2 958 millones de pesos en el mismo periodo y un año después, en 2013, disminuyó en 5 119 millones de pesos.

La investigación de la estafa maestra se concentró en 73 convenios analizados por la ASF, hechos por 11 dependencias federales —tan variadas como la de la Sedesol, Banobras o Pemex—, con ocho universidades públicas, como la Autónoma de Morelos o la del Estado de México, todo en 2013 y 2014.

Dichos convenios aludían a necesidades de servicios como repartir despensas, supervisar pozos petroleros o instalar la red de internet, y en conjunto sumaron 7 670 millones de pesos. Del dinero total de los convenios, 5 208 millones terminaron en 150 empresas ilegales. Y 1 000 millones más se canalizaron a ocho universidades que actuaron como intermediarias.

Este monto fue sólo inicial, el universo de desvío podría ser al menos cuatro veces mayor, porque en el sexenio de Enrique Peña Nieto las dependencias federales firmaron 2 081 convenios de este tipo con universidades públicas, que suman 31 000 millones de pesos. Pero sólo se investigó 3.5% del dinero a profundidad. Dicha cifra es mayor al presupuesto asignado en 2018 para atender a 12 millones de afectados por los sismos de 2017 en Chiapas, Oaxaca, Tabasco, Estado de México, Tlaxcala, Hidalgo, Ciudad de México, Puebla, Morelos y Guerrero.

La relación de funcionarios que se vieron implicados en esta estrategia incluye a integrantes del primer círculo de Peña Nieto. Entre otros, su primo, Alfredo del Mazo, quien era director de Banobras y más tarde asumió la gubernatura del Estado de México. Emilio Lozoya, exdirector de Pemex, fue el encargado de asuntos internacionales en su campaña presidencial, y Rosario Robles encabezó la principal acción de su gobierno en el combate a la pobreza como secretaria de Desarrollo Social.

También participaron la Secretaría de Educación Pública (SEP), encabezada por Emilio Chuayffet; la Secretaría de Agricultura, Ganadería, Desarrollo Rural, Pesca y Alimentación (Sagarpa), a cargo de Enrique Martínez; el Fondo de la Vivienda del Instituto de Seguridad y Servicios Sociales de los Trabajadores del Estado (FOVISSSTE), con José Reyes Baeza Terrazas; el Instituto Nacional para la Educación de los Adultos (INEA), con Alfredo Llorente Martínez; el Registro Agrario Nacional (RAN), con Manuel Ignacio Acosta Gutiérrez; la Secretaría de Economía (SE), con Idelfonso Guajardo, y el Servicio Nacional de Sanidad, Inocuidad y Calidad Agroalimentaria (Senasica), con Enrique Sánchez Cruz.

Las casas de estudio que actuaron como bisagras de esta estafa fueron centralmente: Universidad Autónoma del Estado de México y su Fondo de Fomento y Desarrollo de la Investigación Científica y Tecnológica (Fondict); la Universidad Autónoma del Estado de Morelos, la Universidad Autónoma del Carmen, la Universidad Popular de la Chontalpa, la Universidad Juárez Autónoma de Tabasco, la Politécnica del Golfo de México, el Instituto Superior de Comalcalco y el Instituto Tecnológico de Tabasco.

A través de los 73 convenios establecidos por las dependencias con universidades, se le solicitaba a la institución proveer de servicios, como afiliar a beneficiarios a programas sociales. Las universidades contrataban a terceros, empresas fantasma, que eran indicadas por los funcionarios, y sólo por la intermediación las instituciones educativas cobraran entre 10 y 15% del total del convenio, lo que suma 1 000 millones de pesos en comisiones.

Ante estos desvíos, la ASF interpuso 20 denuncias penales ante la PGR por presunción de delitos cometidos que, según especialistas fiscales, se tipifican como fraude y crimen organizado. Sin embargo, desde un principio se preveía que había escasas probabilidades de que fueran investigados. En 17 años se habían presentado 873 denuncias penales, pero sólo 10 llegaron a juicio y, en ningún caso, alguien pisó la cárcel.

El reporte de La estafa maestra refirió convenios por 7 760 millones de pesos, distribuidos de la siguiente manera:

- Pemex: 3 576 millones de pesos
- Sedesol: 2 224 millones de pesos
- Banobras: 491 millones de pesos
- Registro Agrario Nacional: 447 millones de pesos
- SEP: 278 millones de pesos
- FOVISSSTE y SUPERISSSTE: 249 millones de pesos
- Servicio Nacional de Sanidad, Inocuidad y Calidad Agroalimentaria: 138 millones de pesos
- INEA: 97 millones de pesos
- Secretaría de Economía: 96 millones de pesos
- Secretaría de Comunicaciones y Transportes: 52 millones de pesos
- Secretaría de Agricultura: 19 millones de pesos

De las 186 empresas detectadas con irregularidades, la ASF determinó que 150 son ilegales y no podrían recibir recursos públicos. Aun así consiguieron 5 208 millones de pesos a través de contratos ilegales. En noviembre de 2017 el SAT declaró a 14 compañías como fantasma. Otras 47 eran investigadas y estaban catalogadas como presuntas fantasma. Después de la investigación publicada, el SAT identificó otras más: 11

empresas fantasma y 34 presuntas. Treinta y siete no tienen antecedentes registrales, es decir, ni siquiera están inscritas ante la Secretaría de Economía. Ocho empresas fueron desmanteladas apenas recibieron los contratos y ocho más no tenían instalaciones en las direcciones que registraron. Cinco se dedicaban a temas que no tienen relación con los servicios contratados, ocho no fueron localizadas por la ASF y otras 23 no reportaron dirección.

Con el mismo *modus operandi*, entre 2011 y 2014 Pemex Exploración y Producción entregó 3 576 millones a 96 empresas a través de seis universidades públicas estatales: la Universidad Autónoma del Carmen (Unacar), la Universidad Popular de la Chontalpa, el Instituto Tecnológico de Comalcalco, la Autónoma y la Tecnológica de Tabasco, y la Universidad del Golfo de México, también de Tabasco.

Se revisaron 39 convenios para determinar qué pasó con el dinero público. Se encontró que las universidades violaron la ley para desviar los recursos a las empresas y se quedaron con 634 millones en comisiones. De ese dinero hay un total de 2 149 millones desaparecidos entre 65 empresas.

Entre las empresas contratadas figuró Cantarell Services, S. A. de C. V., de Silvano Torres Xolio, un veterano empresario de Veracruz, exfuncionario de Pemex, puesto que le permitió ganar cientos de millones de la empresa petrolera. La compañía la fundó junto con otro exfuncionario de Pemex, Williams Morfín Silva. Al revisar el manejo de recursos de la empresa, se encontraron nexos de compañías familiares a donde llegaban los recursos. En el caso de las empresas fantasma, éstas se crearon con documentación que era vendida en el municipio de Nacajuca, Tabasco, uno de los más pobres del estado. Ese municipio se caracteriza por vender documentación para crear empresas fantasma, como se había documentado en espacios periodísticos.

Capítulo 6
La mafia de "los Betos"

La incompetencia oficial ante la crisis de inseguridad, los escándalos por la tragedia de Ayotzinapa, la "Casa Blanca" y las evidencias de una galopante corrupción, en esferas del gobierno federal y en un amplio número de estados del país, no se pueden entender sin revisar el manejo otorgado a las instituciones de procuración y administración de justicia durante el sexenio de Peña Nieto.

Si la política en el gobierno estuvo profundamente influida por los estilos engendrados durante décadas por la cultura gubernamental del Estado de México, la política hacia las instituciones judiciales halló el mismo origen. Esto se expresó en que un círculo cerrado de abogados cercanos al equipo gobernante alineó estrategias para copar espacios, pagar favores e imponer a incondicionales en múltiples áreas. Acumuló un enorme poder que, de acuerdo con denuncias y reportes, usó para velar por intereses propios y prohijar negocios.

Una revisión más puntual sobre lo ocurrido en la PGR durante los primeros cinco años del gobierno de Peña Nieto destacaría asimismo el incentivo perverso que supuso depositar en Miguel Ángel Osorio Chong, secretario de Gobernación, la triple cualidad de jefe de la estrategia de seguridad, responsable de la política interior y aspirante presidencial. En momentos de buenas noticias, el rostro sonriente de Osorio siempre aparecía. En tiempos de tormenta, como con la fuga de Joaquín el Chapo Guzmán o la crisis de Ayotzinapa, el funcionario escurría el bulto en los hombros del procurador en turno, o incluso dejaba subir el *rayo* directamente a Los Pinos.

Al final de la gestión de Peña Nieto se multiplicaron los indicios de la existencia de un grupo de altos funcionarios que tuvo bajo un control coordinado instancias clave del gobierno en las que se decidían temas políticos, jurídicos y de grandes negocios. Reportes entregados al entonces presidente electo, Andrés Manuel López Obrador, aseguran que ese bloque llegó a usar información clasificada para someter a rivales políticos, cabildear contratos gubernamentales multimillonarios, e incluso usar a reconocidos abogados penalistas para extorsionar a empresarios a los que se les detectaban irregularidades fiscales.

Ese grupo tuvo su eje nodal en la Consejería Jurídica de la Presidencia, dominada por Humberto "Beto" Castillejos (primero con el cargo formal y luego desde las sombras); el Cisen, sistema de inteligencia política del régimen, encomendado a Alberto "Beto" Bazbaz (que conservó influencia sobre la Unidad de Inteligencia Financiera, de la Secretaría de Hacienda, su primer cargo en el gobierno), y la PGR, donde Alberto "Beto" Elías Beltrán permaneció como "encargado" durante 14 meses. Se les conoció como "la mafia de los Betos"

Este grupo acumuló posiciones en la Corte y en los juzgados clave, incluso en la nueva generación de magistrados electorales. Operó la aprobación de leyes en el Congreso, impuso decisiones en el gabinete, disputó tajadas de los mandos policiacos federales y dispuso de una amplísima red de lealtades en toda la administración.

El grupo tuvo su germen, al menos en el ámbito público, durante la gestión de Eduardo Medina-Mora en la PGR (2006-2009), y quien después fue impulsado a otras posiciones, hasta quedar colocado como ministro de la Corte. En ese clan descolló, entre otros, Alberto Bazbaz, que durante el sexenio fue primero titular de la Unidad de Inteligencia Financiera de la Secretaría de Hacienda y, a la llegada de Alfonso Navarrete Prida a Gobernación, resultó designado al frente del Cisen. Nadie había olvidado a Bazbaz como procurador de Justicia en el Estado de México durante la tragicomedia de 2010 con el "caso Paulette", por la que fue relevado por Alfredo Castillo.

La consumación del poder de este grupo buscó marginar e incluso extinguir la influencia que desde el gobierno de Vicente Fox (2000-2006) desarrolló en el sistema policial mexicano Genaro García Luna, quien como secretario de Seguridad Pública y hombre más poderoso en el gabinete de Felipe Calderón (2006-2012) rivalizó y acabó echando de la PGR a Medina-Mora en 2009.

Integrantes de segunda línea fueron el exjefe de la agencia investigadora de la PGR, Tomás Zerón, y el procurador mexiquense, Alejandro Gómez Sánchez. Incluso la exprocuradora y luego titular de la Función Pública, Arely Gómez, cobró realce político bajo la mano de Medina Mora, que en 2006 le asignó la fiscalía electoral en la PGR. Comparte con él su cercanísima relación con Televisa. El primero se desempeñó como socio de empresas filiales a la televisora. Ella es hermana de Leopoldo Gómez, vicepresidente de la compañía presidida por Emilio Azcárraga Jean.

Esa virtual cofradía de abogados-políticos había coincidido antes en varias instancias, lo mismo en la procuraduría mexiquense que en la de la Ciudad de México, cuando su titular fue Rodolfo Félix, o en la Procuraduría Fiscal, con Javier Laynez, cuyo arribo a la Corte también acompañaron.

Pero en el antecedente histórico del clan hay claves adicionales significativas.

El 10 de julio de 2008 fue asesinado frente a sus oficinas en la Ciudad de México el abogado Marcos Castillejos Escobar, un acreditado litigante. Se dijo entonces que un narcotraficante de la época se había sentido agraviado por la forma en que fue resuelto judicialmente un asunto conducido por el despacho del litigante, por lo que lo habría mandado matar.

Su hijo Humberto Castillejos y su sobrino Alfredo Castillo Cervantes rebasaban apenas los 20 años de edad pero, privilegios de la amistad, ya eran asesores en la PGR, primero con Rafael Macedo de la Concha y después con Medina-Mora, quien a partir de aquella tragedia ejerció como sombra tutelar del joven Humberto, al que orientó cuando éste se hizo cargo de los asuntos que conducía la oficina de su padre victimado.

Una figura perturbadora en esta historia fue Luis Cárdenas Palomino, estrecho colaborador de García Luna y casado entonces con una hija del abogado asesinado. Por tanto, fue cuñado de Humberto. El círculo cercano a éste aseguró que Cárdenas enredó las indagatorias sobre el atentado, y poco después se divorció.

Los caminos de Cárdenas Palomino y de Castillejos Cervantes ya se habían cruzado en otra historia criminal: la muerte, en diciembre de

2004, de Enrique Salinas de Gortari —hermano del expresidente Carlos Salinas de Gortari—, en Huixquilucan, Estado de México. El entonces procurador mexiquense, Alfonso Navarrete —que en el gobierno de Peña sería secretario del Trabajo y de Gobernación—, documentó públicamente que la víctima había sido secuestrada y torturada para extorsionarla, con la probable participación de agentes de la Agencia Federal de Investigación, a cargo de Cárdenas Palomino, bajo las órdenes del procurador Macedo de la Concha. Entre los citados para declarar figuró Humberto Castillejos, el mismo que ocho años después sería un influyente funcionario de Los Pinos.

Castillejos Cervantes (Ciudad de México, 1976) siguió laborando en la PGR hasta 2008. Luego su currículum oficial lo describe como consultor; fundó con sus hermanas el despacho CLG Abogados. Pero su primo Alfredo Castillo lo atrajo hacia el Estado de México, donde ya emergía, irresistible, la estrella de Enrique Peña Nieto. Los caprichos de la política lo hicieron diputado local en 2012, pero inmediatamente pidió licencia para sumarse al equipo del ya candidato presidencial. En diciembre de 2012 llegó a Los Pinos, y trastocó el cargo de consejero jurídico, que tenía un perfil de trabajo discreto, interno, para desplegarlo como una operación ubicua con una personalísima cuota de poder. Tras la salida de Aurelio Nuño de la residencia oficial, para ser secretario de Educación, Castillejos incluso ostentó rasgos de jefe de la oficina presidencial.

En 2015 la muerte del ministro de la Corte Sergio Valls otorgó a Castillejos Cervantes la oportunidad de promover a su viejo tutor Eduardo Medina-Mora y extender sus hilos de control hacia el Poder Judicial de la Federación. Medina había sostenido una larga amistad con el propio presidente Peña Nieto, aderezada con apoyos extraordinarios en momentos difíciles en la historia personal del presidente.

En las semanas previas al arranque del gobierno de Peña Nieto, Medina había sido mencionado como inminente nuevo canciller, pues José Antonio Meade ocuparía la jefatura de la Oficina de la Presidencia. Se presume que casi en el último momento Meade pidió la oportunidad de ser canciller, lo que llevó a Medina-Mora a la embajada de Washington, donde vivía parte de su familia y su esposa se atendía de un serio problema de salud. Antes de partir a la capital estadounidense, dejó saber en el despacho presidencial su anhelo de ser ministro en noviembre de 2018, al producirse el retiro de José Ramón Cossío.

La muerte de Valls precipitó las cosas. Y la situación política comenzó a volver incierto el escenario de una llegada cómoda de Medina a la Corte tras las elecciones presidenciales de julio de 2018. Entonces se decidió imponerlo en esa etapa, sin importar el costo político que ello supusiera.

El 17 de febrero de 2015 Peña Nieto envió al Senado la respectiva terna. Incluyó, además de Medina-Mora, a Felipe Alfredo Fuentes Barrera y Horacio Armando Hernández Orozco. El entonces senador Javier Corral declaró que "al menos uno" de los integrantes de la terna fue obligado a participar. Nadie lo desmintió.

Los Pinos traía ya a cuestas los escándalos de Ayotzinapa y la "Casa Blanca" (septiembre y noviembre de 2014), por lo que los señalamientos contra la designación de un ministro cercano a la residencia oficial despertaron reacciones airadas. Se alegaron argumentos políticos y legales contra Medina-Mora. Castillejos fue visto en los pasillos del Senado en forma cotidiana. Uno de los senadores que participó en las negociaciones respectivas aseguró a este autor que cuando el clima se había enrarecido en torno a esta postulación, Castillejos sondeó entre legisladores clave la posibilidad de retirar el nombre de Medina Mora a cambio de colocar el suyo propio como candidato a la Corte. La respuesta que le dieron fue negativa.

En marzo, bajo la presunción de un acuerdo de alto nivel con las bancadas del PAN y el PRD, alentado por el empecinamiento del presidente Peña Nieto, la fracción del PRI sacó adelante la designación de Medina Mora para la Corte.

En su toma de posesión como nuevo ministro, Medina-Mora fue recibido con el discurso más hostil que se haya conocido en la historia moderna de la vida de la Corte. El mensaje estuvo a cargo de la ministra Olga Sánchez Cordero.

"Lo recibe, señor ministro —le dijo—, una Corte que ha vivido un proceso de transformaciones, que hay que decirlo claro y fuerte, no tiene marcha atrás."

El episodio Medina-Mora mandó la señal de un giro adverso en los equilibrios políticos e ideológicos en el alto tribunal, con la creciente influencia de integrantes conservadores o francamente oficialistas. Ello despertó una alerta ante un proceso de *colonización* por parte de Los Pinos sobre otros órganos formalmente autónomos, como los institutos de telecomunicaciones, de acceso a la información pública o la comisión de competencia económica, a cuyo frente la Consejería Jurídica de la Presidencia había logrado imponer a personajes sumisos, la mayoría de las veces con poca trayectoria profesional y sin el consenso de sus propios compañeros de organismo.

Castillejos Cervantes siguió usufructuando una alta cuota de poder. Eso fue lo que la noche del 26 de octubre de 2016 le permitió supervisar personalmente el comunicado de prensa —otro primo suyo, César Castillejos Rangel, fue su operador en este campo— con el que se despedía amablemente de la PGR a Arely Gómez, a la que él había ayudado a derrumbar. Llegaba entonces un primo leal, Raúl Cervantes, promocionado en espacios periodísticos como el hombre que diseñaría "el mejor modelo de Fiscalía General".

Castillejos Cervantes, que pocos años antes formaba parte de un grupo comandado por el citado Medina Mora, durante el sexenio de Peña Nieto asumió el liderazgo pleno de ese bloque.

A la llegada de Raúl Cervantes a la PGR se consideró natural que ese equipo se repartiera posiciones clave, entre ellas la Subprocuraduría de Asuntos Jurídicos e Internacionales, formalmente la más importante de la institución, que le fue asignada a Alberto Elías Beltrán. Pero también la SEIDO, que combate delitos de delincuencia organizada, donde fue colocado en su momento Alonso Israel Lira Salas, otro exsubordinado de Bazbaz en Hacienda.

Este entramado se tejió en muchos ámbitos más, lo que incluyó presiones sobre el Congreso federal para aprobar leyes mal confeccionadas. Siempre ubicuo en esas gestiones, Castillejos llegó a ser motejado el "senador 129" por grupos de oposición, dada su constante presencia en los pasillos de la sede de la cámara alta, entre muchas otras injerencias en las que incurrió ajustando su cargo público al perfil de un litigante.

En octubre de 2017 el entonces procurador general de la República, Raúl Cervantes, renunció a su cargo, desnudando el efecto que en el gobierno de Peña Nieto había tenido en la más alta instancia de procuración de justicia del país.

Un solo lustro de respaldo político absoluto le había permitido a Cervantes ser un poderoso integrante del Senado, presidente del mismo, firme candidato a ministro de la Corte, procurador general y aventajado prospecto para convertirse en el primer fiscal general, con un mandato transexenal de nueve años. Pero el deterioro político en que se hallaba ya el gobierno y la expectativa clara de unas elecciones presidenciales con resultados inciertos en julio del siguiente año estaban desvaneciendo rápidamente todos los escenarios para el grupo en el poder.

Se asumió en ese momento que Cervantes rechazó ser responsable de cerrar los "expedientes negros" del gobierno de Peña Nieto en múltiples temas, desde los procesos contra una docena de exgobernadores hasta los casos de violaciones graves a derechos humanos en el contexto de la lucha contra el crimen organizado. Con su dimisión evitaba responsabilidades que pudieron haber tenido implicaciones no sólo políticas sino penales.

Cervantes, entonces de 54 años, quería también rescatar algo de honra propia ante esa olla de ácido que siempre fue la PGR. Se le atribuye a Diego Valadés, exprocurador, jurista, catedrático, la frase de que para estar al frente de la procuraduría se requiere ser "un jurista con prestigio... que esté dispuesto a perderlo".

En la década previa a ese 2017 el promedio de estadía de los procuradores generales fue de apenas 18 meses. Cervantes estuvo incluso por debajo de ese lapso. Le faltaron 10 días para cumplir un año en el puesto.

Sus dos antecesores en la administración de Peña Nieto, Arely Gómez y Jesús Murillo Karam, duraron, respectivamente, 19 y 26 meses. Con ello se acercaron a la media para los procuradores desde 1997, que fue de dos años y tres meses. Eso dibujaba a una PGR enferma, si no es que podrida.

En febrero de ese 2017 Cervantes mismo presentó ante el Senado un diagnóstico crudo sobre la inoperancia de la PGR, lastrada por una cultura centenaria que la puso al servicio no de la justicia sino del mandatario en turno, fuera del partido que fuera.

Pero el informe de Cervantes no fue tan lejos. Interpretado en su momento como una plataforma de lanzamiento para ser fiscal general, el documento alertó sobre el rezago de la procuraduría y de sus similares en todo el país, en el contexto de la reforma al sistema de justicia penal aprobada en 2008. Habló de saturación, con casi 70% de asuntos sin resolver y 80% de investigaciones abiertas sin detenido; inadecuada arquitectura institucional; casi inexistente capacitación para ministerios públicos, policías y peritos; desbocada corrupción interna.

Raúl Cervantes derivó de su parentesco con su primo, Humberto Castillejos Cervantes, un valioso activo político, pero por donde pasó sembró tormentas. Su escaño en el Senado fue rigurosa aduana para todo tema ligado a la justicia. Luego vino la presidencia de la Cámara (2013-2014), cuando se comportó como un *santón* inaccesible. Al terminar esa encomienda pidió licencia con la certeza de que tenía al alcance de la mano la silla de ministro. Castillejos lo promovió en el Senado tan intensa como infructuosamente. Pero desde la Corte misma llegó un veto, pues además de su pertenencia endogámica al grupo de Castillejos, del ya ministro Medina Mora y de su amistad personal con Peña Nieto, Cervantes seguía siendo senador aun cuando tuviera licencia y era, por ello, inelegible por restricción constitucional.

Por si hiciera falta, mientras se esperaba la definición de quién relevaría a los ministros salientes Olga Sánchez Cordero y Juan Silva, una vieja pesadilla de Raúl Cervantes volvió a cobrar vida: en abril de 2015 la empresaria Angélica Fuentes, con quien estuvo casado durante un año, declaró en medios que durante su matrimonio la había golpeado estando alcoholizado, incluso intentado estrangularla. Ella dijo haber presentado en ese entonces una denuncia penal con fotografías de las lesiones recibidas.

El más reciente episodio en el eclipse de la estrella del procurador Cervantes había sido la revelación de que tenía registrado a su nombre un automóvil Ferrari, lo que trajo también a la luz pública su larga debilidad por los autos lujosos, en la que incurrió desde que era un exitoso abogado privado, siempre cercano al PRI, lo que ya lo había llevado dos veces a una diputación plurinominal.

En febrero de 2014 había sido publicada una de las reformas constitucionales que mayormente dotaron de pesadillas políticas al gobierno de Peña Nieto: la que dispone transformar la PGR en una Fiscalía General con una encomienda transexenal, de nueve años para su titular, que sería virtualmente inamovible. En esa fecha comenzó la agonía final de la PGR.

El gobierno en funciones difícilmente podría haber sido responsabilizado del desgaste acumulado durante décadas por la procuraduría. Pero tener a la vista la nueva fiscalía desató apetitos dentro y fuera de la PGR, que la erosionaron adicionalmente. Y el principal catalizador, se dijo desde entonces, fue Humberto Castillejos.

Raúl Cervantes fue relevado en el cargo de procurador por Alberto Elías Beltrán, que había estado en un tercer rango dentro del poderoso equipo que comandaba Castillejos, a quien se le atribuyó haber confeccionado el nuevo equipo de la PGR. Elías Beltrán despachó siempre durante su encomienda como encargado, pues no fue ni podría haber sido ratificado por el Senado, por no cubrir requisitos de ley, como contar con la suficiente antigüedad con un título profesional de abogado. Él fue el cuarto responsable de la procuraduría en el sexenio. En los últimos 30 años sólo el gobierno de Carlos Salinas de Gortari superó esa cifra de nombramientos, con cinco titulares.

Testimonios provenientes de múltiples espacios, desde el Congreso hasta la Corte, pasando por el gobierno, daban cuenta de que Humberto Castillejos Cervantes no dejó de mantener su rol en el manejo de la agenda político-jurídica de Los Pinos tras renunciar a la consejería jurídica el 9 de junio de 2017. Incluso se le permitía la "travesura" de despachar en oficinas de la Consejería, formalmente adscritas a su sucesor, Misha Leonel Granados.

Hasta la naturaleza pareció haberse ensañado con la PGR. A raíz de los terremotos de septiembre de 2017, su sede principal sobre Paseo de la Reforma quedó inhabilitada, lo que no sólo disgregó a muchos mandos, incluido el mismo Elías Beltrán. Junto con las informaciones sobre esa mudanza se filtró que durante la misma hubo expedientes judiciales "perdidos"…

El principal legado de Elías Beltrán fue, sin duda, su desempeño omiso ante personajes que estuvieron al centro de escándalos, a muchos de los cuales no se les afectó ni siquiera con un citatorio pare rendir declaración. En el caso particular del exgobernador de Veracruz, Javier Duarte, las acusaciones en su contra fueron atenuadas, lo que abrió la puerta a un convenio judicial que le permitió al controvertido exmandatario declararse culpable de delitos menores, con la expectativa de dejar la prisión en un lapso no mayor de tres años, sin que se le afectara la fortuna que se le atribuyó haber acumulado tras un enorme engranaje de corrupción.

Un caso igual de notable protagonizado por Elías Beltrán fue el de César Duarte, exgobernador de Chihuahua, sobre el que en enero de 2018, sometido a una creciente presión política, anunció haber hecho tres solicitudes de extradición sin que nada haya ocurrido después.

El anuncio mismo despertó suspicacia desde el primer momento, pues seguramente puso sobre aviso al inculpado. Esas solicitudes debieron ser revisadas en la Cancillería mexicana, enviadas al Departamento de Estado estadounidense con evidencias suficientes de que el señor Duarte se hallaba en una ciudad específica del territorio del país vecino. De ser aceptadas con base en los tratados vigentes, se trasladarían al Departamento de Justicia, donde se les estudiaría nuevamente. En caso de considerarlas procedentes, se asignaría a un fiscal para defenderlas ante un juez de distrito, quien, de ser convencido, ordenaría a un sheriff buscar al inculpado en la ciudad referida. Pero gracias al anuncio de la PGR es muy poco probable que el exgobernador haya estado esperando a que la ley tocara a su puerta.

Lo que fue poco conocido es que antes de hacerse cargo del despacho en la PGR, cuando se desempeñaba como subprocurador jurídico y de Asuntos Internacionales, Elías Beltrán recibió expedientes del gobierno de Chihuahua pidiendo la extradición de Duarte. Pero antes de eso se le presentó un caso federal ligado con el mismo personaje.

Esta otra solicitud de extradición, que tampoco recibió la celeridad promedio, ostentaba el sello de la Fiscalía Especial para la Atención de Delitos Electorales (FEPADE) y la firma del entonces titular, Santiago Nieto. Reportaba una investigación sobre un delito electoral generado por una trama que retenía un porcentaje de su sueldo a empleados del gobierno de Chihuahua, que luego era pagado mediante factura a una empresa transportadora de valores, la cual lo entregaba en efectivo a dirigentes del PRI en el estado, de los que recabó su firma en recibos formales. Una triangulación sólo imaginable cuando sus actores tienen garantizada la impunidad.

La polémica en este caso virtualmente no habría existido sin la creciente presión ejercida tanto por la ciudadanía como por el gobernante chihuahuense, el panista Javier Corral, que fue desnudando el bloqueo oficial en este tema, encarnado notablemente en la PGR pero que pronto se extendió a la Secretaría de Hacienda y a su titular, José Antonio González Anaya, señalado de usar las finanzas públicas para doblar por inanición a una entidad integrante de la Federación.

En declaraciones públicas y en conversaciones privadas, el gobernador Corral sugirió que sus indagatorias podrían llegar hasta "los niveles más altos de la clase política priista". De ello dio cuenta el encarcelamiento, durante casi un año, de Alejandro Gutiérrez, un acaudalado empresario coahuilense, socio en Minera Frisco del magnate Carlos Slim y durante décadas amigo de Manlio Fabio Beltrones, líder priista, en cuyo círculo se ha atribuido este asunto al propósito de frenar su carrera política.

Por algún motivo desconocido, el gobernador Corral decidió no usar lo que seguramente habría sido su *bala de plata* para escalar este escándalo: la extensamente conocida trama de las relaciones políticas y presumiblemente de negocios del gobernador César Duarte con quien siempre fue su tutor político, el líder senatorial Emilio Gamboa, otra figura clave del priismo tradicional y cercano consejero del presidente Peña Nieto.

Al cierre del gobierno de Peña Nieto la PGR acumulaba un serio proceso de desmantelamiento, desgaste y desprestigio. Una institución clave para una nación que pretenda vivir en democracia mostraba signos de ser ya, en los hechos, un cadáver heredado a la nueva administración.

Capítulo 7
Acoso y derribo sobre la FEPADE

Eran las 2:00 horas del viernes 27 de octubre de 2017 cuando una llamada a su teléfono móvil hizo despertar con sobresalto a Santiago Nieto.

"Voy hacia tu casa... necesitamos hablar", reclamó una voz en tono imperioso. Nieto reconoció a Jorge Márquez, el principal operador político del secretario de Gobernación, Miguel Ángel Osorio Chong.

"En mi casa no", atinó a replicar por su teléfono Nieto, que buscó tranquilizar con la mirada a su esposa, inquieta desde el otro lado de la cama. Volvió entonces a escuchar la voz de Márquez: "Te espero en una habitación del Camino Real [Pedregal]. No tardes".

No era la primera ocasión que habían hablado durante la semana transcurrida desde que el despido de Nieto como fiscal federal electoral desató una crisis política, el 20 de octubre. Ese sábado apacible fue alterado con la noticia de que este abogado queretano era cesado en la PGR por "violaciones" al Código de Ética de la institución, cuya existencia se ignoraba hasta ese momento. En días previos, el diario *Reforma* había publicado declaraciones de Nieto según las cuales su oficina indagaba presuntos sobornos de la empresa brasileña Odebrecht a Emilio Lozoya, exdirector de Pemex, pues se especulaba que habrían ido a parar a la campaña presidencial de Enrique Peña Nieto.

Agrupaciones ciudadanas y políticos de oposición vieron en el cese de Nieto un golpe de la administración de Peña Nieto para deshacerse de un fiscal incómodo y tener control sobre la FEPADE. Su titular fue designado, en febrero de 2015, por vez primera con el aval del Senado, lo que dotó a esa instancia de su mayor protagonismo desde que fue creada en 1994, 23 años atrás. En ese contexto, el fiscal despedido decidió pedir al propio Senado que en el plazo de 10 días que la ley le otorga, objetara su remoción. Estaba a la vista la posibilidad de una controversia entre el Congreso y el Ejecutivo.

Nieto Castillo repasaba todo ello cuando entró al lugar de la cita, en el hotel ubicado frente al Periférico Sur de la Ciudad de México. Se había reunido con Jorge Márquez en diversas ocasiones, siempre en momentos difíciles. Lo conoció tres años antes por insistencia de María de los Ángeles Fromow, una priista que fue la anodina titular de la FEPADE durante la gestión de Rafael Macedo de la Concha en la PGR. En esa fecha se desempeñaba como cabildera oficiosa del secretario Osorio Chong y su aspiración a ser candidato a la presidencia de la República.

En las afueras de la suite de Márquez, Nieto se encontró con un par de colaboradores y dos escoltas del poderoso funcionario de Gobernación, donde ocupaba el discreto pero estratégico puesto de oficial mayor. Apenas ingresar escuchó una frase que marcaría su vida en adelante: "Te quieren destrozar, Santiago; a ti… y a tu familia. Pretenden meterte a la cárcel. Emilio Gamboa te ha cerrado el paso el Senado; dice que eres un criminal. Tienen un 'expediente negro' en tu contra, muy personal, con fotografías, llamadas… Debes detenerte. No saldremos de aquí sin que me des una garantía, una prueba, para que el presidente crea que esto va a terminar; ya, hoy mismo".

Márquez le extendió un fólder en cuyo interior estaba una carta dirigida al Senado en la que Nieto declinaba su reclamo para revertir su despido, ordenado por el titular *encargado* de la PGR, Alberto Elías Beltrán.

Nieto revisó el texto, que en su parte esencial le había propuesto el propio Márquez desde días antes. Encontró en la carpeta dos ejemplares de la misma carta. Entendió que debía firmar una y dejarla en manos de Márquez. Era la "prueba" que, según su interlocutor, exigía el presidente Peña Nieto para no aplastarlo política y personalmente.

Ese momento resumió las presiones, las llamadas, los múltiples intentos de cooptación ejercidos desde el poder en unos cuantos días. Como la convocatoria del propio Márquez que el día del despido le llamó para decirle: "Tengo algo para ti", sugiriendo que era dinero.

Más tarde llegaría una propuesta del influyente consejero jurídico de la Presidencia, Humberto Castillejos, por conducto del abogado José Luis Nazar, para que Nieto apoyara la permanencia en la FEPADE del priista Alejandro Porte Petit, quien lo sustituyó interinamente. A cambio, Nieto sería nombrado eventualmente en el Senado magistrado anticorrupción. "No puedo recibir nada de Peña Nieto", respondió siempre.

Pero Nieto Castillo había empezado a sentirse acorralado cuando un dirigente empresarial le confió, días antes, lo ocurrido durante una reunión privada de varios integrantes del sector con el presidente Peña Nieto, a la que también acudieron el canciller Luis Videgaray y el vocero presidencial Eduardo Sánchez. El empresario le dijo que uno de los funcionarios asistentes se refirió a Nieto como "enemigo personal del presidente".

"¿Quién? —quiso indagar Nieto—. ¿Sánchez o Videgaray?". Su interlocutor se negó a precisar.

Intentó entrevistarse con el presidente. Pidió interceder por él a Javier Tejado, uno de los más influyentes operadores de Televisa, segundo al mando de Bernardo Gómez, cabeza de la estrategia política de la televisora. Tejado le dijo haberlo intentado, sin éxito. Pero le adelantó: "La respuesta del gobierno te la entregará tu 'amigo' de Gobernación".

Y ahí estaba esa madrugada ese "amigo", Jorge Márquez, urgiéndolo a desistir, alegando la existencia de un "expediente negro" que lastimaría a su familia si llegaba a sus manos. Nieto tenía presagios claros sobre ese material: viejas historias que incluían un alegado romance extramarital; falsas varias de ellas, otras, quizá no. Imposible saber cuáles otros materiales podrían haber sido confeccionados por los espías del gobierno.

Escuchando a Márquez, Nieto se descubrió exhausto. Quería que todo terminara ya, cerrar esta etapa y, en el futuro, tratar de ser revindicado personalmente, políticamente. Incluso, ¿por qué no?, ejercer nuevamente el derecho electoral, que le apasionaba desde 20 años atrás.

Tomó la pluma. Antes pidió un compromiso a Márquez de que no habría una persecución en contra de sus excolaboradores en la FEPADE. Aquél lo prometió. Ambos sabían que no cumpliría su palabra. Nieto firmó un ejemplar de la carta y se lo entregó a Márquez. El otro lo mandaría al Senado unas horas después, lo que cerraría el periodo más intenso de su carrera. Lo único que deseaba era descansar.

En su fuero interno conservó el temor de que esta historia aún no terminaba, que la parte más cruel podía estar aún en marcha.

Semanas después de desistirse ante el Senado, vencido, cerradas ya las opciones para defender su verdad, un sobre cerrado llegó hasta las manos de la esposa de Santiago Nieto. Era el "expediente negro". Nunca supo el contenido preciso. Fue instado a dejar el hogar familiar por su esposa, una abogada de familia conservadora, como casi todas en Querétaro. Su pareja casi desde la adolescencia. Días después le llegó una demanda de divorcio.

Nieto confirmaba en carne propia que durante décadas el PRI persiguió a los funcionarios electorales que le resultaron incómodos, o francamente se le enfrentaron. Tarde o temprano los ha castigado, ahogando sus carreras administrativas y profesionales, aplastándolos políticamente, orillándolos a protegerse desde otros ámbitos, incluso los partidistas. Ahí estaban los casos de Jaime Cárdenas, el maestro de Nieto, el que le despertó la pasión por el derecho electoral; de Jesús Cantú, José Barragán, Leonel Castillo, Marcos Reyes Zapata, Alfredo Figueroa…

La confrontación de Nieto con el equipo de Peña Nieto venía de lejos, y había tenido varias escalas de confrontación. En diciembre de 2011, siendo presidente de la sala federal electoral en Toluca, impulsó la anulación de las elecciones en Morelia, donde había ganado el PRI, lo que puso bajo tela de duda el triunfo ese año del aspirante a gobernador de Michoacán, el priista Fausto Vallejo.

Entre las irregularidades consideradas por Nieto para su determinación figuró que el boxeador Juan Manuel Márquez se presentó a una pelea portando un calzoncillo con el emblema del PRI. El triunfo en Morelia se le retiró al priista Wilfrido Lázaro, que había competido contra el panista Marko Cortés. En comicios extraordinarios en 2011 y con los mismos contendientes, el PRI volvió a ganar, incluso con mayor ventaja. Marko Cortés Mendoza fue coordinador de los diputados federales (2015-2018) gracias a ser un protegido político de Santiago Creel, uno de los panistas más influyentes del sexenio. Pero la baja votación del PAN en los comicios de 2018 le impidió alcanzar una senaduría plurinominal.

Tras su salida de la FEPADE, todos los principales colaboradores de Santiago Nieto fueron eventualmente despedidos. Él mismo enfrentó siete demandas penales, dos de ellas instruidas por la PGR, la primera por difundir documentos oficiales de la procuraduría relativos a su declaración patrimonial, y la segunda, por "violar la secrecía de una indagatoria judicial".

Expertos consultados por los medios en esos días consideraron que las declaraciones de Nieto Castillo sobre Emilio Lozoya sí suponían la divulgación de una investigación en proceso. Pero aseguraron que el eventual daño jurídico que ello hubiera producido era marginal si se le comparaba con lo divulgado tras la segunda fuga de Joaquín el Chapo Guzmán, o con la tragedia de Ayotzinapa, o con las investigaciones en contra del candidato presidencial Ricardo Anaya...

Las otras cinco investigaciones contra Nieto a las que dio cabida la PGR se derivaban de denuncias presentadas por políticos de varios partidos que se dijeron afectados por resoluciones del entonces fiscal federal electoral.

En enero de 2018 Nieto Castillo decidió que requeriría un "blindaje" político. En ese mismo mes apareció con otras figuras de la vida pública en una conferencia de prensa encabezada por el gobernador panista de Chihuahua, Javier Corral, quien hizo diversos reclamos al gobierno de Peña Nieto, entre ellos haber cancelado a la administración estatal transferencias financieras que le correspondían. Señaló como operador de ello al secretario de Hacienda, José Antonio González Anaya, relevo en la dependencia y cercano amigo personal de José Antonio Meade, entonces ya candidato presidencial de la coalición PRI-Nueva Alianza-PVEM. Corral también aseguró que el gobierno federal encubría al exgobernador de Chihuahua, el priista Javier Duarte, prófugo bajo cargos de corrupción y presumiblemente oculto en Estados Unidos.

En marzo de ese mismo 2018 Nieto otorgó una entrevista al diario estadounidense *The Wall Street Journal* en la que señaló que el gobierno de Peña Nieto quiso sobornarlo por conducto de Jorge Márquez. El 22 de mayo siguiente Nieto fue presentado como parte del equipo de Andrés Manuel López Obrador, aspirante presidencial por la alianza Morena-Partido del Trabajo-Partido Encuentro Social. El exfiscal electoral había decidido cruzar la línea hacia la vida partidista en busca de su sobrevivencia pública y política.

* * *

Santiago Nieto es originario del conservador Querétaro, donde pertenece a una dinastía de políticos que han ocupado en diversas ocasiones la alcaldía de San Juan del Río, lo que incluye a su padre, Jaime Nieto Ramírez, a un tío y a un primo. Esto le permitió cercanía con el exgobernador priista José Calzada, quien apoyó que su hermana, Gloria Nieto, lograra ser magistrada electoral estatal. Nieto se graduó con honores en la Universidad Autónoma de Querétaro, para luego hacer lo mismo con un doctorado en la UNAM, donde se topó con su primer protector político: Jaime Cárdenas, el aguerrido exconsejero electoral que fue cercano al PRD y luego a Morena.

Bajo esa inspiración Nieto se apasionó por los temas electorales. Del brazo de su profesor conoció los pasillos del poder en la Ciudad de México, con Cuauhtémoc Cárdenas y Rosario Robles. Fue asesor por tres años (1988-2000) de su maestro Jaime Cárdenas cuando éste se desempeñó en el Instituto Federal Electoral (IFE) como consejero. Coincidió con otros asesores de consejeros que después tendrían una trayectoria importante, como Lorenzo Córdova, quien laboraba al lado de José Woldenberg, y Roberto Gil Zuarth, con Alonso Lujambio. El primero llegaría a presidir la institución, ya con el nombre de Instituto Nacional Electoral (INE). El segundo fue diputado federal, secretario particular del presidente Felipe Calderón, y entre 2012 y 2018 fue uno de los senadores más influyentes.

La trayectoria de Nieto en la fiscalía electoral había estado marcada por los sacudimientos. Se trataba sin duda del titular más incómodo que haya tenido la institución en sus 23 años de existencia. Bajo la perspectiva del primer equipo del presidente Enrique Peña Nieto, el fiscal fue cavando un foso bajo sus pies, en el que eventualmente sería sepultado.

Dos años antes de que se produjera su atropellado cese, la salida de Nieto Castillo fue valorada en oficinas clave de la administración. Ello ocurrió en el otoño de 2015, cuando Nieto determinó proceder penalmente en contra de Arturo Escobar, entonces subsecretario de Prevención y Participación Ciudadana de la Secretaría de Gobernación, dirigente formal del PVEM.

Escobar era el rostro visible de la alianza establecida por la administración de Peña Nieto con esta agrupación. Una alianza por la que velaba, a favor del oficialismo y sí mismo, el titular de Gobernación, Miguel Ángel Osorio Chong.

El 25 de noviembre de 2015 el fiscal Nieto Castillo, quien había asumido el cargo apenas nueve meses atrás, fue requerido judicialmente bajo los cargos de revelar contenido de una pesquisa federal y violar el debido proceso, al anunciar públicamente haber solicitado a un juez orden de aprehensión contra Escobar.

Sobre Escobar pesaban evidencias de ser canal de un burdo manejo de fondos del PVEM, producto de las prerrogativas que le otorga la autoridad electoral con fondos públicos. El expediente correspondiente revelaba que Escobar retiraba mes con mes hasta 50 millones de pesos de las cuentas bancarias del PVEM, y destinaba esas cantidades a gastos del todo ajenos a la función partidista y electoral. Se documentó que entre esos gastos irregulares estaba la compra de una casa, que puso a nombre de un colaborador.

Arely Gómez, que había asumido la PGR apenas en marzo anterior, tuvo por este tema un encontronazo político con el secretario Osorio Chong. En una reunión privada, la procuradora aseguró a Osorio que Santiago Nieto la engañó utilizando en sus reportes y juntas de trabajo "claves y números de expediente", nunca el nombre de Escobar o su puesto. Por ello ordenó abrir en contra del fiscal electoral una averiguación penal, ante denuncia específica presentada por Escobar y por el senador Pablo Escudero, postulado por el PVEM en función de que era el yerno del poderoso político priista Manlio Fabio Beltrones. La averiguación fue conducida por el visitador general de la procuraduría, César Alejandro Chávez.

Conocedor de los señalamientos de la procuradora Gómez, Nieto alegó ante diversos interlocutores disponer de correos electrónicos con los que mantuvo informada sobre el caso a su jefa.

Esta crisis se resolvió con una negociación dentro y fuera de la PGR. En una nueva conversación, Arely Gómez informó a Osorio haber "obligado" al fiscal Nieto a desistirse ante el juez que llevaba la causa contra Arturo Escobar, quien se había separado de su puesto alegando que con ello facilitaría las investigaciones. En diciembre de ese mismo 2015 el juez negó la orden de aprehensión en contra del exfuncionario de Gobernación y aliado político de Osorio Chong.

El episodio, sin embargo, eclipsó por años la carrera política de Arturo Escobar, un estrecho protegido de Jorge Emilio González, dirigente del PVEM. Su trayectoria pública incluía ya haber sido diputado local en la Ciudad de México (2000-2003), senador (2006-2012) y diputado federal desde 2012, posición a la que había pedido licencia en agosto de 2015 para asumir la referida subsecretaría de Gobernación, donde desde el primer momento encaró un abierto desprecio entre la sociedad civil, por ser ajeno a las tareas que le fueron encomendadas.

Al calor de ese debate se recordó que en 2009 Escobar fue detenido en el aeropuerto de Chiapa de Corzo, Chiapas, con un maletín en el que portaba más de un millón de pesos, presumiblemente destinados a gastos electorales. Estaba acompañado por el dirigente estatal del PVEM, Fernando Castellanos. Este último fue designado candidato del PVEM a la gubernatura del estado en junio de 2018.

Escobar atendió por un largo lapso actividades privadas, entre ellas un puesto directivo en Genomma Lab, el laboratorio de medicinas chatarra aliado con Televisa, donde se desempeñó como gestor ante gobiernos estatales para colocar ventas de esa compañía. Para las elecciones parlamentarias de 2018 fue rescatado por su mentor Emilio González. Ambos aparecieron incluidos en las listas para diputados plurinominales, y lograron, con resultados muy apretados, alcanzar una curul.

Capítulo 8
Cruzada contra el hambre, nueva estafa

El 19 de abril de 2013 arrancó la Cruzada Nacional contra el Hambre, con Rosario Robles al frente de la Sedesol. En cinco años, esa secretaría no acreditó que la estrategia de la Cruzada Nacional contra el Hambre constituyera una solución para superar el problema de la pobreza extrema alimentaria, pues en ese tiempo no se monitoreó su avance y no se comprobó en qué medida se atendieron las carencias de cada una de las personas en esa condición, ni que su atención haya permitido que abandonaran dicha situación, concluyó la ASF, en el informe de resultados de la revisión de la Cuenta Pública 2017.

Por lo tanto, recomendó "corregir, modificar o suspender" la Cruzada porque "no ha demostrado el cumplimiento del objetivo para el que fue creada". La Cruzada inició con 70 programas y concluyó con 30, pero desde el primer año, 32 de los 70 programas fueron sustituidos, "lo que refleja que las acciones de la estrategia no se ordenaron con base en un diagnóstico".

Después de que desde 2013 la ASF comenzó a auditar la estrategia, aseguró que entre 2013 y 2017 no fue posible acreditar el avance del objetivo establecido en el decreto por el que se lanzó la estrategia y en el que se estableció la meta de "Cero Hambre" a 2018.

En noviembre de 2018, un reportaje especial del portal de noticias La Silla Rota en colaboración con el periódico *Milenio*, reveló que entre 2014 y 2015 la Sedesol pagó a Radio y Televisión de Hidalgo (RTVH) más de 955 millones de pesos para la "elaboración de sondeos y la producción y transmisión de spots" que mostrarían avances de la Cruzada Nacional contra el Hambre. Pero ese dinero fue dispersado entre decenas de empresas y un porcentaje (66.1 millones de pesos), convertido en dólares, fue colocado en cuentas bancarias en China, Pakistán y Corea del Sur, en Asia; Israel, en Medio Oriente; Dinamarca y Bélgica, en Europa, y en Miami y Nueva York, Estados Unidos.

Por este caso, la ASF presentó dos denuncias ante la PGR, el 27 de octubre de 2017 y el 23 de octubre de 2018.

De acuerdo con las investigaciones de la propia ASF, el dinero salió del país bajo el amparo de dos paquetes de convenios entre la Sedesol y RTVH, y contrataciones simuladas con decenas de empresas. Eso fue orquestado desde la Ciudad de México por una funcionaria de la Dirección General de Recursos Materiales y Servicios Generales de la Sedesol —en todo ese tiempo encabezada por Rosario Robles— que, de acuerdo con las investigaciones, era Claudia Morones Sánchez, contadora pública cuya trayectoria en el gobierno federal coincide con la de Robles desde 2012.

La ASF documentó que la ruta del dinero inició con los convenios para que Sedesol pagara a RTVH por los sondeos y spots de la Cruzada. El primero de esos paquetes consistió en tres convenios con fechas de 2014, por 353.6 millones de pesos. El segundo fue de otros tres convenios, con fechas de 2015, por 601.6 millones de pesos.

RTVH argumentó no tener la capacidad para realizar esos trabajos y subcontrató a proveedores que sí pudieran hacerlos. Para los convenios de 2014 se contrató a 34 empresas; para los de 2015, a 27.

La ASF encontró irregularidades: que los convenios no se firmaron en las fechas inscritas en el papel, que los proveedores no entregaron los materiales asentados en los contratos, y que el dinero se diluyó en más subcontrataciones y transferencias a bancos. Parte de esta trama pudo conocerse gracias a los testimonios aportados a la ASF por exfuncionarios de RTVH, que afirmaron haber sido obligados a firmar los convenios con la Sedesol.

El exdirector de Coordinación Financiera y Planeación de RTVH, Carlos Becerril Vargas, aseguró que el plan se tramó desde 2014, cuando dos directores de la Sedesol (que no se identifican en el expediente) visitaron dos veces al director en funciones de RTVH, Sergio Islas Olvera, en Pachuca. Ahí acordaron que Morones, la funcionaria de la Sedesol en Ciudad de México, se encargaría de los contratos y los pagos. Ella decidiría a qué proveedores subcontratar.

Becerril fue aprehendido en marzo de 2017 por negociaciones inde-bidas por 500 millones de pesos y liberado seis días después a cambio de que aportara más pruebas, pero no cumplió y resultó reaprehendido en abril de 2018.

Un año después de esas reuniones, el 1 de abril de 2015, el subdirec-tor de Contenidos, Omar Paz; el exsubdirector Jurídico y el exdirector Jurídico de RTVH, Noé Mohedano Badillo, y Aldo Martínez, acudieron a la Sedesol, en la Ciudad de México, por órdenes de su jefe, el entonces director general de RTVH, Sergio Islas Olvera, en donde se encontraron con Morones.

Esa reunión con Morones, según los testimonios recabados por la ASF, tuvo tres objetivos: que los funcionarios de RTVH firmaran el primer paquete de convenios, por 353.6 millones de pesos, con fechas anterio-res a la reunión (17 y 20 de marzo, 6 de mayo y 11 de septiembre de 2014); que plasmaran sus firmas en 48 contratos con los 34 proveedores subcontratados, y que el subdirector de Contenidos, Omar Paz, recibiera cajas con los materiales audiovisuales ya elaborados, que supuestamente realizarían los proveedores subcontratados.

Islas Olvera se declaró culpable en diciembre de 2017 de negociacio-nes indebidas por 77 millones de pesos, y aunque obtuvo el beneficio de no ir a prisión a cambio de pagar el monto imputado, no cumplió y se le declaró prófugo.

Pese a que no hicieron los trabajos, a los primeros 34 proveedores RTVH les pagó 334.3 millones de pesos, 94.5% de lo estipulado en los convenios. A los siguientes 27 proveedores se les repartieron 567.6 mi-llones de pesos, 94.3% de lo fijado en los convenios. El resto se lo quedó RTVH como "utilidad". El daño patrimonial señalado por la ASF es por 955 311 000 pesos, que incluye la "utilidad" de RTVH.

La ASF determinó que al menos 16 de esas 27 empresas sirvieron en 2016 para el mismo esquema de subcontrataciones, pero con el Sistema Quintanarroense de Comunicación Social.

Al término del gobierno de Enrique Peña Nieto no había deteni-dos directamente relacionados con ese escándalo. Se multiplicaban los señalamientos de que el esquema de convenios irregulares se había con-servado tras la salida de Rosario Robles de la Sedesol y a la llegada a la titularidad de José Antonio Meade, que después sería designado secretario de Hacienda y, en noviembre de 2017, candidato presidencial de una alianza del oficialismo encabezada por el PRI.

Capítulo 9
Cuando Peña Nieto rozaba el cielo

Veinte meses le tomó a Enrique Peña Nieto consolidar su propuesta de país a través de una amplia batería de reformas calificadas como *estructurales*. Desde antes de su llegada a la presidencia, el 1 de septiembre de 2012, su proyecto subyugó a amplios segmentos de la nación, cautivó a los analistas extranjeros y dotó de una clara solidez a su partido, el Revolucionario Institucional. El PRI regresaba a Los Pinos en una atmósfera casi de euforia.

Se trató de un periodo que luego fue referido como el Mexican moment (momento mexicano), término extraído de un artículo de Thomas Friedman publicado en *The New York Times* en pleno auge de la popularidad de Peña Nieto, acompañada por homenajes, reconocimientos y un amplio coro de artículos periodísticos en publicaciones de impacto internacional.

El punto climático lo simbolizó una serie de actos efectuados en septiembre de 2014 en Nueva York. El mundo entero parecía aplaudir ya al presidente mexicano cuando éste se presentó en esa metrópoli, considerada la cumbre misma de la aldea planetaria. En el lapso de unos cuantos días recibiría dos galardones, fue colocado al frente de un proyecto que agrupaba a un reducido grupo de presidentes con ideas de avanzada, incluido el estadounidense Barack Obama, y hablaría ante la Asamblea General de las Naciones Unidas. Sin duda, Peña Nieto rozaba el cielo.

El 19 de septiembre, en el emblemático hotel neoyorkino The Waldorf Astoria, el mandatario mexicano recibió de manos del rabino Arthur Schneier, presidente de la Appel of Conscience Foundation (que agrupa a líderes de la comunidad judía mundial), el premio Estadista Mundial 2014.

Al imponerle la distinción, Schneier dijo a Peña Nieto en su discurso: "Yo sólo soy un rabino, pero a veces tengo profecías. Usted me está oyendo decir que usted va a asumir un papel de liderazgo en la escena mundial. Éste es el globo y éste es su reto".

Peña dijo en su oportunidad que el premio reconocía "el esfuerzo de quienes en México se atrevieron a cambiar". En sus palabras incluyó a las distintas fuerzas políticas, de izquierda, de centro y de derecha, quienes en 20 meses lograron construir una nueva plataforma para impulsar las reformas, es decir, el Pacto por México. Sus palabras eran escuchadas por su esposa, Angélica Rivera; por el entonces secretario de Relaciones Exteriores, José Antonio Meade, y por el empresario Carlos Slim, quienes lo acompañaron al evento.

El premio de Estadista Mundial se entrega a "personas que apoyan la paz, la prosperidad y la libertad al promover la tolerancia, la dignidad humana y los derechos humanos, así como al encabezar estas causas en sus países y cooperar en estos temas con otros líderes", según se establece en los documentos de la organización. Entre los galardonados con tal distinción en el pasado se encuentran los expresidentes Nicolás Sarkozy (Francia) y Luiz Inácio Lula da Silva (Brasil), así como los primeros ministros Stephen Harper (Canadá) y Gordon Brown (Reino Unido), y la canciller alemana Angela Merkel. También el rey de España, Juan Carlos, Mijaíl Gorbachov (Rusia) y Václav Havel (República Checa).

El segundo momento luminoso para Peña Nieto en Nueva York fue la entrega del Premio Ciudadano Global otorgado por el Atlantic Council. Un reconocimiento por promover el Pacto por México, en específico por la apertura del sector energético a la iniciativa privada, la reforma en telecomunicaciones y el desarrollo de la industria automotriz en México. La entrega se hizo en el Museo Americano de Historia Natural, donde el homenajeado recibió comentarios elogiosos nada menos que de Henry Kissinger, el legendario secretario de Estado estadounidense, personaje clave en el entorno de Richard Nixon, Gerald Ford y, también, de Donald Trump y el líder ruso Vladimir Putin.

Además del presidente mexicano, el galardón de Premio Ciudadano Global le había sido entregado al presidente de Ucrania, Petro Poroshenko; al expresidente de Israel, Shimon Peres; al exprimer ministro de

Singapur, Lee Kwan Ywe, y al actor Robert de Niro. El reconocimiento del Atlantic Council es otorgado a ciudadanos con trabajo en políticas públicas y en las artes. Es la primera ocasión que tal reconocimiento estadounidense se concedía a un mandatario latinoamericano.

Peña Nieto asistió, el 24 de septiembre, por primera vez a una Asamblea de la ONU. Un año antes, 2013, había cancelado para atender los estragos causados en México por los huracanes Ingrid y Manuel.

En la comida que ofreció la ONU a los jefes de Estado y de gobierno que participaron ese día ante la Asamblea General, Enrique Peña Nieto fue sentado en la mesa de honor junto con Barack Obama, el secretario general de la Organización de las Naciones Unidas (ONU), Ban Ki-Moon, y el rey de España, Felipe VI.

Posteriormente, el mandatario mexicano asumió la presidencia de la Alianza para el Gobierno Abierto, un espacio de ideas en el que, en colaboración con la sociedad civil, el gobierno asume compromisos bajo un plan de acción con la finalidad de promover la transparencia y la rendición de cuentas. La iniciativa había sido lanzada por Barack Obama con otros siete miembros en 2011.

El respectivo evento de gala ofrecido por esa organización que estrenaba a Peña Nieto como su nuevo líder marcaba la culminación de un reconocimiento global que quizá no haya sido otorgado a un mandatario mexicano en la historia moderna.

Al día siguiente Peña Nieto regresó a un México que parecía orgulloso de su gobernante. La mañana del 27 de septiembre de ese 2014, menos de 48 horas después de esos días luminosos, el presidente fue despertado con la noticia de que había ocurrido un enfrentamiento durante la noche y madrugada anteriores entre policías municipales de Iguala, Guerrero, y estudiantes de la escuela normal rural de Ayotzinapa.

Comenzaba la peor pesadilla del gobierno de Peña Nieto. Una tragedia que desnudó al México abandonado a una violencia brutal. Y colocó los nexos de políticos y criminales al centro de una historia descarnada en la que un grupo de 43 jóvenes, hijos de familias campesinas, eran desparecidos, torturados, asesinados y sus cuerpos (al menos algunos de ellos) incinerados en un basurero municipal, para luego ser dispersados en un río cercano.

LAS FANFARRIAS QUE MAREAN

La llegada de Enrique Peña Nieto a la presidencia de México, el primer día de diciembre de 2012, fue antecedida por mensajes y pronósticos de que el nuevo gobierno transformaría el rostro del país y su lugar en el mundo.

El sonido de las fanfarrias que presentaba a la sociedad internacional a un luminoso nuevo miembro podría haber mareado a cualquiera. En este caso se trataba de un hombre joven, de corta carrera política (diputado local, secretario estatal, gobernador), dominado por las mil formalidades de la clase política mexiquense.

Peña Nieto nació literalmente en una cultura, familiar y política, en la que es válido que los servidores públicos hagan negocios desde el poder. Y en ella aprendió que, en política, los problemas que se resuelven con dinero resultan baratos.

Pero casi nadie reflexionaba públicamente en eso cuando la prestigiada revista *The Economist* publicó en su edición de noviembre de 2012 que la leyenda "Made in China" en las etiquetas de productos vendidos en supermercados estadounidenses sería cada vez más sustituida por el "Made in Mexico". El país, revelaba a sus lectores, se iba a convertir en el mayor exportador mundial de televisores de pantalla plana, BlackBerry y refrigeradores. Y que cada vez aumentaban las exportaciones del sector automovilístico y aeroespacial.

El incremento de exportaciones de México a Estados Unidos, abundaba, se debía a la gran frontera de 2 000 millas que separa ambos países, una de las más activas del mundo. De acuerdo con la revista, cada vez eran menos los mexicanos que migraban al país del norte; para ese entonces, la economía del país vecino se debilitaba, la tasa de desempleo era casi el doble que la de México.

En cuestión de seguridad, se reportó que la situación de Ciudad Juárez "mejoró notablemente", a diferencia del estado de Louisiana, donde se cometían más asesinatos que en un tercio de todo el territorio mexicano.

La personalidad de Peña Nieto, moderno, apuesto, pragmático, con una formalidad que rayaba en la timidez, cautivaba a públicos crecientes.

El lanzamiento del Pacto por México, con una docena de reformas presentadas como de gran calado, hizo que el planeta entero volteara hacia México para conocer lo que aquí estaba ocurriendo.

En particular la apertura del sector energético, tótem mexicano históricamente intocable, despertó aplausos generalizados e hizo que la narrativa mediática sobre el país cambiara. De una nación insegura, llena de cárteles de drogas y corrupción, se empezó a hablar de una tierra prometida para la inversión. Los analistas políticos internacionales ponderaban positivamente el "renacimiento" del partido oficial, el Revolucionario Institucional.

El nombre de Peña Nieto comenzó aparecer de forma favorable en los grandes medios de Estados Unidos, como la revista *Foreign Affairs*, considerada el portavoz de la visión estadunidense sobre el mundo. La revista *Time* lo colocó en su portada en febrero de 2014. Los influyentes periódicos *The New York Times* y *Financial Times* daban cuenta de que México contaba una nueva historia.

Bajo la pluma de Héctor Aguilar Camín y Jorge Castañeda, un artículo en *Foreign Affairs*, en la edición de noviembre-diciembre de 2012, refirió que Enrique Peña Nieto era el primer presidente que no fue puesto por su antecesor. México, escribieron, ha transformado sus relaciones con el resto del mundo. Además, ha desarrollado una red de acuerdos de libre comercio y tratados internacionales.

Ambos coincidían en que el escenario que dejó el PAN fue propicio para que el joven Peña pudiera pasar sus reformas. En el escenario que se heredó prevalecía el descontento por la inseguridad y "una búsqueda por la liberalización del mercado, la inversión privada en el sector de la energía y el cierre de las lagunas fiscales". Con el Pacto por México, según Aguilar Camín y Castañeda, México lanzó una invitación de inversión en el país.

El consenso internacional a favor de un relanzamiento global de la imagen de México, acompasada con el rostro de Peña Nieto, también se expresó en la pluma de Thomas Friedman en su artículo "How Mexico Got Back in the Game", publicado por *The New York Times*. En ese texto, Friedman acuñó el término que luego fue desplegado en muchos espacios y discursos: The Mexican moment, al que en apego a la usanza moderna, se le asignó un acrónimo: "MeMo".

Friedman escribió que México estaba por convertirse en uno de los países más dominantes, y que los 44 acuerdos comerciales que había firmado superaban dos veces a los de China y cuatro a los de Brasil. Y sobre todo, México se había convertido en el mayor exportador de América Latina.

"México ha despertado de la parálisis de gobernabilidad en la que se encontraba —escribió Friedman—. Este despertar se debió a que Peña Nieto logró que los tres partidos de México firmaran el Pacto por México". Y juntos, PRI, PAN y PRD, vencerían a los grandes monopolios energéticos, de telecomunicaciones y docentes que habían retenido a México. "Y si lo logran, México tendrá algo nuevo que enseñarnos sobre la democracia".

"Con lo mejor de Reagan, Obama, Clinton…"

La apertura del sector energético mexicano fue, por sus obvias implicaciones en el mercado internacional, lo que hizo que los reflectores del planeta voltearan hacia Peña Nieto. Como se dijo, en su edición de febrero de 2014 la revista *Time* colocó en su portada al hijo pródigo de Atlacomulco. El titular no podía ser más generoso: "Saving Mexico" ("Salvando a México"). Esta edición circuló en Europa, África, Asia y el Pacífico Sur, no en Estados Unidos.

El reportaje central, titulado "The Committee to Save Mexico" ("El Comité para salvar a México"), y escrito por Michael Crowley, contiene entrevistas con Luis Videgaray y Miguel Ángel Osorio Chong, a quienes destaca como "los jóvenes tecnócratas que cambiarán la cara del PRI". Aunque no lo entrevistó, también mencionó a Emilio Lozoya Austin, director de la paraestatal Pemex, entre este grupo de jóvenes que darían un nuevo respiro al partido oficial.

En la entrevista con *Time*, Videgaray negó ser el "cerebro" de las reformas estructurales y mencionó que su aprobación se debió al momento por el que estaba atravesando México. "El momento era el correcto. México necesitaba cambios fundamentales".

"Hoy las alarmas están siendo reemplazadas por aplausos", señaló Crowley en su artículo, y añadió: "Después de un año en el gobierno,

Peña Nieto ('reformista nuevo y joven') logró aprobar el paquete de reformas sociales, políticas y económicas más ambicioso del que se tenga memoria".

Los analistas económicos también aplaudieron la apertura del sector energético, estableció el artículo en *Time*. "Entre los inversionistas de Wall Street, diría que México es por lejos la nación favorita en este momento", según se citó a Ruchir Sharma, jefe de mercados emergentes de Morgan Stanley. "Pasó de ser un país que la gente daba por perdido a convertirse en el favorito", señaló el artículo.

Los ojos internacionales elogiaron también la captura de Elba Esther Gordillo, la poderosa líder del sindicato de maestros, acusada de malversar millones en fondos gremiales y de bloquear reformas en el sistema educativo. En este ámbito, fue considerada la mayor victoria de Peña Nieto.

Esta mención no fue la primera en favor de Peña Nieto en *Time*. En abril de 2013, a cuatro meses de que asumiera la presidencia, lo colocó en la lista de "Las 100 personas más influyentes del mundo". Fue la única figura latinoamericana que apareció en el listado.

Su semblanza para este propósito fue escrita por el exgobernador de Nuevo México, Estados Unidos, Bill Richardson, quien cierra la descripción del mandatario mexicano al atribuirle tres cualidades de líderes estadounidenses: "Combina el carisma de Reagan con la inteligencia de Obama y la habilidad política de Clinton".

Meses después, en julio del mismo año, *The Economist* publicó el artículo "The power and the glory", edición que también aplaude el paquete de reformas aprobadas y calcula que la reforma energética hará que el país "se parezca más a Texas, estado que en tamaño es un tercio de México, pero tiene siete veces más gasoductos de gas natural".

"La reforma energética es la joya de la corona en cuanto a las reformas estructurales", enunció *The Economist*, y mencionó que las principales petroleras "ya se están alistando para ponerle fin al monopolio de Pemex con la finalidad de que la electricidad sea más barata".

En ese artículo se destacó que México ya es una potencia en fabricación. Eso hace que casi una cuarta parte de los vehículos que produce se exporten a Estados Unidos. Incluso Nissan, de Japón, y Daimler, de

Alemania, dijeron que gastarían 1 400 millones de dólares para construir autos compactos de lujo en México, después de que Nissan abriera una planta de 2 000 millones de dólares en el país.

Pero los costos en electricidad, indicó el texto, son 80% más caros que en Estados Unidos, lo que significa que las industrias como las que producen plásticos y metales no lo han hecho tan bien como los automóviles. Por lo que facturas más bajas en electricidad potenciarían a México. "Con energía barata, México será imparable", según fue citado Luis de la Calle.

"Algunos han comparado el paquete de reformas de Peña Nieto con el programa Abenomics de Shinzo Abe, en Japón. Sin embargo, el estado de ánimo en México es más pesimista, algunos empresarios no confían en que los costos de electricidad vayan a bajar", indicaba el artículo de *The Economist*, en el que se acusa a Luis Videgaray, secretario de Hacienda, y en general a los creadores de las reformas, de "microgestionar" los proyectos de gasto público "con demasiado recelo".

Un párrafo aislado del reporte de *The Economist* quizá pasó desapercibido en un primer momento por la comunidad financiera internacional, que luego, paulatinamente, fue tomando distancia del nuevo gobierno mexicano.

El texto criticaba la reforma fiscal promovida por el secretario de Hacienda, Luis Videgaray, "la cual buscó mayor recaudación de impuestos en lugar de apoyar la libre empresa". Pero el siguiente párrafo prendía una luz roja: "Existe una creciente preocupación dentro del sector privado de que un cártel de grandes empresarios esté siendo reemplazado por una pandilla de políticos demasiado poderosa".

En el citado artículo de Michael Crowley para la revista *Time* existía también un párrafo aislado, pero premonitorio: "El Mexican moment podría ser una decepción si no es vencida la ola de corrupción que prevalece en el país".

En 2015 la prensa internacional había reducido, casi hasta extinguirlos, los elogios hacia México y su gobierno.

Capítulo 10
Ayotzinapa: el derrumbe

"Va a ser detenido en las próximas horas", compartió con sus cercanos Aurelio Nuño, entonces jefe de la Oficina de la Presidencia, en aquel otoño de 2014. Se refería a Ángel Aguirre Rivero, quien se había separado del cargo de gobernador de Guerrero el 23 de octubre de ese año, en medio de la crisis política provocada por la tragedia de los normalistas de Ayotzinapa, la más grave y cruel que enfrentó la administración de Peña Nieto.

Nuño era señalado en columnas políticas y en chismorreos de café como quien convenció al presidente de que el gobierno federal se abstuviera de atraer las investigaciones de lo ocurrido durante la madrugada del 26 al 27 de septiembre de 2014, cuando nueve jóvenes resultaron muertos y 43 estudiantes de la Normal Rural de Ayotzinapa fueron desaparecidos por policías municipales de Iguala y municipios aledaños en Guerrero; luego llevados al basurero municipal de Cocula, donde fueron asesinados e incinerados. Los restos de algunos de sus cuerpos acabaron arrojados a un río aledaño.

El tema fue analizado en Los Pinos en sucesivas reuniones diarias que encabezó Peña Nieto y que congregaron, además de Nuño, al secretario de Gobernación, Miguel Ángel Osorio Chong, y al procurar general Jesús Murillo Karam. En los encuentros iniciales, los tres estuvieron de acuerdo en que debía dejarse el manejo del problema a la autoridad. Incluso, se le dijo al presidente, Guerrero era uno de los únicos estados del país que disponía de una ley sobre desapariciones forzadas.

De acuerdo con testigos directos de esas reuniones, Osorio informó haberse exasperado en conversaciones telefónicas iniciales con el gobernador Aguirre, quien en la mañana del 27 de septiembre le describió el problema como "un asunto menor que ya está controlado". Osorio dijo

LA HISTORIA DETRÁS DEL DESASTRE

haber presionado a Aguirre para empeñar mayores esfuerzos en las investigaciones del caso.

Murillo informó que la procuraduría estatal había arrestado ya a policías de Iguala a los que procesaría por desaparición forzada y asesinato. Pero refirió que el alcalde de Iguala, José Luis Abarca, y su esposa, María de los Ángeles Pineda, podían haber ordenado la operación y que en este tema existía pasividad por parte de las autoridades de Guerrero. Osorio Chong ofreció discutirlo con Aguirre.

En una nueva reunión, el secretario de Gobernación transmitió la versión de Aguirre de que los policías municipales confundieron a los jóvenes con integrantes de una banda de narcotraficantes rival del grupo que controlaba el mercado de drogas en la zona y que tenía bajo sus órdenes a la corporación municipal. Aseguró que había informes de que entre los estudiantes desaparecidos se hallaban personas ligadas e incluso parientes de traficantes de drogas. Murillo informó, en contraparte, que la familia Pineda, de la que formaba parte la esposa del alcalde Abarca, manejaba a un grupo criminal al que se le señalaba de haber asesinado a un rival político del edil.

Una semana después de los hechos, cuando el repudio y el horror nacional e internacional parecían ya golpear las puertas de Los Pinos, Peña Nieto consultó nuevamente a sus colaboradores sobre si la PGR debía intervenir. Nuño estuvo a favor, Osorio se opuso. El presidente dijo: "Jesús [Murillo], atrae las investigaciones."

"Ya estamos dentro, por los asuntos de drogas y de armas. Sólo falta hacer el anuncio oficial de que controlaremos todo."

"Hazlo de inmediato", dijo Peña Nieto.

Nuño, por su cercanía con Luis Videgaray, secretario de Hacienda, sostenía un trato tenso con Osorio Chong. Desde los primeros meses del gobierno Peña Nieto había virtualmente dividido en dos la conducción del gobierno, cediendo a Videgaray los temas económicos y a Osorio los políticos. Ello envió un muy prematuro mensaje de que entre ambos personajes se resolvería la próxima sucesión presidencial, lo que derivó en una pugna constante entre ellos y en el alineamiento del gabinete y de la mayor parte de la clase política priista en dos bloques, según sus preferencias y conveniencia.

La confrontación de esos grupos, a raíz del estilo personal de gobernar de Peña Nieto, se expresó con crudeza en páginas clave de la historia del sexenio. Y tuvo en el caso Ayotzinapa una de sus muestras más descarnadas y crueles.

Desde los primeros días de esta crisis quedó claro en el gobierno que Osorio Chong defendería al gobernador Aguirre Rivero, cuya licencia al puesto pareció ponerlo a salvo de investigaciones sobre su desempeño en ese y otros asuntos.

Nuño consideraba que el encarcelamiento de Aguirre atendería el reclamo público de justicia para los jóvenes muertos y desaparecidos. Y también disminuiría la presión sobre el gobierno federal, al que empezaban a estallarle reclamos por un crimen cometido por agentes del Estado, en este caso policías municipales.

Ni Nuño ni Videgaray calcularon las razones por las que Aguirre no respondió por estos hechos: su red de complicidades, tejidas durante más de 30 años como parte del PRI profundo, permitiría que sus crímenes no lo hundieran, sino que, al contrario, lo protegieran.

De acuerdo con múltiples testimonios, el manto de impunidad en beneficio de Aguirre ante la tragedia de Aytozinapa fue extendido por la Secretaría de Gobernación, incluso personalmente por su titular, Miguel Ángel Osorio Chong, aliado político de Aguirre desde que ambos coincidieron en la Cámara de Diputados (2003-2006).

Versiones diversas dieron cuenta de que Aguirre sostenía una relación cercana con Eduardo Osorio Chong, hermano del secretario de Gobernación. Eduardo Osorio fue señalado en la prensa local y nacional durante gran parte del sexenio de hacer negocios al amparo del poder de su familia y de aliados políticos, entre los cuales se encontraría Aguirre Rivero.

Un hecho singular fue que Aguirre conservó el respaldo de Osorio Chong cuando en agosto de 2010 abandonó al PRI para postularse a su segunda gubernatura, apoyado por un frente opositor encabezado por el PRD.

De acuerdo con testimonios confiados a este autor por el propio Aguirre, en presencia de testigos, ese apoyo se expresó incluso con dinero en efectivo, al menos 50 millones de pesos, enviado por Osorio Chong para respaldar su campaña en contra del candidato del PRI a la gubernatura,

Manuel Añorve Baños, una figura que abrigó por muchos años esa aspiración, con el apoyo del líder priista Manlio Fabio Beltrones. Con esa maniobra, Osorio proyectaba a su aliado Aguirre y debilitaba a Beltrones, un adversario político.

En la PGR, que conducía Jesús Murillo Karam, existía un robusto expediente que involucraba a Aguirre en varios presuntos crímenes, incluso se mencionaban nexos con el narcotráfico. Se le señalaba de brindar protección al Cártel Independiente de Acapulco (CIDA), cuya conducción se atribuía a un sobrino. Había evidencias de que armó a grupos de autodefensas para bloquear a bandas en beneficio de otras.

Se sabía también de negocios forjados por Aguirre a la luz de desastres naturales, en ocasiones con la complicidad de múltiples parientes y de funcionarios federales, entre ellos de la Sedatu, en la época de Jorge Carlos Ramírez Marín como titular. E incluso se disponía del informe de la Comisión Nacional de Derechos Humanos (CNDH), que le dictamina responsabilidad en el baño de sangre tras las protestas de normalistas de Ayotzinapa en diciembre de 2011, en Chilpancingo, con la muerte de tres personas.

Ninguna de esas imputaciones valió para ligarlo a un proceso judicial. Un grupo de parientes suyos detenidos tras su salida del gobierno, bajo cargos de fraude y peculado, salió poco después en libertad.

El exalcalde de Iguala, José Luis Abarca, y su esposa, tampoco pudieron ser directamente implicados en la muerte de los jóvenes de Ayotzinapa. Pero no corrieron con la misma suerte de Aguirre: se les imputó el homicidio del funcionario municipal opositor, entre otros delitos.

Cuando se sucedieron los hechos de Ayotzinapa, Aguirre Rivero (Ometepec, 1956) acumulaba una de las más largas trayectorias en el PRI de Guerrero, donde desde los años ochenta ocupó posiciones clave en diferentes administraciones, fue diputado federal dos veces y senador. Ostentó la singularidad de haber sido gobernador en dos ocasiones, la primera entre 1996 y 1999, como interino tras la caída de Rubén Figueroa Alcocer por la matanza de campesinos ocurrida en el vado de Aguas Blancas, en la que fueron asesinados 17 campesinos. Figueroa Alcocer heredó el cacicazgo instituido por su padre, Rubén Figueroa Figueroa, desde los años setenta.

Hacia finales de 2018, un reporte presentado por la CNDH, bajo la presidencia de Luis Raúl González, validó la llamada "verdad histórica" ofrecida por Murillo Karam tras cuatro meses de investigaciones, el 28 de enero de 2014. Pero la Comisión expresó que sólo un grupo de cadáveres de los 43 desaparecidos pudo en realidad haber sido incinerado en el basurero de Cocula, y alertó sobre denuncias de muchos de los detenidos en el sentido de que habían sido torturados.

El informe de la CNDH abrió un abanico de nuevas líneas de investigación sobre presuntos responsables de esta matanza, las que se disponía a seguir una comisión de la verdad establecida por el gobierno de Andrés Manuel López Obrador al iniciar su gestión el 1 de diciembre de 2018.

DE LA APERTURA A LA CERRAZÓN

Tres semanas después de la desaparición y muerte de los estudiantes normalistas, el secretario Osorio Chong y el procurador Murillo Karam iniciaron una serie de encuentros con representantes de organismos de derechos humanos, locales e internacionales, lo que abría a México ante el mundo frente a un enorme drama humano.

El 11 de octubre de 2014 fue la primera reunión de Osorio Chong y Murillo Karam con los padres de los estudiantes secuestrados y asesinados en Iguala y en Cocula, Guerrero. A ello siguieron múltiples encuentros con organismos de derechos humanos que fungieron como coadyuvantes designados por los padres de los jóvenes desaparecidos. Las reuniones se hacían indistintamente en el salón Independencia de la PGR o en instalaciones de Gobernación.

Esas reuniones permitieron una importante interacción con el complejo ecosistema de los organismos de derechos humanos dentro y fuera del país, que ostentan diversos niveles de rigor y discursos que van desde el enfoque técnico hasta el activismo más febril.

Ese ciclo se agotó tras meses de desgaste entre ambas partes, las cuales exhibieron un encono no conocido en la historia moderna del país en su postura en materia de derechos humanos. Desde finales de 2015 se empezó a asomar uno de los rostros más duros del Estado mexicano.

Ello revelaba que dentro de la administración de Peña Nieto prevalecía un bloque duro de *halcones* que habían desplazado a los negociadores, e incluso hacían escarnio de ellos en reuniones privadas.

El ejemplo principal fue el propio Murillo Karam, presentado dentro del gobierno como culpable de un mal manejo del caso. El hidalguense fue dejado solo casi desde el principio. El 27 de febrero de 2015 fue desplazado del puesto y asumió la titularidad de la Sedatu, donde sólo permaneció durante seis meses, tras solicitar al presidente Peña Nieto ser relevado para atenderse de padecimientos médicos que lo aquejaban desde que se desempeñó en la PGR. Fue sustituido en agosto por Rosario Robles.

Las fuentes consultadas por este autor señalan al consejero jurídico de la Presidencia, Humberto Castillejos, como el actor que catalizó este endurecimiento desde Los Pinos, incluso manipulando a organismos que se presentaban como promotores independientes de los derechos humanos, pero que formaron filas en una estrategia orientada a demoler a grupos y personajes en este campo, dentro y fuera del país, como Juan Méndez, entonces relator de la ONU para tortura y desapariciones, y Emilio Álvarez Icaza, en ese momento secretario ejecutivo de la Comisión Interamericana de Derechos Humanos (CIDH), de la OEA.

El señor Castillejos era ya para 2015 un personaje en los pasillos del poder, por su perfil, muy lejano al consultor jurídico que desarrolla una tarea técnica con documentos que van a dar a escritorios clave. Él sí generaba documentos, pero también los cabildeaba, promovía nombramientos de alto nivel y mostraba una sorprendente ubicuidad en los sitios en donde se manejaban cada día los asuntos relevantes del país. Algunos políticos lo apodaron *La santísima trinidad*, pues su activismo e influencia sobre el Congreso y el Poder Judicial lo exhibían como alguien que "gobierna, legisla y juzga".

El peso de Castillejos (Ciudad de México, 1976) parecía ser, a la luz de diversos testimonios, la presión que determinó el accionar del secretario de Gobernación, Miguel Ángel Osorio Chong, que en el caso de Ayozinapa pasó de rendir cuentas ante una comunidad globalizada, a adoptar el ominoso papel de sepulturero del diálogo.

La estrategia gubernamental de endurecimiento fue correspondida con una radicalización inédita en organismos multilaterales, como la citada CIDH, cuyo presidente, James Cavallaro, respondió con virulencia, en entrevista con la revista *Proceso*, al anuncio de Osorio sobre que no sería prorrogado nuevamente el convenio que permitió integrar, financiar y traer a México, en marzo de 2015, al llamado Grupo Interdisciplinario de Expertos Independientes (GIEI) que investigó la tragedia de Iguala.

En medio de este clima de tensión, la diplomacia mexicana señaló ante la secretaría general de la OEA que el secretario ejecutivo de la CIDH, Emilio Álvarez Icaza, se había inmiscuido directamente, mediante declaraciones y encuentros públicos, en este conflicto político en el país del que es originario, lo que contravenía las reglamentaciones de la propia CIDH. El reclamo pareció haber derivado en que el mandato de Álvarez Icaza no fuera renovado por cuatro años más, y en agosto de 2016 fue relevado por el brasileño Paulo Abrao.

El 26 de febrero de 2017 Álvarez Icaza anunció en un mitin público en la Ciudad de México su interés en disputar la presidencia de la República, como candidato independiente, en las elecciones de 2018. No encontró respaldo suficiente. Eventualmente fue promovido por el PAN como candidato a senador por una alianza que incluyó a los partidos de la Revolución Democrática y Movimiento Ciudadano, lo que le permitió llegar a la Cámara alta bajo el principio plurinominal.

Capítulo 11
La casa de la ira y el aval de Televisa

"¿Verdad, Emilio?"

"Sí, señor presidente."

"¿No fue así, Emilio?"

"Así fue, señor presidente."

Las preguntas fueron en varias ocasiones; las respuestas regresaron en otras tantas, palabras más, palabras menos.

El escenario, un amplio salón de la residencia oficial de Los Pinos, en las primeras semanas de 2015. El anfitrión, el presidente Enrique Peña Nieto. Los invitados, una treintena de líderes de cámaras empresariales y de organismos del sector privado. También, magnates de alto nivel. El principal de ellos, Carlos Slim, dueño del Grupo Carso y uno de los hombres más ricos del mundo.

Quien asentía reiteradamente a las preguntas del mandatario era Emilio Azcárraga Jean, presidente del corporativo Televisa, el mayor imperio de la televisión en lengua castellana del mundo. Pero su rol esa tarde soleada era dar validez a la versión oficial que repasaba el presidente sobre un escándalo que sacudía al país desde semanas atrás. Azcárraga hablaba en su calidad de expatrón de la primera dama Angélica Rivera de Peña Nieto.

El tema no podía ser otro que la "Casa Blanca", la mansión con un valor superior a los 80 millones de pesos cuya existencia había sido revelada el 9 de noviembre de 2014 por un equipo de investigación de la periodista Carmen Aristegui en su portal digital Aristegui Noticias. La cobertura fue compartida en forma simultánea con otros medios, ente ellos la revista *Proceso*, que presentó el material en su edición de ese mismo día.

Empresarios que fueron convocados a la reunión en la casa presidencial sin tener claro el motivo de ésta, refirieron que fueron distribuidos en mesas redondas, como se acostumbra en un banquete.

"Ya se acercaba la hora de la comida y pensamos que veríamos entrar a meseros con platos y alimentos, pero sólo nos ofrecieron café, refrescos y algunas galletas", confió uno de los presentes.

Colocado en una mesa especial, Peña Nieto tuvo sentado a su izquierda a Azcárraga Jean. Tomó la palabra y comenzó la dinámica.

"Por muchos años tuvo Angélica un contrato por actividades artísticas con Televisa, que era revisado anualmente, con mejoras dado el éxito de sus trabajos", narraba el mandatario.

"¿No fue así, Emilio?"

"Sí, señor presidente. Así fue."

"En 2008 se le asignó el uso de la residencia en Palmas, ¿no es así?"

"Así fue, señor presidente."

"Y en 2010 concluyeron su contrato, que fue liquidado por Televisa con la entrega de la casa de Palmas, que ella escrituró el mismo año. Y le pagaron también más de 80 millones de pesos, pues además no podría trabajar para ninguna otra empresa por cinco años. ¿Es así?"

"Sí, señor presidente, exactamente así."

Miles de minutos de noticias en radio y televisión, una montaña de papel y un mar de tinta habían sido consumidos por explicaciones gubernamentales sobre esa residencia enclavada en una de las zonas más aristocráticas del país, que seguramente figura entre las de mayor plusvalía en el continente. Sin embargo, Los Pinos determinó que era necesario abundar en el tema con un encuentro de esta naturaleza. Que tenía que ser encabezado por el presidente Peña Nieto. Y que debía tener al dueño de la principal televisora como aval de su palabra.

Cuando terminó su exposición, apostillada por Azcárraga Jean, Peña Nieto no encontró frente a sí rostros convencidos. Antes bien, había algunos gestos de perplejidad sobre lo que acababan de presenciar. Cuando uno de los empresarios levantó la mano para tomar la palabra, el presidente sonrió en espera de un comentario solidario. Pero no fue lo que llegó: "Creo, presidente, que el país necesita una estrategia que le permita a la gente creer en la honestidad de su gobierno".

Las intervenciones se sucedieron en voz de otros dirigentes del sector privado, en el mismo sentido. Nadie retomó los argumentos oficiales sobre la ya famosa "Casa Blanca". La agenda había virado hacia la corrupción gubernamental.

De pronto Carlos Slim pidió hablar. "El Ingeniero", como es conocido en el campo empresarial y político, acumulaba una larga pugna con Televisa —pieza clave en esta historia—, que había incluido, en 2011, cancelar la publicidad de todo su grupo a los canales del consorcio.

Con el arranque del gobierno y la llamada reforma a las telecomunicaciones, los intereses de las empresas de Slim en ese sector habían sido lastimados. Era una oportunidad de oro para cobrarse afrentas. Pero Slim ofreció apoyo para "una campaña —dijo— que ayude a mejorar la imagen del gobierno".

En realidad, los líderes empresariales y capitanes de empresa conformaban un sector en el que permeaba desde años antes un malestar creciente ante reiteradas señales de corrupción en el inquilino de Los Pinos. El tema dominaba las conversaciones en los elegantes salones del exclusivo Club de Industriales o en las reuniones del Consejo Mexicano de Negocios, que presidía Claudio X. González junto con los principales magnates del país.

La inconformidad de los barones del dinero en México con la administración de Peña Nieto había iniciado incluso antes de que ésta arrancara propiamente. Durante la transición que siguió al triunfo electoral en 2012, Luis Videgaray, que comandaba el equipo económico, decidió ser inaccesible para el sector privado. Era comidilla del día que el acaudalado e influyente industrial Valentín Díaz Morodo se quejaba en conversaciones ante varios interlocutores de que había llamado a Videgaray una docena de ocasiones, sin que éste tuviera a bien ponerse al teléfono.

Con el inicio del gobierno había venido la reforma fiscal, lesiva para el sector y prefigurada en el Pacto por México. Los empresarios acusaban al propio Videgaray de haberles ocultado los términos de esta reforma hasta minutos antes de que fuera presentada oficialmente.

En particular había un magnate que no ocultaba su irritación con el estado de cosas: Claudio X. González Laporte, que por décadas había sido uno de los consentidos del régimen. Desde los años del gobierno de

Carlos Salinas de Gortari (1988-1994), González era ya una presencia indispensable en los salones del poder. Se le atribuyó al entonces presidente haberlo bautizado como "Claudio Décimo", en una especie de título nobiliario que aludía a la X que el empresario anteponía a su apellido.

Dueño del corporativo Kimberly Clark y exconsejero de Televisa, González Laporte formaba parte de la cofradía de magnates que se asumían en el núcleo mismo del poder en México. Una simbiosis que compartía objetivos e intercambiaba favores. No en balde él y otros integrantes de ese grupo no habían dudado, durante el proceso de sucesión presidencial de 2006, en atacar frontalmente al candidato Andrés Manuel López Obrador. Miles de anuncios aparecieron en los canales de Televisa, bajo el nombre de supuestas organizaciones de la sociedad civil, presentando al tabasqueño como "un peligro para México".

La ascendencia de este grupo sobre el gobierno no había hecho más que crecer con los años. Y durante las administraciones de Vicente Fox (2000-2006) y de Felipe Calderón (2006-2012), de carácter conservador, su peso gravitaba sobre el rumbo del Estado mismo.

En 2005, con el impulso de Emilio Azcárraga Jean y de un grupo de potentados entre los que se contaba González Laporte, nació la fundación Mexicanos Primero, que reclama reorientar el sistema educativo en el país. Claudio X. González Guajardo, su hijo, se desempeñaba al frente de la fundación de la televisora. La iniciativa aprovechaba el declive de la administración de Calderón para marcar distancia sobre la alianza que su gobierno había tenido con el SNTE y con su dirigente, Elba Esther Gordillo.

Mexicanos Primero fue un eficaz detonante del debate en el país sobre la educación, poniendo, sin embargo, el énfasis sobre la baja capacitación o incluso la irresponsabilidad de los mentores que, según esta visión, tenía en el SNTE su principal paraguas de protección, lo que estaba encarnado por la señora Gordillo. Desde el sindicato magisterial y la academia se argumentaba que este enfoque dejaba de lado que el Estado y el gobierno son los responsables de las políticas educativas, y que tampoco se abordaban las condiciones de pobreza y marginación en las que maestros, alumnos y padres de familia participaban en muchas regiones del país.

Al inicio del gobierno de Peña Nieto, Mexicanos Primero renovó su activismo y ejerció presión contra el SNTE, Gordillo y el secretario de Educación, Emilio Chuayffet. En charlas privadas, la primera aseguraba que los empresarios querían privatizar la enseñanza bajo control del Estado. El segundo sostenía en coloquios cerrados que el origen del conflicto era que el gobierno había cancelado contratos millonarios a favor de la papelera Kimberly Clark, lo que nunca formó parte de ningún reporte periodístico o gubernamental.

La señora Gordillo fue encarcelada en febrero de 2013. Chuayffet sería cesado en agosto de 2015 para ser relevado por Aurelio Nuño.

Tras ello, la presencia de Mexicanos Primero pareció empezar a desvanecerse. En el contexto del debate por la corrupción gubernamental, los Claudio X. González, padre e hijo, se embarcaron en una aventura más audaz. En noviembre de 2015, justo a un año de que estallara el escándalo por la "Casa Blanca", ambos fundaron Mexicanos contra la Corrupción y la Impunidad (MCCI), una mezcla de mecenazgo para desarrollar investigaciones periodísticas contra la corrupción pública y grupo de opinión orientado a estos temas.

Este proyecto marcó una ruptura en la relación que ambos habían tenido con Televisa. Fuentes de la televisora compartían con periodistas especializados que la empresa se sentía manipulada y que no compartía la estrategia. González Guajardo dejó la presidencia de Fundación Televisa.

El 30 de agosto de 2017 el diario estadounidense *The New York Times* publicó que, en mayo de ese mismo año, durante una reunión con empresarios en Los Pinos, el presidente Peña Nieto había reclamado al empresario Claudio X. González Laporte el activismo de su hijo al frente de Mexicanos contra la Corrupción y la Impunidad.

"La sociedad civil no debe pasar tanto tiempo hablando de corrupción", habría dicho Peña Nieto, indicando que las críticas de ese organismo contra el gobierno "no han pasado desapercibidas".

La respuesta de Los Pinos tardó en llegar, y lo hizo por los caminos más insospechados:

En la mañana del 31 de enero de 2018 el por tercera vez candidato presidencial Andrés Manuel López Obrador declaró tener información de que, en una reunión privada, Claudio X. González Laporte le había solicitado a Peña Nieto "robarse la elección" en los comicios que estaban preparados para julio siguiente.

Ese mismo día, el periodista Ciro Gómez Leyva dijo en su espacio radiofónico que González Laporte negaba tal señalamiento. "Nos dijo [a su equipo de periodistas] que no quiere polemizar, pero que no dejará pasar esta mentira". El vocero presidencial, Eduardo Sánchez, redujo la postura de la casa presidencial al día siguiente a un simple "tuit": "#fakenews Falso que @EPN se haya reunido en privado con Claudio X González #Puroscuentos".

Con ello se cerraba un capítulo que rozaba la superficie del malestar del sector privado con el gobierno de Peña Nieto. Por las evidencias cada vez más escandalosas de corrupción en el gobierno federal, por la impunidad que seguía reinando en el saqueo de fondos públicos en los estados; en suma, por la existencia de un régimen que entendía que hacer negocios desde el poder público formaba parte de la cultura política.

Pero los empresarios también acumulaban resentimiento ante Los Pinos por el impacto de la reforma fiscal, que había traído muchas variantes lesivas para el sector, para los grandes potentados, pero también para pequeñas empresas, para los trabajadores cuando ya no fue posible deducir prestaciones.

Toda esta irritación se depositaba en dos personajes con nombre y apellido: Enrique Peña Nieto y Luis Videgaray.

Los hechos por venir confirmarían un divorcio que no inició con la revelación del escándalo por la "Casa Blanca". Sólo tuvo en ese episodio una anécdota significativa.

✳✳✳

El día que se publicó la historia de la "Casa Blanca" otra bomba estalló en Los Pinos, y ésta afectaba la relación de la primera dama, Angélica Rivera de Peña Nieto, con los principales integrantes del equipo del mandatario. Y, de acuerdo con las evidencias posteriores, también lastimaría la conexión entre la pareja presidencial.

La noche del 19 de noviembre de 2014 —una semana después de que se conociera la investigación periodística— la señora Angélica Rivera difundió un video en su espacio de internet (angelicarivera.com) que simultáneamente fue presentado en la televisión nacional.

En la imagen podía verse a la esposa del presidente la República leyendo un texto preparado. Desde el primer momento improvisó comentarios personales que evidenciaban un claro malestar por haber sido puesta en tal condición. Desde la primera frase pareció desautorizar al vocero presidencial, Eduardo Sánchez, por haber hecho declaraciones sobre el tema "en mi ausencia [énfasis y con mirada dura hacia la cámara] y sin información suficiente por tratarse de un asunto privado [nuevo énfasis en el tono]".

Lo que ese momento resumió fue el final de una pugna entre la primera dama y el *staff*, que desde que inició el gobierno se había manifestado en contra de que la esposa del presidente diera entrevistas a revistas del corazón haciendo gala de riquezas y boato, sea sola, sea con sus hijas.

"En este país no hay realeza; no hay una corte real, no hay infantas de la reina", carajo, se escuchaba decir en el equipo del jefe de la oficina presidencial, Aurelio Nuño, lo que repetía en los pasillos cercanos a donde laboraba Eduardo Sánchez.

Los reportes de una insurrección social en las redes sociales sobre las fotografías de la primera dama y sus hijas en ¡*Hola!* o *Quién* alertaban crecientemente en Los Pinos y otros despachos gubernamentales, como en la Secretaría de Gobernación.

Para agravar el panorama, la señora Rivera mantenía abiertas sus cuentas en las redes sociales, donde tenía decenas de miles de seguidores en Facebook, Twitter e Instagram, donde se le veía feliz posando en diversas locaciones en México, o de viaje por el extranjero con sus hijas, o a todas ellas portando ropa o aditamentos con valor de miles de dólares, lo que estaba generando una brecha entre el público y la presidencia de la República.

Después de meses de discrepancias cada vez menos protocolarias, en mayo de ese 2014 la primera dama cerró sus cuentas en las redes sociales sin explicación alguna. El tema causó furor en el ecosistema digital, donde el volumen de "memes" o imágenes humorísticas truqueadas, que había sido intenso todo ese tiempo, aumentó.

Pero nada de eso fue comparable con lo ocurrido cuando reventó el tema de la "Casa Blanca". Los niveles de repudio, que siempre habían sido altos, alcanzaron la estratósfera.

Balzac escribió: "Lo que yo estoy convencido que es usted me provoca un ruido tan horrible, que me impide escuchar lo que usted dice".

Cuando la primera dama apareció en televisión nacional leyendo su versión de los temas, el público ya acumulaba mucho tiempo de indignación. A lo largo de toda la semana anterior había devorado los detalles de la historia, las fotografías, los lujos...

Y cuando el país vio a una actriz con 25 años de experiencia en televisión aparecer con un gesto contraído por el desdén, quizá sintió que algo se había roto en mil pedazos y no podría jamás ser reparado.

Quien pudo prestar atención a las palabras de la señora de Peña Nieto se atoraba en las cifras, en los montos. Acaso comparaba con su propio sueldo, su propio hogar.

"Soy dueña, desde 2010, de una mansión en la avenida Paseo de las Palmas 1325, que me fue entregada por Televisa en pago dentro de un proceso de liquidación de contrato que incluyó más de 80 millones de pesos [...]

"Acordé en 2009, con una empresa del señor Juan Armando Hinojosa, la búsqueda de un terreno [que resultó ser] anexo al de mi residencia en Las Palmas, pero en la calle de Sierra Gorda 150, que luego se extendió a un tercer predio, en Sierra Gorda 160, donde se empezó a construir la mansión... [con el valor referido, muy cercano a la cantidad que le había cubierto la televisora]".

El reportaje publicado aludía a la obligación legal de todo funcionario público de dar cuenta documental sobre cambios en su situación patrimonial, incluyendo bienes de su cónyuge. Y revelaba:

"En enero de 2013, Peña Nieto presentó su primera declaración patrimonial como presidente, en la que mantuvo las mismas nueve propiedades que declaró como candidato. Las mismas propiedades se repitieron en su declaración patrimonial de 2014. La casa de Sierra Gorda 150 tampoco fue registrada".

El reportaje mostró que en la construcción de la residencia habían participado, con opiniones e indicaciones, el presidente Peña Nieto y su esposa, de acuerdo con testimonios de trabajadores.

Pero sobre todo, el reportaje reveló que la construcción estuvo a cargo de Ingeniería Inmobiliaria del Centro, una razón social sin mayor actividad que esa operación, y que dicha empresa era de Juan Armando Hinojosa Cantú, dueño de numerosas empresas dedicadas a la proveeduría gubernamental y que, durante el sexenio de Peña Nieto como gobernador del Estado de México, consiguió unos 35 000 millones de pesos en contratos. Más tarde, *Proceso* documentó que en dos años de gobierno federal Hinojosa sumó más de 60 000 millones en contratos de obra.

***

No fueron los escándalos de Ayotzinapa y la "Casa Blanca", las protestas de los empresarios y las historias de corrupción galopante en los gobernadores lo que impactó el ánimo personal y la estrategia política del presidente Peña Nieto. Lo que lo sacudió fueron los resultados en la elección intermedia de 2015, y en las de 2016 para gobernadores, todas ellas lesivas para su partido, el PRI, y para la estabilidad de su administración. Entonces determinó un golpe de timón.

El 18 de julio de 2016 Peña Nieto encabezó una ceremonia en la que pidió perdón por la polémica suscitada por la lujosa propiedad, insistió, de su esposa Angélica Rivera. El mandatario mexicano aseguró que aunque no violó ninguna ley cometió un "error" por generar una percepción de corrupción.

"En carne propia sentí la irritación de los mexicanos, la entiendo perfectamente; por eso con toda humildad les pido perdón, les reitero mi sincera y profunda disculpa por el agravio y la indignación que les causé", dijo.

Peña Nieto, refirieron los informes periodísticos, hizo un llamado a la sociedad para ser "autocríticos" y aseguró que los servidores públicos deben ser responsables de "la percepción que generamos con lo que hacemos, y en esto reconozco que cometí un error" que "dañó la confianza en el gobierno".

En ese mismo evento anunció la promulgación del nuevo Sistema Nacional Anticorrupción, el cual, dijo, buscará prevenir, investigar y sancionar delitos relacionados con la corrupción.

Días después, el propio Peña Nieto ordenó realizar una investigación interna para determinar si había irregularidades en el contrato de la residencia e incluso su esposa, Angélica Rivera, se vio obligada a declarar en video que la vivienda era de su propiedad y no del titular del Ejecutivo mexicano. El responsable de hacer la investigación fue el secretario de la Función Pública, Virgilio Andrade, un viejo condiscípulo del secretario de Hacienda, Luis Videgaray en el ITAM.

El Sistema Nacional Anticorrupción exhibió, según los expertos, errores de origen, que fueron atorando la implementación de sus partes centrales, como la designación de un fiscal especializado en este campo.

El debate en el tema fue luego secuestrado por la cercanía de las campañas presidenciales de 2018, que lo pusieron en el limbo político.

En esa misma zona quedaron los esfuerzos del gobierno de Peña Nieto. Frente a una opinión púbica incendiada por la indignación, sólo atinó a arrojar un balde de agua que se evaporó antes aun de alcanzar el piso.

Capítulo 12
Los empresarios marcan distancia

La tarde de ese viernes 8 de septiembre de 2013 los principales líderes empresariales del país comenzaron a ingresar a un salón privado del hotel Hyatt Polanco, en la Ciudad de México. Todos eran dirigentes de cámaras del sector. Los encabezaban Gerardo Gutiérrez Candiani, presidente del Consejo Coordinador Empresarial (CCE), y Juan Pablo Castañón, entonces al frente de la Confederación Patronal de la República Mexicana (Coparmex). Desde los ventanales del inmueble se alcanzaba a mirar, casi a tiro de piedra, la residencia oficial de Los Pinos

Habían sido citados por el hermético secretario de Hacienda, Luis Videgaray, con el ofrecimiento de que les anticiparía los detalles centrales de la reforma fiscal largamente anunciada por el gobierno de Peña Nieto. La misma, apenas como concepto, figuraba ya en el Pacto por México proclamado el 3 de diciembre anterior en un vistoso evento en el Castillo de Chapultepec, lo que virtualmente había inaugurado, entre fanfarrias, al nuevo gobierno.

A los empresarios les resultaba incómoda esa cortesía de último momento para enterarse de algo que, apenas minutos después, sería presentado por el presidente Peña Nieto acompañado de Videgaray y de los propios líderes del sector, a los que se les había informado que eran esperados para la ceremonia oficial, precisamente en Los Pinos. Avalarían con su presencia una amplia iniciativa para enmendar un paquete de leyes en materia hacendaria, en cuya elaboración y negociación no habían participado. Pero en ese momento nadie le decía que no a Videgaray, mucho menos a Peña Nieto.

Esa noche comenzó a mostrarse con claridad que una brecha se estaba abriendo entre el gobierno y sectores amplios de empresarios en el país. Desde luego, con grandes capitanes de empresas, que en los años siguientes alentaron una resistencia pasiva frente a la administración de Peña Nieto.

Pero no sólo ellos. Los balances generados paulatinamente dieron cuenta de que la reforma fiscal de 2013 y otras medidas en este campo fueron interpretadas como acciones concebidas sólo para que el gobierno recaudara más y mejorara su margen de maniobra, aunque con ello se lastimara a las familias y a pequeñas y medianas empresas.

Análisis posteriores desarrollados por académicos y otros especialistas pusieron el acento en que en el año de la reforma existían cerca de siete millones de empresas, de las cuales casi seis millones eran pequeñas y microempresas, un grupo económico que figuró entre los principales afectados.

Pero los asistentes a aquella reunión de septiembre de 2013 ya traían acumulados varios motivos para estar poco entusiasmados ante el gobierno.

Contra la costumbre en los sexenios anteriores, Videgaray había permanecido, durante ese primer año de la administración, virtualmente inaccesible para los dirigentes empresariales, incluso para algunos de los "santones" del sector, los que solían encarnar en una sola persona al propietario de una empresa de gran envergadura y a un cabildero que aprovechaba sus contactos con el gobierno para promover negocios de corporaciones de los que era consejero.

Valentín Díez Morodo y Claudio X. González eran los dos perfiles más acabados del género. Ambos multimillonarios en dólares, forjadores de empresas globales, consejeros de los "ultrarricos" en México, estaban acostumbrados a contar con "derecho de picaporte" con el gobierno; desde luego en Hacienda, pero también en muchas dependencias más y, si hiciera falta, en Los Pinos. Ese papel se había fortalecido durante los sexenios encabezados por los presidentes emanados del PAN, Vicente Fox (2000-2006) y Felipe Calderón (2006-2012).

Con la llegada de Peña Nieto las cosas cambiaron, en especial por el estilo personal de Videgaray, que ejerció desde el principio un control férreo, "transversal", como él gustaba decir, sobre todas las instancias gubernamentales que operaban los presupuestos públicos del país, desde

Hacienda hasta la Comisión Federal de Electricidad (CFE), pasando por Economía, Pemex o la Lotería Nacional. No faltaron quienes identificaron en las maneras de Videgaray el aprendizaje obtenido en el Estado de México, dos vertientes: el gobierno como juez y actor de la economía, frente a un ámbito empresarial subordinado y sin participación política. El tiempo demostró que la estrategia estaba equivocada en ambos fundamentos.

En los meses previos a ese encuentro con motivo de la reforma hacendaria, un rumor recorrió los aristocráticos pasillos del Club de Industriales y los restaurantes de mayor postín de la ciudad: durante semanas, quizá meses, Díez Morodo no había logrado siquiera que Videgaray atendiera una llamada telefónica suya. Causaba estupor y una indudable dosis de morbo que el forjador del *boom* de la Cervecería Modelo, que vendería en ese mismo 2013 por más de 20 000 millones de dólares; el hombre que, caprichoso, lo mismo incursionaba en negocios inmobiliarios, de telecomunicaciones o bancarios, que se había echado a cuestas el manejo del Club de Futbol Toluca, que durante décadas administró su familia, ahora encontrara cerradas las puertas del poder político.

No mucho menos se comentaba de Claudio X. González Laporte, propietario del corporativo KimberlyClark y su principal directivo por más de cuatro décadas. Ambos habían presidido el Consejo Mexicano de Negocios (González, tres veces; dos el CCE); eran los principales líderes morales vivos del empresariado mexicano. Pero sobre todas las cosas, eran soldados del sistema, cercanos al PRI. Lo cual fue demostrado durante las contiendas presidenciales del 2006 y el 2012, cuando fueron ampliamente señalados de combatir en forma abierta (también encubierta) al candidato "antisistema" Andrés Manuel López Obrador.

El sector empresarial tenía otro agravio acumulado. Se trataba de un reclamo cada vez menos soterrado de que el gobierno había virtualmente congelado el gasto público, en particular en materia de obras de infraestructura. Las empresas constructoras tradicionales languidecían en espera de un contrato gubernamental. Al término de la administración de Peña Nieto se estimó que ésta había desarrollado el menor volumen de infraestructura pública de los 50 años anteriores.

Pero la queja del sector privado tenía también otra ruta. En reuniones cerradas, los líderes del sector aseguraban que durante su primer año el gobierno estaba llevando a cabo una estrategia para desplazar a empresas constructoras de larga tradición y preparar a otras, cercanas a Los Pinos, con el fin de que se hicieran cargo de los grandes contratos públicos.

Con esas historias en las alforjas, los dirigentes del sector privado tomaron lugar en una mesa de ese salón del hotel Hyatt Polanco, al que minutos después ingresó Videgaray acompañado de sus colaboradores, muy jóvenes todos ellos.

Casi de inmediato el titular de Hacienda comenzó a detallar el contenido de la reforma fiscal. Cada frase parecía atorarse en el estómago de sus interlocutores, quienes mentalmente calculaban el impacto negativo de las medidas sobre diversas ramas empresariales.

Contra lo que se esperaba, la reforma no incluiría homologar el IVA de 16% a medicamentos y medicinas, según había filtrado el propio equipo de Hacienda a empresas de consultoría y a periodistas especializados. Desde junio, un informe especial de la agencia Reuters había dado por hecho que ello ocurriría. Luego quedaría claro que, en los términos en que fue definida, la reforma no contaría con el respaldo de las bancadas del PAN en el Congreso, por lo que se requerirían los votos del PRD, que se oponía al tema del IVA en medicinas y alimentos.

El anuncio que causó mayor incomodidad entre los dirigentes empresariales fue el bloque de medidas para hacer más exigible el cobro de impuestos a medianas y grandes empresas. Sobre estas últimas, se eliminaban los sistemas especiales de tributación, que permitían a las grandes corporaciones pagar menos. Según declaró después Aristóteles Núñez Sánchez, jefe del SAT, el esquema implicaba a 394 corporativos que agrupaban a unas 5000 compañías.

Adicionalmente, les informó Videgaray, se eliminaría el subsidio a las gasolinas y al diésel de manera gradual. "El nuevo régimen fiscal para Pemex será equiparable a los regímenes de las petroleras extranjeras", les aseguró.

Con esta reforma hacendaria, les dijo Videgaray a los dirigentes empresariales, el gobierno de Peña Nieto esperaba recaudar alrededor de 18000 millones de dólares anuales adicionales, que equivalían a 1.4% del producto interno bruto (PIB) del país. La captación total era proyectada en 50000 millones de dólares, o 4 puntos del PIB de México.

En su oportunidad, el presidente del CCE, Gerardo Gutiérrez Candiani, reviró: "De la cantidad adicional a recaudar, seremos los empresarios los que aportemos la inmensa mayoría...".

La reunión concluía ya. Videgaray invitaba a los asistentes a trasladarse a Los Pinos para presenciar el anuncio oficial de la reforma, cuando el entonces subsecretario de Ingresos, Miguel Messmacher, llamó la atención de todos:

—Señor secretario Videgaray, olvidábamos mencionar que el IVA en la frontera norte se homologa al 16%.

—¿Qué? —se alarmó Gutiérrez Candiani.

—¿Se les olvidaba? —ironizó Castañón.

En un solo instante cobraba carácter de hecho irrebatible el rumor que se arrastraba desde el año anterior de suprimir el IVA de 11% para los estados de la frontera norte, y homologarlo con el resto del país en 16%. Un tema que el anterior gobierno, el del panista Felipe Calderón, había eludido esencialmente bajo un razonamiento político: en esa región se hallaba una parte importante de la base electoral del PAN.

Una vez anunciada la reforma hacendaria que homologaba el IVA en la frontera al 16%, El Colegio de la Frontera Norte elaboró una serie de previsiones sobre los impactos que la medida tendría en la región. Entre ellos destacaba cinco:

1. Incremento de la inflación. Este efecto es el que se presentó más rápido. En la primera quincena de enero, la inflación a tasa anual llegó a 4.63%, de acuerdo con el Instituto Nacional de Estadística y Geografía (Inegi). Un análisis de Bank of America Merrill Lynch señala que la homologación del IVA fronterizo fue uno de los principales factores que impulsaron la inflación, pues esto contribuirá en 20 puntos base del Índice Nacional de Precios al Consumidor (INPC).

2. Menos competitividad en las empresas. En Baja California, por ejemplo, los bienes y servicios en la franja fronteriza de la entidad se encarecerán un 25% relativamente por la diferencia de impuestos. En Estados Unidos tienen un impuesto de 8% a las ventas. Y si bien la naturaleza de ese impuesto es distinta a la del valor agregado, a final de cuentas, la gente acá viene desembolsando 8% más porque allá funciona en 16%.

3. Fuga de consumidores. Mientras los bienes y servicios pagan un impuesto que varía entre 6.75 y 8.25 % en el sur de California, los mismos con la subida del IVA van a pagar 16% en Baja California. Esto provocaría una "fuga" de consumidores hacia Estados Unidos. La Confederación patronal de la República Mexicana (Coparmex) estima que las pérdidas anuales por concepto de homologación del IVA fronterizo serán alrededor de 1 200 millones de dólares (mdd), sólo en Baja California, por concepto de comercio.

4. Menos poder adquisitivo para los más pobres. El efecto de la homologación del IVA lo resentirá la población con menos capacidad de ingreso. Los más pobres no tienen visa para pasar a EU, entonces a ellos se les viene recargando el efecto del incremento, y los que tienen visa algo evaden al irse a comprar a EU.

5. Caída en la economía regional. Los estados de Nuevo León, Tamaulipas, Baja California, Chihuahua, Coahuila y Sonora aportan el 25% del PIB nacional en las actividades secundarias, es decir, en sector industrial, según datos del Inegi. La tendencia hacia las compras externas provocadas por el IVA podrá destruir sistemáticamente los efectos multiplicadores de la actividad económica, en particular en el estado de Baja California.

Tras la aprobación de la reforma hacendaria, el mismo septiembre de ese 2013 en la Cámara de Diputados, y en noviembre de ese año en el Senado (fue decretada en enero de 2014 por Peña Nieto), desde la frontera norte se generó una serie de amparos contra la medida, gestionados por ciudadanos en lo particular, empresarios y partidos políticos, incluso una acción de inconstitucionalidad firmada por 64 senadores bajo el impulso del senador Ernesto Ruffo. Un fenómeno calificado como "previsible" por Luis Videgaray.

Es probable, no obstante, que los efectos a mediano plazo no fueran debidamente previstos por Videgaray y su equipo. Como tampoco el impacto político que con ello podía incubarse hacia las elecciones futuras.

Los empresarios rompen lanzas con Peña Nieto

El desplazamiento experimentado desde los centros de poder económico, el impacto de la reforma hacendaria, aunado a las crisis políticas enfrentadas por la administración de Peña Nieto por la tragedia de Ayotzinapa y la "Casa Blanca", más las derrotas electorales sufridas por el PRI en los comicios intermedios de 2015 y 2016, funcionaron como catalizador para que el sector empresarial adoptara un mayor protagonismo en el país en el tramo final del sexenio.

Desde la lectura de Los Pinos, el citado Claudio X. González Laporte cobró un liderazgo claro en el impulso a organismos que tomaron el perfil de la sociedad civil y recogieron reclamos ciudadanos pero tuvieron un sólido financiamiento empresarial. En la perspectiva gubernamental, ello incluye a Mexicanos Contra la Corrupción y la Impunidad (MCCI), surgido en 2017, y un nuevo perfil en el Instituto Mexicano para la Competitividad, que en 2016 empezó a mostrar un activismo central en el tema de combate a la corrupción.

MCCI fue establecido por Claudio X. González Guajardo, hijo del veterano líder empresarial. Exfuncionario gubernamental bajo gobiernos priistas y cabeza de la Fundación Televisa, en 2007 había creado Mexicanos Primero, una agrupación que durante años tuvo su enfoque casi exclusivo en la presunta corrupción en el SNTE como causa primordial de la baja calidad educativa en México.

Cuando González Guajardo anuncia la creación de MCCI, se produjo una ruptura con Televisa, cuyos directivos se dijeron utilizados para una estrategia de confrontación con el gobierno, que no respaldaba la corporación encabezada por Emilio Azcárraga Jean. A diferencia de lo que ocurría cuando encabezaba Mexicanos Primero, González Guajardo dejó por ello la dirigencia de la Fundación Televisa.

El 30 de agosto de ese mismo 2017 el diario estadounidense *The New York Times* publicó que en mayo anterior, durante una reunión con empresarios, el presidente Peña Nieto se acercó a Claudio X. González Laporte y le hizo un extrañamiento sobre las actividades de su hijo al frente de MCCI.

"La sociedad civil no debe pasar tanto tiempo hablando de corrupción [en el gobierno]", le habría dicho el mandatario al empresario. La información del periódico refería también que González Guajardo apareció en los listados de personajes cuyos teléfonos celulares estaban siendo presumiblemente intervenidos por el gobierno mexicano usando un software llamado Pegasus. El gobierno no acusó el golpe, pero se preparó para revirarlo.

En octubre de 2017, bajo la firma de Zacarías Ramírez, la revista *Forbes México* publicó una entrevista con González Laporte, en la cual figuraron las siguientes preguntas y sus respectivas respuestas:

P. En la corrupción, ¿los empresarios son víctimas, victimarios o cómplices?

R. No abogo por pensar que los empresarios seamos puros; al contrario. Desafortunadamente, hay empresarios cuyo modelo es hacer negocios con el gobierno. Así que no somos hermanas de la caridad. Pero son más los empresarios que sí quieren un entorno mucho menos corrupto, porque las extorsiones… Todo lo que esto suscita es que, en una empresa, el conflicto de interés, si no hay una regla muy clara y el ejemplo [no] se pone desde arriba, se arma una indisciplina tremenda. Hay empresarios que añoran que haya un entorno más limpio, más predecible, más ordenado, menos sujeto a decisiones discriminatorias o sacadas de la manga.

P. ¿Este gobierno no nos regresó ya al pasado en cuanto al Estado de Derecho?

R. Es muy buena tu pregunta… y ahí dejémosla.

P. Estado de derecho y combate a la impunidad, ¿han sido temas de conversación con el presidente?

R. No te puedo contestar eso. Infiere.

P. Usted colabora en Consejos de empresas muy importantes. ¿Coinciden con usted en este tema?

R. Sí.

P.- ¿Están dispuestos a actuar o sólo a opinar?

R.- Están dispuestos a actuar, porque la amenaza de un populismo es grande.

P. ¿Su hijo Claudio recibe apoyo para el trabajo que está haciendo Mexicanos Contra…? Porque las represalias del Estado, cuando le tocan sus intereses, no reconocen amigos.

P. Sí, tiene apoyos.

El 31 de enero de 2018 el candidato presidencial Andrés Manuel López Obrador difundió en un video que "un amigo" de Enrique Peña Nieto le había confiado que González Laporte le había pedido al presidente "robarse" las elecciones de julio de ese año para evitar que el político tabasqueño triunfara.

En el video, López Obrador aseguró que ese mismo empresario actuó en su contra en las elecciones de 2006 "junto con [el entonces presidente, Vicente] Fox. Refirió que el hijo de aquél "tiene una agrupación para combatir la corrupción, lo que es kafkiano".

En las semanas siguientes trascendieron mayores detalles sobre una reunión de Peña Nieto con empresarios clave del país, presumiblemente utilizada por González Laporte para solicitarle "robarse" las elecciones de este año con el fin de impedir la llegada de Andrés Manuel López Obrador.

De acuerdo con fuentes de Los Pinos, el hecho ocurrió al término de un encuentro, celebrado el 14 de diciembre de 2017, entre el mandatario y el Consejo Mexicano de Negocios. Los reportes disponibles —en coincidencia con lo señalado con López Obrador— indican que al término del evento, González Laporte, que lideraba entonces al citado Consejo, pidió al presidente un momento aparte para hacerle un comentario privado, por lo que ambos se dirigieron a una oficina, donde habría ocurrido la petición de "robo" electoral, más estrafalaria si se considera que desde el entorno personal de este empresario han surgido acres cuestionamientos sobre actos de corrupción en la administración de Peña Nieto.

González Laporte era considerado apenas uno de los rostros, si bien el más visible, en una coalición de intereses determinados a combatir la posibilidad de que el político tabasqueño conquistara la presidencia en su tercer y último intento.

En mayo de 2018 se produjo una nueva serie de versiones según las cuales un bloque de empresarios pidió a mediados de ese mes, en vísperas del segundo debate presidencial, que el aspirante del oficialismo, José Antonio Meade, postulado por el PRI, el Verde y Nueva Alianza, declinara en favor de Ricardo Anaya, abanderado del frente integrado por el PAN, el PRD y Movimiento Ciudadano.

Estas versiones, también alentadas por declaraciones de López Obrador, obligaron a que tanto Peña Nieto como líderes empresariales se deslindaran. En conferencia de prensa, el mandatario aseguró estar dedicado a trabajar y a cerrar bien su administración, y que las campañas y los candidatos "corren en otro camino". Negó que algún candidato se haya acercado a él, pues "nadie negocia con el presidente".

Por su parte, el entonces presidente del CCE, Juan Pablo Castañón, desmintió los señalamientos de supuestas reuniones con aspirantes presidenciales, y aseguró que "no tienen candidato".

En el entorno de ese debate se desarrollaron expresiones como el autodenominado portal de noticias Pejeleaks.com; de aplicaciones para teléfonos celulares como "Mata un peje zombie", y múltiples cuentas en redes sociales cuyos administradores tienen capacidad técnica y económica para "viralizar" contenidos. El nombre de sus directivos, técnicos, patrocinadores o supuestos periodistas perteneció al más absoluto misterio.

Estudios iniciales revelaron que estos proyectos digitales estaban lejos de ser creaciones de improvisados. Su entrada en escena necesariamente fue respaldada por una inversión en equipo y en dispositivos varios para ocultar la sede y cualquier otra información sobre sus operadores.

En este contexto, un personaje captaba sospechas dentro y fuera del primer círculo del candidato de Morena. Este personaje era Juan José Rendón, un controvertido publicista que en 2012 colaboró en la campaña del ahora presidente Peña Nieto, y quien de manera confidencial, se aseguraba, seguía prestando servicios al PRI.

Rendón, nacido en 1964 en Caracas, Venezuela, radicaba entonces en Miami. El más superficial acercamiento a su historia (en su portal en internet, en entrevistas) revelaba a un hombre afectado por la megalomanía, por lo que era difícil determinar dónde terminaba la leyenda que él mismo buscaba construirse y dónde comenzaban las verdaderas tareas que podrían habérsele encomendado, pese a que el presidente del PRI,

Enrique Ochoa, había declarado que no trabajaba para el partido oficial.

El rostro de "JJ Rendón", como gustaba en llamarse, se multiplicaba en anuncios espectaculares con la portada de la revista *Líder*, en la que él advertía que haría todo lo que estuviera a su alcance para evitar el triunfo de López Obrador. Estaba demostrado que este tipo de anuncios no correspondía a una campaña formal, sino que era un recurso necesariamente caro para promover políticamente al sujeto en cuestión, en este caso el señor Rendón.

Pejeleaks.com y otros espacios de esta naturaleza habían difundido supuestas investigaciones sin respaldo documental. Se trataba de elaboración propia de libelos con los que se buscaba levantar acusaciones de corrupción contra López Obrador y su entorno personal, incluso sus hijos.

Capítulo 13
Luis Videgaray: el poder por el poder

"¿Por qué decidió Peña Nieto hacer esto sin avisarnos, sin informar al presidente Obama; en plena campaña?; ¿quién está detrás de todo esto?" La llamada telefónica transmitía, con claridad, la voz firme, dura, de Hillary Clinton, exsecretaria de Estado estadounidense y en ese momento candidata del Partido Demócrata y favorita para ganar la presidencia de Estados Unidos.

Del otro lado de la línea, en la Ciudad de México, se hallaban altos funcionario de la embajada estadounidense, demudados al enterarse de que Donald Trump, aspirante republicano a la Casa Blanca, estaba por llegar a la capital del país para un encuentro con el presidente Enrique Peña Nieto, sin que ningún canal diplomático hubiera intervenido.

Al conocerse extraoficialmente, horas antes de que ocurriera, la visita de Trump, la canciller Claudia Ruiz Massieu se hallaba a bordo de un vuelo hacia la Ciudad de México desde Milwaukee, Estados Unidos, donde el día anterior había inaugurado el consulado 50 en territorio estadunidense. La acompañaba el subsecretario para América del Norte, Paulo Carreño, quien recibió en su celular una consulta sobre este tema del corresponsal de un diario estadounidense. Ella se comunicó entonces con el secretario de Hacienda, Luis Videgaray, que le confirmó el hecho.

En ese momento, Ruiz Massieu supo que debía presentar su renuncia. Lo hizo al día siguiente frente a Peña Nieto, cuando en el país se desbordaban las protestas por lo que fue interpretado como una humillación de Trump hacia México. La canciller no colocó en su carta de dimisión la palabra *irrevocable*, por lo que no atrajo más efecto que unas palmadas presidenciales y la petición de serenidad.

Fuentes del Departamento de Estado dijeron que horas después de que se conociera esa visita, la embajadora estadounidense, Roberta Jacobson, una diplomática demócrata de larga trayectoria y amiga personal de Hillary Clinton, envió a Washington un cable con el que formalizó su reporte de no haber sido nunca informada de la visita de Trump por parte de ningún integrante del gobierno de Peña Nieto.

Clinton, considerada uno de los personajes más poderosos del mundo, diría días después a sus colaboradores que intereses corporativos afincados en Nueva York, que manejan fondos con enormes inversiones en México, habían convencido al secretario Luis Videgaray de *manipular* a Peña Nieto para apuntalar la imagen pública de Trump unas semanas antes de la elección.

"No nos sorprendería que el señor Videgaray acabe al servicio de esas corporaciones una vez que concluya la administración de Peña", dijo a este autor una fuente cercana al Departamento de Estado, al recordar el episodio de la visita de Trump a México, el 31 de agosto de 2016.

En noviembre siguiente, el columnista mexicano Raymundo Riva Palacio refirió un encuentro en abril de ese año entre Videgaray y "un empresario neoyorquino, fascinado por Videgaray", con quien se habría reunido con autorización de Peña Nieto con el propósito de acordar un acercamiento con Trump. Ese encuentro habría incluido a Ivanka Trump, la hija del magnate, y a su esposo, Jared Kushner. Ello no sólo desembocó cuatro meses después en la citada visita a México, sino que abrió una relación entre Kushner y Videgaray que no hizo sino fortalecerse en los años siguientes.

Ruiz Massieu, el secretario de Gobernación, Miguel Ángel Osorio Chong, e incluso diversos funcionarios de la residencia oficial de Los Pinos, habían intentado disuadir días antes al presidente Peña Nieto contra la visita de Trump, una vez que en el primer círculo de colaboradores se supo que el día 25 fueron entregadas cartas de invitación tanto a Trump como a Clinton, y que el primero había notificado de inmediato que aceptaba venir al país. Fuentes consultadas dijeron que cuando se hizo el anuncio oficial del viaje de Trump, la señora Clinton ni siquiera había sido informada por los coordinadores de su campaña sobre la existencia de la carta que le había sido enviada.

Funcionarios de Los Pinos aseguraron que en esos días el secretario Videgaray estrechó más su costumbre de acompañar a Peña Nieto virtualmente en todo encuentro que sostuviera con integrantes de su gabinete. Éstos eran alertados previamente por Videgaray sobre la agenda a seguir en su acuerdo con el presidente, e incluso conversaba con ellos minutos antes de la reunión oficial.

Versiones compartidas con este autor aseguran que en uno de esos coloquios que antecedían a la reunión con Peña Nieto, Ruiz Massieu hizo saber a Videgaray su oposición a la visita de Trump. El secretario de Hacienda le advirtió: "Ya todo está decidido, Claudia". Ella no habría insistido en sus críticas una vez que el presidente llegó a la reunión.

Otro testimonio recogido sostiene que un grupo de funcionarios de Los Pinos, entre ellos el jefe de la Oficina, Frank Guzmán, y el vocero Eduardo Sánchez, acordaron que éste ingresara al despacho de Peña Nieto cuando se hallaba conversando con Videgaray, días antes de la visita de Trump. Sánchez le informó al mandatario que integrantes del gabinete pedían una audiencia para expresar su inquietud al respecto. Antes de que el presidente reaccionara, Videgaray dijo: "No tiene ningún caso, ya todo está decidido; es muy tarde para cambiar de opinión".

Según esta fuente, el mandatario mostró en ese momento un gesto neutro, sin expresar palabra. Sánchez abandonó el lugar. En las afueras aguardaban los otros funcionarios, que al enterarse de la escena se mostraron desolados. Antes de dirigir sus pasos hacia el exterior de Los Pinos, uno de ellos la expresó a quien lo acompañaba: "Carajo, lo trata [Peña a Videgaray] como si fuera su jefe".

El episodio de la visita de Trump catalizó hacia dentro del gabinete posicionamientos de diverso carácter, lo que llevó al secretario de Gobernación, Osorio Chong, a tener un mayor acercamiento con secretarios como la citada canciller Ruiz Massieu y la titular de la Sedesol y la Sedatu, Rosario Robles, entre las más visibles. A la distancia, en discretos coloquios, hubo comentarios críticos del expresidente Carlos Salinas de Gortari, tío de Ruiz Massieu, quien había colocado como subsecretario en Relaciones Exteriores al referido Paulo Carreño, figura cercana al exmandatario.

En respuesta, Videgaray tomó cuidado de responder los mensajes, al expresar en espacios restringidos, pero ante varios interlocutores, que admiraba al expresidente Ernesto Zedillo, especialmente por haber tomado distancia frente al pasado, en obvia alusión a los enfrentamientos sostenidos con su antecesor, Salinas de Gortari.

La indignación pública por la visita de Trump acabó dominando la agenda presidencial, lo que llevó a que apenas una semana después, el 7 de septiembre, Videgaray dejara su puesto como secretario de Hacienda y "número 1" en la administración de Peña Nieto. No cumplió cuatro meses fuera del primer equipo de la administración de Peña Nieto. El 4 de enero de 2017 fue designado nuevo canciller mexicano.

Singularmente, su regreso se basó en el mismo argumento con el que fue echado del gabinete: su acceso al estrecho círculo cercano al ya entonces presidente electo de Estados Unidos, Donald Trump.

Reportes difundidos habían dado cuenta de reiterados coloquios privados entre Peña Nieto y Videgaray, para analizar el nuevo cargo que asumiría éste, quien nunca dejó de ser un asiduo visitante a Los Pinos, con un nuevo *look* —barba y cabello largo— que buscaba simbolizar un retiro que nunca existió, pues siguió oficiando como el hombre fuerte del régimen.

Con un nuevo canciller recién estrenado, Peña Nieto acudió a mediados de enero de ese 2017 a la tradicional reunión de embajadores y cónsules que cada inicio de año se desarrolla en la capital del país.

De acuerdo con las formas que han dominado por casi tres décadas esos encuentros, Peña presentó dos mensajes para sus emisarios en el mundo: uno privado, más franco y abierto, y otro público, para el registro mediático y político.

En ambos momentos, el eje fue el mismo: el arribo de Donald Trump al cargo de mayor poder en el mundo, la presidencia de Estados Unidos. Tampoco había otro asunto que interesara más a los integrantes de la diplomacia mexicana, urgidos de argumentos para transmitir a una comunidad global estupefacta ante la incertidumbre que dominaba el escenario económico de nuestro país.

En la sesión privada —"aunque poco de lo que diga aquí no podría decirlo públicamente"—, Peña Nieto desarrolló uno de los discursos más sólidos que haya emprendido, pero encaró el asunto central con un símil taurino: "A diferencia del secretario [de Agricultura, José] Calzada, no soy aficionado a los toros, pero me queda claro que cuando se encara a un rival de esta naturaleza en la arena de la plaza, tienes dos alternativas: una, salir corriendo, aun sabiendo que el toro te perseguirá para acorralarte y aplastarte. La segunda, aguantar a pie firme y lidiarlo con una estrategia inteligente… eso es lo que nosotros haremos".

En esta coyuntura, embajadores y cónsules habían compartido desasosiego por lo que se anticipaba como una curva de aprendizaje de Luis Videgaray, nuevo secretario de Relaciones Exteriores —el tercero en cuatro años—, puesto en el que se estrenó con una frase válida pero políticamente incorrecta: "Vengo a aprender".

Esta imagen se transformó parcialmente durante los trabajos de la reunión, especialmente con la modalidad adoptada de establecer encuentros "en corto" de Videgaray con grupos pequeños, máximo de 10 embajadores o cónsules. Tras una breve inducción que buscaba relajar el ambiente, Videgaray les pedía a sus interlocutores un apretado resumen del panorama económico y político de las naciones en donde están adscritos. Y les tenía preparada una sorpresa.

Mal la pasó, por ejemplo, el embajador ante Italia, Juan José Guerra Abud, secretario de Medio Ambiente al arranque de la administración federal 2012-2018 y considerado el primer jefe del entonces veinteañero Enrique Peña Nieto en el Estado de México. Cuando le tocó su turno frente a ese pequeño grupo y el canciller, divagó sobre las luces de Roma en la historia y la filosofía, pero fue interrumpido por Videgaray, quien lo urgió a explicar la coalición de Berlusconi y el nuevo equilibrio de fuerzas partidistas en la península italiana y su postura frente a las directrices europeas.

Guerra intentó retomar el paso, sólo para escuchar un "no, Juan José", con nuevos indicios de que su jefe, el novel canciller, conocía personalmente a protagonistas clave de la realidad italiana que tuvieron algún tránsito en temas financieros. El señor embajador acabó cediendo que no iba preparado para responder a cuestionamientos tan puntuales.

Testimonios recogidos de otros testigos de estos encuentros refieren la misma pauta: un canciller que dominaba los temas y que, por otro lado, exhibía autoridad política frente a muchos diplomáticos por un hecho simple: haber sido el operador, desde Los Pinos o desde Hacienda, de su promoción. En otras palabras, muchos ahí le debían el empleo.

En las próximas semanas, sin embargo, quedó claro que la carta principal del nuevo canciller fueron sus nexos con el yerno de Donald Trump, Jared Kushner, entonces de 35 años, quien era presentado como el *alter ego* del mandatario estadounidense, lo que incluye haber heredado una fortuna, poseer un imperio inmobiliario y ser un empedernido "cazador" de bellas modelos.

Biografías de Kushner revelaban que Trump vivía "encantado" con su yerno: alababa su gusto para vestir y disfrutaba su frivolidad. Kushner, como Trump, había heredado una fortuna de su padre y construido un emporio inmobiliario, lo que incluía torres de acero y cristal sobre la Quinta Avenida de Nueva York. Igualmente, poseía un medio de comunicación, el diario *The New York Observer*, que compró cuando tenía 25 años de edad. Ése es el poderoso aliado en el que Videgaray, y el gobierno mexicano con él, tuvo depositada toda su apuesta de una negociación favorable al país.

El poder "transversal" de Videgaray

Al arrancar el gobierno de Peña Nieto, en diciembre de 2012, Videgaray Caso era ya la figura con mayor cercanía y ascendencia sobre el flamante presidente. Esa influencia no se modificaría en ningún momento a lo largo de todo el sexenio.

Ambos se habían conocido siete años atrás, cuando Peña Nieto se desempeñaba como líder de la bancada del PRI en el Congreso del Estado de México, claramente mayoritaria, y el entonces gobernador Arturo Montiel ordenó organizar una sesión de trabajo parlamentario sobre el manejo que se daría a la deuda pública estatal. La presentación la haría un representante del despacho Protego, dirigido por Pedro Aspe, quien fuera secretario de Hacienda con el presidente Carlos Salinas de Gortari.

Hasta pocos meses antes, Videgaray se orientaba a trabajar en consultoría financiera para empresas privadas, pero en Puebla incursionó en temas públicos al asesorar a un municipio sobre estrategias en el manejo de presupuestos. Quienes han estudiado su trayectoria aseguran que en ese momento se mostró picado por la política y, en particular, atraído por el poder.

Fue un personaje clave en el gran despliegue financiero desarrollado por Peña Nieto durante su gubernatura (2005-2011), colocada al centro de una compleja operación política y económica que agrupó a múltiples figuras del PRI que buscaban recuperar la presidencia de la República tras dos triunfos sucesivos del PAN, con Vicente Fox (2000) y Felipe Calderón (2006). La proyección definitiva de Peña inició en mayo de 2006, con la relevancia nacional obtenida con el violento desalojo de manifestantes en el poblado de Atenco.

La ascendencia de Videgaray sobre Peña Nieto era tal al final de la gubernatura mexiquense que, en una página poco conocida de su biografía política, llegó a considerar postularse como candidato del PRI para sucederlo. Con ese propósito pidió a un viejo amigo, Fernando Manzanilla, un político priiista poblano, conseguirle una entrevista con la poderosa dirigente magisterial Elba Esther Gordillo, para pedirle su apoyo que, estaba seguro, se sumaría al del gobernador saliente.

Algo ocurrió en esos meses que hizo cambiar de vocación a Videgaray Caso, quien se embarcó en una trayectoria hacia la modalidad de un inmenso poder burocrático, con las finanzas públicas como herramienta.

Su círculo de amigos apenas y se había movido desde los tiempos universitarios, en particular en el ITAM, donde compartían ensoñaciones en la cafetería del plantel, al que se le había asignado el presuntuoso nombre de "El Partenón".

Bajo la conducción de Videgaray, ese grupo formaría en la presidencia de Peña Nieto un "círculo de acero" fuera del cual nada —o casi nada, a juzgar por los hechos— pasaría en Los Pinos: José Antonio Meade, canciller, fue su compañero de banca en el ITAM, la cuna de presidentes y tecnócratas del país. Emilio Lozoya, director de Pemex, colega en Protego, la firma de Pedro Aspe, quien impulsó a Videgaray a estudiar en el admirado MIT de Estados Unidos y el que lo acercó con Peña Nieto. También Aristóteles Núñez, que sería titular del Sistema de Administración Tributaria y, antes, su colaborador en la Secretaría de Finanzas mexiquense (2005-2009). Aurelio Nuño, jefe de la Oficina de la Presidencia y su coordinador de asesores cuando, por encomienda de Peña Nieto,

Videgaray fue hecho diputado federal (2009-2011) y encabezó la comisión clave de Presupuesto y Cuenta Pública. Virgilio Andrade, con el que haría resurgir la Secretaría de la Función Pública (presentada como en proceso de extinción al inicio del sexenio peñista) sólo para maquillar el intento de salida para el caso de la "Casa Blanca".

Se trató de un equipo con un trabajo "transversal", como lo dijo varias veces el propio Videgaray. Controló todo dentro del gobierno acotando o ampliando el flujo de recursos financieros, lo que proyectó o sepultó a muchos personajes públicos. Nadie recordaba que en la etapa moderna del país Hacienda le haya impuesto a la Secretaría Gobernación —que encabezaba su rival político Osorio Chong— dejar vacantes subsecretarías de Estado, como ocurrió. Lo mismo valió para las administraciones estatales —no ahorraba desaires a gobernadores que consideraba financieramente desaseados, como Javier Duarte, de Veracruz—, a las que apretó… y aflojó.

Durante los dos años iniciales del sexenio, los empresarios del país se quejaron de que el secretario de Hacienda era inaccesible, lo que quedó ilustrado en disposiciones fiscales con las que el sector no estuvo de acuerdo. Los escándalos de 2014 por la tragedia de Ayotzinapa, la "Casa Blanca" y la denuncia misma de una cuestionable propiedad del propio Videgaray en Malinalco, Estado de México, hicieron que abriera su despacho de Palacio Nacional a líderes del sector privado, a los que acompañó en sus eventos, los escuchó e incluso les ofreció ajustes en la política económica.

Pero el peso de Videgaray se hizo sentir también en el PRI. Durante la mayor parte de su gestión, el dirigente César Camacho recibió instrucciones dictadas por el referido Aurelio Nuño. Por ello se valoró la posibilidad de que éste fuera su sucesor, lo que representaba una apuesta alta. Contra lo que se rumoró, Nuño sí es militante del PRI, pero no cumplía con otros requisitos previstos por los estatutos partidistas, como haber formado parte de la dirigencia.

La "guillotina" de Videgaray

Otra faceta que dominó la trayectoria de Videgaray durante la administración de Peña Nieto fue su poder para defenestrar a funcionarios, con diferentes argumentos. Ello incluyó a varias figuras cercanas al presidente desde los tiempos del Estado de México. La lista incluyó a David Korenfeld, director de la Conagua, fotografiado cuando abordaba junto a su familia un helicóptero pagado con fondos públicos. También, a Humberto Benítez, procurador del Consumidor, cuya hija protagonizó un escándalo cuando logró que inspectores de la dependencia acudieran a un restaurante de lujo en el que no le habían permitido el paso por carecer de reservación. Figuras controvertidas, sin duda, pero surgió la percepción de que Videgaray influía sobre el presidente con un cálculo de beneficio político.

Bajo otro contexto, la misma suerte corrió el coordinador de Comunicación Social, David López, que por años tuvo cercanía con Peña Nieto. Era frecuente que durante las giras matutinas, López se enterara de acuerdos establecidos la noche anterior en Los Pinos, y lograba influir en el mandatario para que cambiara de opinión. Eso le provocó un creciente distanciamiento con Videgaray, que concluyó en marzo de 2015, cuando se anunció que el comunicador dejaba su cargo para ser postulado a una diputación federal.

Pero también con los de su propio círculo fue implacable. El caso más relevante fue el de Emilio Lozoya, operador clave de la administración de Peña Nieto en el frente financiero nacional e internacional; director de Pemex, desde donde gestó episodios relevantes de la reforma energética; nieto de un general gobernador, hijo de un exsecretario de Energía, miembro de una de dinastía empresarial y política. En febrero de 2016 se desplomó de su cargo tras sostener a lo largo de varios meses una confrontación con Videgaray, secretario de Hacienda.

En junio de 2017 se difundieron grabaciones en las que Luiz Alberto Meneses, exdirector en México de la corporación brasileña Odebrecht, lo acusó de recibir sobornos de la empresa presuntamente para facilitar el acceso a contratos, en particular uno por 115 millones de dólares para desarrollar obras en la refinería de Tula, Hidalgo.

Posteriormente el propio Lozoya recibió señalamientos, según el expediente de la justicia brasileña e investigaciones periodísticas, de haber recibido sobornos durante la campaña del entonces candidato presidencial Enrique Peña Nieto, los que según estas denuncias podrían haber favorecido su triunfo en la disputa por la presidencia de la República. El entonces fiscal electoral federal, Santiago Nieto, inició una pesquisa al respecto, que no pudo concluir pues fue despedido por el encargado de la PGR, Alberto Elías Beltrán.

El derrocamiento de Lozoya Austin en Pemex lo encontró asfixiado por duras críticas desde el sector privado y acorralado, lo que su equipo describió como un boicot financiero y político instrumentado desde Hacienda. Su salida abrió paso a dos operadores del equipo de Videgaray: José Antonio González, que entró a Pemex y luego se hizo cargo de la propia Secretaría de Hacienda, y Mikel Arriola, al que le fue encomendada la dirección del Instituto Mexicano del Seguro Social (IMSS). A ello se sumó un puñado de candidatos del PRI a gubernaturas, en Colima, Tamaulipas, Durango y Chihuahua, todo lo cual daba cuenta de la preeminencia de Videgaray.

Su carácter como un "halcón" que no reparaba en daños —especialmente políticos— con tal de cobrar su pieza, se ilustró también entre los gobernadores del país, a los que ajustaba sus presupuestos, que requerían de partidas federales como del oxígeno. No eran pocos los mandatarios que hablaban con indignación, pero en voz baja, del desdén y la dureza en el trato recibido en Hacienda, especialmente si sus administraciones eran consideradas laxas o frívolas.

Capítulo 14
Osorio Chong: cacique, policía, precandidato

Hacia finales de 2015 el secretario de Gobernación, Miguel Ángel Osorio Chong, convocó a sus más estrechos colaboradores. Los dedos de una mano sobrarían para enumerar a los que ahí se encontraban, destacando Jorge Márquez, el poderoso oficial mayor y principal operador del jefe del gabinete, el todavía llamado "supersecretario" en espacios periodísticos, donde se le ubicaba como precandidato a suceder en 2018 a Enrique Peña Nieto.

Pero esa noche Osorio Chong lucía taciturno cuando se sinceró frente a sus incondicionales: "Algo se rompió con el presidente —les dijo—. Su trato hacia mí ha cambiado drásticamente. Creo que esto ya se jodió".

Una confidencia aislada de alguno de los asistentes a esa reunión fue cobrando con los días carácter de bola de nieve, y bastó para que en unas semanas la versión brincara a los desayunaderos políticos y a las columnas periodísticas: Osorio había caído de la gracia presidencial.

Las señales de un enfriamiento en el trato de Peña Nieto hacia Osorio empezaron a multiplicarse. Trascendieron desde Washington y desde la embajada de Estados Unidos rumores de que el gobierno de Obama le había perdido la confianza al encumbrado funcionario, superado sólo por el secretario de Hacienda, Luis Videgaray, en su influencia sobre la casa presidencial.

Con el paso de los días se fue abriendo paso la percepción de que el quiebre en la confianza presidencial hacia su brazo derecho en materia política se debía a la reciente fuga del narcotraficante Joaquín el Chapo Guzmán. Y la historia detrás de ese episodio se empezó a desgranar poco a poco.

CORRE VIDEO…

La cámara sigue desde sus espaldas a dos hombres que entrevistan en voz alta a reos de alta peligrosidad en el penal federal del Altiplano, unas horas después de la evasión de Guzmán Loera, la noche del 12 de octubre de 2015.

Un movimiento del camarógrafo permite distinguir los rostros de quienes hacen las preguntas: aparece en primer plano Felipe Muñoz Vázquez, entonces titular de la Subprocuraduría Especializada en Investigaciones de Delincuencia Organizada (SEIDO); está con él Tomás Zerón, director de la Agencia de Investigación Criminal (AIC), ambos de la PGR.

Uno tras otro, capos del narcotráfico, asesinos seriales y otros vecinos de celda de Guzmán Loera atendieron la misma pregunta: "¿Notó algo fuera de lo común en los días recientes cerca de su celda?".

Palabras más, palabras menos, la respuesta fue la misma: "Sí, ruidos, golpes fuertes, de herramientas trabajando, como si se perforara un piso de concreto. Por la noche especialmente, durante varios días".

Uno de ellos incluso apuntó: "Señor, escuché ruidos, mucho, no dejaban ni dormir, hasta pedí que me movieran a otra celda, pero no me hicieron caso".

La cámara busca enfocar al reo desde afuera de la celda, pero el rostro es captado bajo cierta penumbra. Fuentes de alto nivel consultadas por el autor aseguran que entre los interrogados es posible distinguir al narcotraficante Héctor Beltrán Leyva, muerto en noviembre de 2018 tras un supuesto infarto, en momentos en los que se desahogaba el juicio contra Guzmán Loera en Estados Unidos.

Otro hombre, menudo, que aparece en el video es identificado como Salvador Alfonso Martínez, "la Ardilla", detenido en 2012 bajo cargos de haber ordenado la matanza de migrantes centroamericanos en San Fernando, Tamaulipas, en agosto de 2010, y de la fuga de cientos de criminales de penales del noreste del país.

El video fue conocido por un muy reducido número de altos funcionarios. Tras revisarlo, uno de ellos dijo: "Si esto sale a la luz, se derrumba Gobernación, se cae Osorio Chong, si no es que se cae el gobierno".

No fue posible para el autor confirmar que este video haya sido mostrado al presidente Peña Nieto, pero no está incluido en el expediente judicial abierto tras la fuga de Guzmán Loera.

Las investigaciones desarrolladas sobre la evasión del que llegó a ser el narcotraficante más buscado del mundo derivaron en el encarcelamiento de segundos mandos en la estructura de control de los penales federales, a cargo de la Secretaría de Gobernación, que encabezaba Miguel Ángel Osorio Chong.

Entre las decenas de servidores públicos del sector sometidos a proceso penal por estos hechos (policías federales, agentes del Cisen, custodios, directivos del penal del Altiplano y sus mandos inmediatos) no figuraron tres personajes clave, integrantes del grupo de colaboradores cercanos a Osorio Chong: el titular de la Comisión Nacional de Seguridad (CNS), Monte Alejandro Rubido; Juan Ignacio Hernández Mora, responsable del Órgano Administrativo Desconcentrado de Prevención y Readaptación Social (OADPRS), y Ramón Eduardo Pequeño García, en ese momento director de la División de Inteligencia de la Policía Federal. Rubido, Pequeño García y Hernández fueron formalmente cesados de sus cargos, pero no se les importunó mayormente en interrogatorios o citatorios judiciales.

En las últimas semanas de la administración de Peña Nieto, consumado el triunfo presidencial de Andrés Manuel López Obrador, Osorio Chong fungía ya como senador plurinominal y coordinador de la bancada del PRI en el Senado. En su nuevo papel, acudió a reuniones con periodistas para charlas "fuera de libreta", que fueron consignadas en columnas de opinión.

"Fue injusto que se me culparan de la fuga del Chapo… como si yo hubiera sido su guardia o celador", se quejó Osorio en al menos una de esas conversaciones, consignada por la columnista Martha Anaya (*El Heraldo*, 22 de noviembre de 2018).

En el expediente de las investigaciones se da cuenta de que el entonces director del penal del Altiplano, Valentín Cárdenas Lerma, alertó a sus superiores, verbalmente y por escrito, que se habían relajado las condiciones de seguridad en las que era mantenido Guzmán Loera, por lo que sugería moverlo de celda o incluso cambiarlo de prisión. Ninguna de las dos peticiones fue atendida.

Un reducido número de altos funcionarios conoció el verdadero motivo por el que el Chapo no fue cambiado de celda pese a múltiples alertas de que las medidas de seguridad en su entorno se estaban relejando, lo que incluía conversaciones privadas con sus abogados, a los que en videos del penal se ve a Guzmán entregándoles subrepticiamente pequeños trozos de papel, en los que se presume extendía instrucciones.

Fuentes gubernamentales confirmaron a este autor que, a inicios de 2015, el Chapo ofreció a funcionarios de la PGR, que encabezaba Jesús Murillo Karam, y de la Secretaría de Gobernación, negociar con otros capos presos en el Altiplano un acuerdo que redujera los niveles de violencia en diversas regiones del país.

A cambio de ello, solicitó que algunos reos, considerados cabezas de cárteles, fueran mudados a celdas cercanas a la del propio Guzmán Loera, para facilitar una comunicación entre ellos en condiciones no conocidas, pues el reglamento de esa cárcel de alta seguridad prohíbe todo tipo de contacto entre internos.

De acuerdo con los testimonios recogidos, el capo sinaloense pidió también que no se emprendieran acciones penales en contra de sus hijos, Jesús, Iván y Ovidio, y que se suspendiera la persecución contra el que después se confirmaría era su sucesor como cabeza del Cártel de Sinaloa, Dámaso López, "el Licenciado". Un acuerdo en ese sentido fue sellado con el conocimiento de al menos un integrante del equipo del presidente Peña Nieto en Los Pinos, donde se dio luz verde a la negociación.

Por influencia o no de ese pacto, Dámaso López no fue detenido sino hasta mayo de 2017. Había decidido radicar en la Ciudad de México, propiamente en las narices de la autoridad que presuntamente lo buscaba intensamente. Contaba con operadores que habían rentado una amplia red de casas, por lo que el capo pernoctaba alternadamente en ellas.

Visto en perspectiva este episodio por las fuentes consultadas, no está claro si Guzmán Loera ganó tiempo con ese acuerdo para avanzar en sus planes de evadirse de prisión; si la parte gubernamental no cumplió su parte del trato, o si las diferentes dependencias no pudieron ser alineadas para apuntalar esta negociación.

Desde finales de 2014 el gobierno federal encaraba una crisis política por la masacre de estudiantes de la normal de Ayotzinapa y por la "Casa

Blanca" de la pareja presidencial. Especialmente el primer caso virtualmente acaparó los recursos de la PGR y de fuerzas federales, que se dedicaron a la búsqueda de las víctimas. Cuando el 28 de enero de 2015 el procurador Murillo Karam presentó el informe sobre Ayotzinapa, que fue bautizado como "la verdad histórica", acumulaba 48 horas sin dormir. Al final de una larga conferencia de prensa se le escuchó decir por el micrófono: "Ya me cansé", lo que le atrajo el equivalente a un linchamiento en redes sociales.

Unas semanas después, el mismo Murillo informó al presidente Peña Nieto que le había sido diagnosticado un problema vascular cerebral que se manifestaba con inicios de afasia o problemas de lenguaje, por lo que le solicitó relevarlo del cargo. En el sustrato de su petición se hallaba en realidad un creciente distanciamiento con funcionarios de Los Pinos, en particular Humberto Castillejos, el consejero jurídico, que había logrado colocar a varios cercanos en la estructura de la PGR.

En marzo de 2015 Murillo Karam fue sustituido en la PGR por Arely Gómez. Permaneció 22 meses en el puesto, pues en octubre de 2016 entró al cargo Raúl Cervantes. Él no cumplió siquiera un año, salió en agosto de 2018, para dar paso, como "encargado de despacho", a Alberto Elías Beltrán los 100 días que le restaban a la administración.

Los informes allegados sobre el inicio de negociación con el Chapo indican que esa iniciativa se extravió dentro de todo este entorno. No hay evidencia de que en su momento Murillo Karam haya sido informado de ese acuerdo. A su llegada, Arely Gómez fue notificada al respecto, pero pidió ser deslindada de ese tema y que el mismo corriera a cargo de otra área de la administración de Peña Nieto. Pocos meses después de ello, en octubre de 2015, Guzmán Loera volvió a fugarse, esta vez del penal del Altiplano.

El propio expediente del caso revela que en el momento de la fuga diversos sistemas electrónicos de seguridad estaban siendo sustituidos. No se ha revelado el nombre de las compañías proveedoras de los nuevos sistemas, pero versiones extraoficiales aseguraron a este autor que se trató de compañías cercanas a altos funcionarios de Gobernación o a sus parientes directos.

Entre estos proveedores sospechosos figuró la empresa que vendió el brazalete electrónico del que Guzmán Loera se despojó al momento de abandonar su celda. El director general de Tecnologías de los penales federales, Enrique Angulo Cervera, responsable de la adquisición de esos equipos, fue declarado prófugo el mismo día de la evasión, de acuerdo con una investigación del periodista Jorge Carrasco, de la revista *Proceso* ("Excolaboradores de Osorio Chong, encubiertos por la fuga de El Chapo", 9 de febrero de 2018).

EL CÁRTEL FAVORITO DEL SEXENIO

Desde antes de su salida de la PGR, Murillo Karam sostuvo otro frente de conflicto, éste más importante y delicado, con el secretario de Gobernación, Osorio Chong. En este caso la tensión tenía su base en que Murillo criticaba que la Policía Federal, adscrita a Gobernación, parecía impasible ante el crecimiento del llamado Cártel Jalisco Nueva Generación (CJNG), que de controlar el mercado de las drogas en tres entidades (Jalisco, Nayarit y Colima) se había extendido a la mayor parte del país. Ese tema hizo que una relación política de 25 años entre ambos hidalguenses se derrumbara.

La percepción de que el CJNG era el "favorito" del sexenio pareció desbordarse en diciembre de 2017 con un hecho que despertó alarmas en las oficinas que la DEA tiene asignadas en el edificio de la embajada de Estados Unidos, donde dijeron haber llegado a la conclusión de que quizá debían tomar más en serio los alegatos de presuntas ligas de funcionarios de Gobernación con el narcotráfico.

Ese diciembre fue liberado Erick Valencia Salazar, "el 85", un importante líder de sicarios del Cártel de Sinaloa, creador de los llamados Matazetas que se manifestaron brutalmente en Veracruz. El 30 de septiembre de 2011 este grupo se presentó con un video en Youtube advirtiendo que ya se hallaban en esa entidad. Unos días después, durante la madrugada, varios cadáveres, presuntamente de "zetas" y colaboradores, fueron descendidos de un camión de carga y esparcidos en el principal bulevar que comunica al puerto de Veracruz con la ciudad vecina de Boca del Río.

Valencia Salazar fue liberado por orden de un juez federal de distrito en Jalisco. Era uno de los jefes del Cártel de Sinaloa designado inicialmente por Ignacio "Nacho" Coronel para velar por la plaza de Guadalajara, desde donde su influencia se extendió a todo Jalisco, Colima y Michoacán, en lo que fue conocido inicialmente como el Cártel del Milenio.

En los primeros días de enero de 2018 la representación de la DEA en México presentó un extrañamiento por esta liberación ante la PGR. Cuatro meses antes, en octubre de 2017, Alberto Elías Beltrán había sido designado encargado de despacho, impulsado por Humberto Castillejos y Alberto Bazbaz, dos figuras cercanas a Los Pinos.

Funcionarios de la PGR y del Consejo Nacional de Seguridad, que encabezaba Renato Sales, le dijeron a la DEA no tener conocimiento de la liberación del 85. En los días posteriores se supo que la oficina que coordinó la salida del conocido narcotraficante sometido proceso fue el ya mencionado ODPRS, de la Secretaría de Gobernación, responsable de supervisar los procesos judiciales de reos de alta peligrosidad. Esa oficina estaba entonces a cargo de José Medina, removido por Alfonso Navarrete Prida apenas relevó a Osorio Chong al frente de Gobernación.

De acuerdo con informes entregados por la DEA a este autor, fue hasta el 24 de enero de 2018, más de un mes después de la liberación de Erick Valencia, que el gobierno mexicano informó oficialmente a su contraparte estadounidense la puesta en libertad de un criminal buscado también en Estados Unidos. Se asegura que entonces fue enterado de ello el presidente Peña Nieto.

Erik Valencia había sido detenido por el Ejército en marzo de 2012, en medio de un tiroteo en el que el 85 perdió varios dedos de una mano. Era el jefe de Nemesio Oseguera, "el Mencho", de cuya relevancia la PGR empezó a tomar conocimiento sólo hasta inicios de 2014. Ante la ausencia de Valencia, el Mencho creció en el escalafón del narcotráfico en México.

El tema del CJNG y el Mencho sería todavía materia de reuniones de alto nivel, con la presencia del presidente Peña Nieto.

Hacia finales de ese enero de 2018, unas semanas después del relevo en la Secretaría de Gobernación con la salida de Osorio Chong y la llegada de Alfonso Navarrete Prida, los integrantes del Gabinete de Seguridad entraron a Los Pinos para presentar en privado un reporte al presidente. Las estrellas de la jornada serían Alfonso Navarrete Prida, secretario de Gobernación, y Alberto Bazbaz, director del Cisen.

Fuentes cercanas al encuentro dijeron a este espacio que Navarrete Prida ofreció públicamente al presidente Peña Nieto que a más tardar en cinco meses, antes de que fueran celebradas las elecciones generales de julio, se preveía capturar a Nemesio (o Rubén) Oseguera Cervantes, "el Mencho", principal líder del CJNG.

Oseguera es el mismo hombre que en mayo de 2015 alcanzó notoriedad nacional al burlar un operativo en el que habrían participado 5 000 agentes federales y soldados, frustrado cuando el mafioso logró coordinar el desquiciamiento de la zona metropolitana de Guadalajara con bloqueos de vehículos incendiados, y derribar un helicóptero militar con un proyectil tierra-aire.

Más de uno de los asistentes a la citada reunión en la residencia presidencial se retiró preguntándose si Navarrete Prida no quiso reportar o simplemente todavía ignoraba el deterioro con el que heredó la alguna vez llamada "supersecretaría" de Gobernación.

El nuevo titular tendría que haber alertado en ese evento que durante la gestión de Miguel Ángel Osorio Chong el CJNG pasó de operar en tres entidades del país, subordinado a las mafias sinaloenses, a virtualmente controlar el crimen organizado en 22 estados, en la mayor parte de los cuales cuenta con la protección y tolerancia de gobernantes, políticos y jefes policiacos, como documentó ampliamente la prensa mexicana.

Tras ser un colaborador de tercer nivel del Chapo, Oseguera Cervantes era en ese momento el mayor capo del país, capaz de colocar todo tipo de estupefacientes en decenas de naciones de Europa y Asia. Estratégicamente, abandonó el trasiego de drogas hacia Estados Unidos. Agencias del gobierno federal estimaban que este hombre manejaba un negocio de 40 000 millones de dólares. En la lista de los billonarios de la revista *Forbes* ocuparía el décimo lugar, con dos terceras partes de la fortuna que se le atribuye a Carlos Slim.

Un reporte a fondo del nuevo titular de Gobernación debió haber aludido a los extraños procedimientos que en muchos campos venía observando el Cisen, cuyo extitular, Eugenio Ímaz, se ausentó largamente del puesto argumentando un serio padecimiento. Ello coincidió con la nueva fuga del Chapo Guzmán, en julio de 2015, incidente por el que estuvieron detenidos integrantes del propio Cisen. Pero a ese puesto ya había llegado el referido señor Bazbaz.

Tendría que haber informado también Navarrete que tras asumir su cargo en Gobernación recibió presiones para relevar a Renato Sales, titular de la CNS, con Alfredo Castillo Cervantes, exsubprocurador en la PGR (2012), exprocurador del Consumidor (2013), excomisionado presidencial de Michoacán (2014) y desde abril de 2015 y hasta el final del sexenio, titular de la Comisión Nacional del Deporte. La gestión para promover a tan ubicuo funcionario provino, según informes confiables, otra vez, de su primo, Humberto Castillejos Cervantes, quien ocho meses atrás había dejado el puesto de consejero jurídico de Los Pinos pero seguía ejerciendo mucho poder.

Una buena noticia que ya había logrado amplia difusión fue el despido en la CNS de otro personaje poderoso: Frida Martínez, que tenía las atribuciones de una oficial mayor y muchas más, en el manejo financiero de la institución, entre ellas contratos multimillonarios con proveedores, para lo que acordaba no con el citado Renato Sales sino con el muy influyente oficial mayor de Gobernación, Jorge Márquez Montes, operador clave de Osorio Chong.

Martínez y Márquez fueron separados de sus cargos como parte de la "purga" a la que fue sometido el equipo del político hidalguense que devino coordinador de la bancada del PRI en el Senado.

Hasta diciembre de 2018, el Mencho no había sido capturado.

LA "CASA BLANCA" DEL SECRETARIO

La imagen de Osorio Chong no había sufrido mella alguna cuando en abril de 2015, a unos meses de que se revelara la existencia de la "Casa Blanca" propiedad de Peña Nieto y su esposa Angélica Rivera, se publicó que él mismo era el aparente propietario de otra mansión en la exclusiva zona de las Lomas de Chapultepec, en la Ciudad de México.

Como había ocurrido con el Grupo Higa, constructor de la "Casa Blanca", la residencia que habitaban Osorio Chong y su esposa, Laura Vargas Carrillo, figuraba como vendida por Carlos Aniano Sosa Velasco, contratista del gobierno de Hidalgo durante la administración de Osorio, y luego proveedor de Petróleos Mexicanos, según publicó entonces la revista *Proceso*, la cual dio cuenta de que Osorio confirmó habitar esa mansión, pero negó ser su propietario.

El 29 de agosto de 2016 la suerte política de Osorio parecía ya embarcada en un tobogán. Ese día fue despedido uno de sus protegidos, Enrique Galindo Ceballos, comisionado general de la Policía Federal, cuyos efectivos acumulaban reportes de escandalosos abusos, en particular la presunta ejecución de 22 civiles durante un operativo en Tanhuato, Michoacán, en mayo de 2015, según denuncia de la CNDH.

El episodio de Tanhuato, como los de Tlatlaya (junio de 2014), Ayotzinapa (septiembre de 2014), Apatzingán (enero de 2015) o Nochixtlán (junio de 2016) marcaban ya un legado ominoso de la administración de Peña Nieto: la convicción extendida de que en México el Estado no sólo puede resultar fallido por ausencia y omisión, sino también por brutalidad; por la incapacidad de sus agentes de actuar con apego a la ley, sin que el monopolio de la fuerza que le asigna la Constitución derive en represiones y atropellos sangrientos contra los derechos ciudadanos.

La tragedia de Tanhuato se agudizaba por el hecho de que tras 14 meses de los hechos, la PGR, a cargo de Arely Gómez, no había podido acercarse siquiera a las profusas evidencias que logró recabar la investigación de la CNDH.

Osorio había depositado en Galindo Ceballos su apuesta para justificar la existencia de una "supresecretaría" de Gobernación que tuviera bajo su mando, al mismo tiempo, la seguridad pública, el combate al crimen organizado y el control de la política.

Galindo fue tan poderoso que se dio el lujo de ignorar a tres jefes formales sucesivos, los titulares de la CNS Manuel Mondragón, Monte Alejandro Rubido y Renato Sales. Aceptaba reportar exclusivamente con Osorio Chong. En contraste y por una aparente perversión de la normatividad vigente, el titular de la CNS dependía para todos sus movimientos de la autorización de la Oficialía Mayor de Gobernación, que ocupaba Jorge Márquez, el más estrecho operador de Osorio desde los tiempos de su gubernatura en Hidalgo.

Pero ni la renuncia de Galindo ni el repunte en las cifras de criminalidad en el país evitaron que Osorio Chong impusiera al frente de la Policía Federal a uno más de sus leales, Manelich Castilla, y conservó en su sitio a otros colaboradores clave también bajo cuestionamiento, como Eugenio Ímaz, director del Cisen.

"En Hidalgo todos trabajamos para Miguel"

Mientras su futuro político en al ámbito nacional parecía una embarcación a punto de naufragar, Osorio Chong no dejaba de mantener en un puño el control de la política en Hidalgo, que gobernó de 2005 a 2011, al unísono de Peña Nieto con el Estado de México.

En diciembre de 2015, cuando se acercaba la definición de la candidatura del PRI para el gobernador que sucedería a José Olvera, el entonces presidente del Institucional, Manlio Fabio Beltrones, se vio forzado a citar a los senadores David Penchyna y Omar Fayad para responsabilizarlos por desatar, con sus ambiciones por la gubernatura, una virtual guerra civil en unas de las clases políticas locales más priistas del país.

Beltrones debió haber llamado a cuentas a quienes en realidad generaban un choque de trenes en el estado: el secretario de Gobernación, Miguel Ángel Osorio Chong (que impulsaba a Fayad), y su sucesor al frente de la gubernatura hidalguense, Olvera. La pugna que protagonizaron fue negada por ambos, atribuida a sus equipos, documentada con mutuas afrentas, proclamada como subsanada, pero vigente siempre, con riesgo de atraer una crisis similar a la que primero en 1998 y luego en 2011 —con una sonada derrota priista en 2000— estuvo a punto de imponer la primera alternancia partidista en el control de la entidad.

Durante meses, Osorio y Olvera parecieron embarcados en un juego de suma cero todavía más agudo: el primero, interlocutor natural del presidente Peña Nieto para la definición de la candidatura en su estado, empujaba a Nuvia Mayorga, una de sus estrategas financieras cuando gobernó Hidalgo y que durante el sexenio fue titular de la Comisión Nacional para el Desarrollo de Pueblos Indígenas. Olvera, por su parte, primero impulsó al alcalde de Pachuca, Eleazar García, y luego viró hacia el citado senador David Penchyna.

Antes de la definición, Olvera se quejó ante Osorio, en su carácter de secretario de Gobernación, de que Fayad recorría ya el estado como virtual candidato, sin tomarlo en cuenta. Osorio le ofreció intervenir para serenar a Fayad, quien sin embargo no hizo sino reforzar sus actividades proselitistas.

Olvera fue reclutado por Osorio Chong al arranque de su gubernatura, en 2005, como secretario de Gobierno, pero en la misma fórmula que él empleó para tener una campaña electoral en sus haberes, en 2008 lo impulsó como candidato del PRI a la alcaldía de Pachuca. Inició labores en enero de 2009, pero tampoco (como Osorio cuando fue diputado) cumplió un año en el cargo pues pidió licencia para ser candidato a la gubernatura, condición en la que fue designado en abril de 2010.

En todo ese trayecto, Olvera y otra decena de personajes clave en la política de Hidalgo impulsados en su momento por Osorio estuvieron sometidos a una suerte de supervisión de un hermano del entonces gobernador y luego secretario de Gobernación. Se trató de su hermano mayor, Eduardo Osorio Chong, que recitaba siempre la misma frase ante distintos interlocutores, incluido Olvera Ruiz, aun siendo éste ya gobernador: "Nunca se les olvide quién los puso ahí y a quién le deben lealtad. Con Miguel [Osorio] no eres diputado, ni alcalde ni gobernador. Trabajas para él como alcalde o gobernador".

Durante la administración de Peña Nieto, Eduardo Osorio Chong tuvo fama de haber colocado, desde Pachuca, a decenas de delegados federales en los estados, que representaban especialmente a dependencias oficiales que asignaban con frecuencia contratos para obras públicas, según se lee en múltiples registros periodísticos. Compañías contratistas del estado florecieron de manera importante y ello generó un flujo económico que parecía colarse hacia proyectos económicos, como la creación del Partido Encuentro Social, cuyo nacimiento fue atribuido a apoyos de los hermanos Miguel y Eduardo Osorio Chong. Este último era referido en los círculos políticos como el "hermano incómodo" del secretario de Gobernación.

Con este antecedente, cuando el 3 de febrero de 2016 se concretó la postulación del senador Omar Fayad —que en dos ocasiones anteriores había aspirado a la nominación infructuosamente—, se multiplicaban las señales de quiebre en una clase política forjada en Hidalgo 80 años atrás por Javier Rojo Gómez (1896-1970), gobernador de 1937 a 1940.

Viejos y nuevos actores estaban a la vista tras un largo drama endogámico priista. Entre ellos destacaba Gerardo Sosa Castelán, veterano cacique intocable de la universidad estatal que se había convertido en rival acérrimo de Osorio Chong, al que le había disputado la candidatura oficial a la gubernatura. Tras ser dirigente estatal del PRI, Sosa usó varias franquicias partidistas para sostener su estructura de poder basada en la Universidad Autónoma del Estado Hidalgo, donde por décadas ha sido señalado de imponer autoridades y disponer a discreción de sus recursos.

La influencia de Sosa Castelán en Hidalgo fue descrita recurrentemente por el periodista Miguel Ángel Granados Chapa como "La Sosanostra", en alusión a La Cosanostra mafiosa de Italia. En 2018 este "líder moral" universitario logró hacerse de la dirigencia de Morena en la entidad y, apoyado por la imagen de Andrés Manuel López Obrador, conquistó amplios espacios en las legislaturas local y federal, lo que acotó el peso del gobierno de Fayad y de su tutor político, Osorio Chong.

Un enigma en este ajedrez lo representó el exgobernador (1993-1998) Jesús Murillo Karam, sin duda el hidalguense con mayor trayectoria política en muchos años: además de mandatario estatal, había sido diputado federal y presidente de su Cámara; senador, procurador de la República, secretario de Estado… hasta que en agosto de 2015 el desprestigio de Ayotzinapa y una dolencia médica lo sacaron de la PGR para llegar inopinadamente a la Sedatu, donde trabajó exactamente seis meses, para luego retirarse de la política activa. Se trataba del mismo Murillo Karam que había ayudado a construir en 2012 la leyenda de un PRI "recargado" e invencible.

Murillo demostró su vigencia en febrero de 2005 cuando contribuyó a que Osorio Chong ganara la elección al expriista y neoperredista José Guadarrama, pero especialmente, poco después, en el Estado de México, donde coordinó la campaña de Enrique Peña Nieto para gobernador, elección que ganó con 20 puntos de ventaja y 829 631 votos arriba de Rubén Mendoza, del PAN.

En 2000, año en que fue echado de Los Pinos el PRI, el priista hidalguense más notable, Murillo Karam —quien por 12 años había dominado la política estatal—, perdió la senaduría ante una alianza que engarzó a dos de sus rivales históricos: José Guadarrama, candidato a senador del PRD —al que en 1998 desplazó para hacer gobernador a Miguel Ángel Núñez Soto—, y Gerardo Sosa Castelán, entonces presidente del PRI, que llegó a declarar que él no votaría por el aspirante de su partido a la Cámara Alta. Murillo le regresó la bofetada en 2005 al apoyar a Osorio Chong para la gubernatura.

Cuando a finales de los años ochenta Murillo escuchó hablar de Osorio Chong, éste era activista en el PRI estatal, bajo las órdenes de Laura Vargas, su novia desde los tiempos de la Preparatoria 1 de Pachuca, donde empezó a descollar como dirigente de la Federación de Estudiantes Universitarios de Hidalgo, FEUH, que ya entonces había devenido en un grupo porril que saqueaba comercios, se embriagaba en el campus y protagonizaba desmanes bajo la tutela, se dijo siempre, de Sosa Catelán.

En el PRI, el joven Miguel Ángel Osorio, que no alcanzaba los 25 años, pintaba bardas con lemas partidistas y hacía encargos de los líderes. Un día de suerte fue colocado en un organismo público menor con dos encomiendas que le abrieron los ojos sobre cómo funcionaba la política: cuidar de una "caja chica", para gastos menores, y atender a periodistas locales. En 1991 recibió la encomienda de ser jefe de Prensa en la campaña del candidato del PRI a la alcaldía de Pachuca, Mario Viorney Mendoza, que al asumir el cargo lo colocó en la oficialía mayor municipal.

Sus antecedentes como líder estudiantil, el padrinazgo de Viorney, su activismo en el PRI y el respaldo de su esposa Laura Vargas, ella misma con talento político (había sido regidora en Pachuca de 2001 a 2003), lo convirtieron en un delegado partidista que recorrió todo el estado. En 1993, cuando se presentó de nuevo la sucesión gubernamental, Osorio se encumbró como presidente del PRI en la entidad, de la mano del candidato oficial, Murillo Karam.

En el arranque del gobierno, Murillo lo designó secretario de Desarrollo Social, donde versiones múltiples difundidas en la época colocaron a Osorio al centro de señalamientos por parrandas, excesos con la bebida y líos de faldas. Murillo lo degradó pero sólo relativamente, pues lo nombró subsecretario de Gobierno, donde despachaba como titular Miguel Ángel Núñez Soto, que ya se perfilaba como futuro gobernador.

Núñez Soto designó a Osorio secretario de Gobierno al llegar al poder. Osorio proyectó la imagen de un trabajador obsesivo, pero se le señalaba de reparar los entuertos que él mismo sembraba a trasmano. Siguió formando una pareja de poder con su esposa Laura, quien fue designada presidenta del DIF estatal, con gran influencia sobre la esposa del gobernador. En septiembre de 2003 se convirtió en diputado federal tras una campaña con gran despliegue, pero dejó su curul en octubre de 2004 para buscar la gubernatura, que tenía amarrada de antemano.

Años después, en el gobierno de Peña Nieto, Osorio logró que su esposa fuera también la directora del DIF nacional, donde cobró fama de ejercer control sobre la primera dama, Angélica Rivera. Pero en marzo de 2017, cuando la estrella de su esposo comenzaba a languidecer, la señora Vargas de Osorio tuvo una fulminante salida del cargo. Todavía semanas después declaró estar dispuesta a ser postulada por el PRI para un puesto de elección popular.

CLAROSCUROS DE FORZADA DESPEDIDA

La renuncia de Osorio Chong como secretario de Gobernación, el miércoles 10 de enero de 2018, cerró una difícil negociación que tomó varias semanas, acaso meses. Los indicios resultantes, incluida una virtual purga de afines a él en áreas sensibles del gobierno, dieron cuenta de una confrontación al interior del grupo gobernante, en pleno proceso para la sucesión en la presidencia.

Osorio había logado ser ubicado en el número uno de la lista del PRI para senadores plurinominales. Ello, más de un mes antes de que ese listado fuera hecho oficial y entregado a las autoridades electorales. Cuando al final la lista se formalizó, su nombre fue descendido varios lugares, lo que fue considerado una humillación para el alguna vez hombre fuerte de la política en el país. Los nuevos senadores serán reelegibles una vez, por lo que podría permanecer en su escaño hasta 12 años.

Osorio también demandó curules plurinominales para al menos dos figuras cercanas: Jorge Márquez, influyente colaborador por muchos años, y Nuvia Mayorga, su operadora para temas financieros. No se le cumplió en el primer caso, pero Mayorga llegó también al Senado.

El día de la partida, toda la planeación de Osorio para la fecha tuvo una expresión singular, en la misma jornada, con tres actos diferentes.

Una orden que alcanzó a todo funcionario de algún rango en Gobernación dictó presentarse a las 10:00 horas de ese día en el patio central de lo que alguna vez fue el palacio de Covián. El propósito oficial era develar la placa alusiva a un aparatoso busto de Benito Juárez. Pero todos los concurrentes previeron que atestiguarían un acto de dramatismo teatral… mezclado con el estilo de un mitin priista, pero sin gorras ni tortas.

Una multitud estimada en al menos 2 000 personas (de los casi 65 000 empleados de la dependencia) aguardó bajo el sol dos horas hasta que Osorio Chong apareció flanqueado por los entonces subsecretario René Juárez y el oficial mayor, su verdadero brazo derecho, el citado Márquez Montes. "Todos estamos orgullosos de trabajar con usted", le dijo Márquez en nombre de una sofocada concurrencia que atestiguaba el adiós del que fue durante cinco años el político más poderoso del país después de Enrique Peña Nieto.

Osorio se dirigió acto seguido a Los Pinos, donde le esperaba otra despedida enmarcada con mensajes y aplausos. Pero ahí tanto él como el presidente aclararon que la renuncia formal del hidalguense aún estaba por ser presentada. No se sabe si se trataba de un mero formalismo, o si ambos tenían pendiente una conversación final. En sólo unas horas el dimitente acumuló dos discursos del adiós, en los que utilizó una veintena de veces las palabras "lealtad" e "institucional".

En Gobernación, muy poco después de que Alfonso Navarrete Prida se hiciera cargo de la titularidad, con el acompañamiento de Manuel Cadena como subsecretario del ramo (ambos durante décadas parte de la rancia clase política mexiquense), los principales funcionarios de la dependencia fueron citados en un salón de la sede central, formados como en cuartel. Alguien les anunció que leería dos listas de nombres: la primera con aquellos confirmados en su cargo; la segunda, con quienes debían presentar su dimisión inmediata. El resto quedó "bajo observación".

Fuentes cercanas a este procedimiento indicaron que Los Pinos supervisó directamente algunos relevos, lo que incluyó el Cisen, de donde salió una cercanísimo colaborador de Osorio, Eugenio Ímaz, y en su lugar fue colocado un peñista "duro", Alberto Bazbaz, parte de la aristocracia de abogados priistas con enorme peso en el gobierno, lo que incluye al ministro Eduardo Medina Mora, al exprocurador y senador con licencia Raúl Cervantes y, como se ha dicho, al exconsejero jurídico presidencial, Humberto Castillejos, primo de aquél.

Al mismo tiempo se producía la remoción de un operador de Osorio en un área especialmente sensible: José Alfredo Rodríguez Calderón, que desde octubre de 2016 era responsable de los penales federales, a los cuales llegaron incondicionales del grupo de hidalguenses, que también copó múltiples posiciones en el gobierno federal, asignadas quirúrgicamente por el oficial mayor Jorge Márquez, quien se convirtió en el *alter ego* de Osorio al grado de conducir complejas negociaciones con gobernadores y políticos de todo signo, con poder para asumir pactos.

En marzo de 2015, a la llegada de Arely Gómez a la PGR, Rodríguez Calderón asumió el segundo puesto en importancia como subprocurador de Asuntos Jurídicos, y empezó a reportar con Osorio y Castillejos Cervantes, a espaldas de su jefa, a la que tomó 14 meses poder deshacerse del personaje.

Era previsible que Osorio Chong buscara conservarse como el hombre fuerte de la política en Hidalgo, a costa del gobernador priista, Omar Fayad, como se empezó a evidenciar al lunes siguiente, cuando la precampaña presidencial de José Antonio Meade llegó a ese estado.

La llegada de López Obrador a la presidencia podría alterar los planes personales de Osorio, o catapultarlo como el interlocutor de la oposición al nuevo gobierno. De ello dependerá su sobrevivencia política.

Capítulo 15
Los mil cómplices del Chapo

Había sido un sábado apacible, aunque caluroso. Pero la noche del 11 de julio de 2015 Tomás Zerón, director de la Agencia de Investigación Criminal (AIC) de la PGR, se alteró cuando recibió una llamada de emergencia a su teléfono celular.

"¡Que los detengan a todos, desde el director hasta el último afanador; nadie sale del penal!", ordenó, casi gritó, tras escuchar el informe que le hacían llegar. De inmediato se sintió ridículo al recordar que la misma instrucción, bajo circunstancias idénticas, había sido girada en enero de 2001 por Alejandro Gertz Manero, secretario de Seguridad Pública del presidente Fox, sin ningún resultado práctico.

Sí, Joaquín Archivaldo Guzmán Loera, el Chapo, se había vuelto a fugar, por tercera vez desde mayo de 1993. Por segunda ocasión en 14 años, desde un penal federal "de máxima seguridad", completó con ironía Zerón la frase de uso general, en medio de una mueca amarga.

Horas después, instalado en el penal del Altiplano, escenario de la evasión de Guzmán, Zerón terminaba una primera inspección de la celda de donde Guzmán había escapado. Se enteraba, por testimonios recogidos, sobre alertas, en las semanas previas, pidiendo cambiar al reo de área ante versiones de una fuga. Todas habían sido ignoradas.

Supo que durante los días anteriores a la evasión era imposible no escuchar el ruido de martillos y barrenos provenientes del subsuelo. Las carcajadas que despertaban esos trabajos en las celdas vecinas, desde donde incluso había quejas porque el traqueteo de herramientas impedía a otros reos conciliar el sueño. No dejó de llamarle la atención el escaso grosor que exhibía el piso en el área del boquete por donde se había evadido el narcotraficante. Recordaba haber leído textos que describían a ese penal con suelo de concreto armado; de varios metros de espesor y con sensores para registrar movimientos subterráneos.

Recibió el informe inverosímil de que nadie se dio por enterado de la fuga hasta casi después de 20 minutos de que la misma se hubiera producido.

El Chapo Guzmán había utilizado esos minutos de margen para descender por un espacio abierto con equipo especializado, presuntamente desde debajo del piso de la regadera de su celda, hasta un túnel de 1 500 metros de largo, que había recorrido a bordo de un vehículo similar a una motocicleta improvisada sobre rieles. Así logró alcanzar una construcción abandonada donde por meses había laborado un equipo sin ser descubierto por autoridades. El famoso narcotraficante abordó un automóvil que lo trasladó a una avioneta en la que viajó a un destino en ese momento desconocido. Según calculó Zerón, cuando el primer guardia entró a inspeccionar la celda vacía del capo, éste se hallaba ya a varios kilómetros de la zona.

Zerón estimó, igualmente, que al menos una veintena de personas debió haber estado previamente enterada directamente de lo que ahí estaba por ocurrir, entre custodios, vigilantes asignados por la Policía Federal dotados de un monitor conectado las 24 horas sobre la celda del narcotraficante. También, empleados del Cisen cuya única tarea era reportar cualquier anomalía en torno al conocido mafioso. Jefes de vigilancia, supervisores, directivos, funcionarios de la Secretaría de Gobernación responsables del sistema penitenciario... Su recuento mental se detuvo en el nombre del titular de la CNS, Monte Alejandro Rubido, que entre sus tareas contaba el control de los penales federales.

"A estas horas debe andar borracho", dijo el jefe de la AIC, según confió a este autor uno de los colaboradores que lo acompañó durante la inspección.

Pero la cabeza del sistema de seguridad del país no era otro que el secretario de Gobernación, Miguel Ángel Osorio Chong.

"Si se sabe lo que ocurrió aquí, Osorio se jodió... ni Gobernación, ni candidatura, ni nada", expresó Zerón a sus colaboradores.

Cerró su libreta y con un gesto de fastidio dispuso que todos se retiraran.

"Que otro pendejo escriba el reporte oficial", indicó como anticipo de que nada de lo ahí visto y escuchado saldría de su escritorio.

En esos mismos momentos, a miles de kilómetros de distancia, en vuelo hacia una visita de estado en Francia, el presidente Enrique Peña Nieto acababa de recibir una llamada telefónica de Osorio Chong, quien se hallaba en Londres y planeaba tomar un vuelo hacia París para acompañar al mandatario en una jornada que se anticipaba luminosa.

Peña Nieto decidió continuar con la agenda oficial de la visita, pero ordenó a Osorio Chong regresar de inmediato a México para coordinar las tareas de búsqueda y posible reaprehensión del Chapo, como lo diría horas después durante un mensaje televisado en México.

Trece años había permanecido evadido Guzmán Loera luego de fugarse en enero de 2001, en las primeras semanas del gobierno del panista Vicente Fox, desde el penal de alta seguridad de Puente Grande, en Jalisco. Como en aquella ocasión, la fecha para esta nueva fuga parecía haber sido calculada por alguien con el ánimo aparente de tener mayor impacto, fuera político o, simplemente, mediático, popular.

"QUERIDA AMIGA, CONSIGUE A COPPOLA"

Esta última hipótesis —la búsqueda de fama pública— pareció confirmarse pocos días después de la evasión de Guzmán, cuando el sistema de inteligencia estadounidense reveló a sus pares del gobierno de México haber interceptado comunicaciones entre el narcotraficante (que había vuelto a ser el criminal más buscado del mundo) y la actriz mexicana Kate del Castillo.

De acuerdo con los mensajes detectados, ambos personajes mantuvieron algún tipo de contacto, generado inicialmente por el capo, desde meses posteriores a que, en 2012, la señora Del Castillo difundiera una carta dirigida a él en la que le decía: "Señor Chapo, ¿no estaría padre que empezara a traficar con el bien?" La actriz había salido meses antes de un relativo anonimato tras protagonizar una serie basada en *La Reina del Sur*, la novela del escritor y periodista español Arturo Pérez Reverte que describe las aventuras de una mujer narcotraficante con origen en Sinaloa cuyo poder se extiende a otras regiones del mundo.

Del Castillo y Guzmán Loera habían seguido en contacto tras la fuga de éste en 2015 e incluso tuvieron al menos una reunión mientras él se hallaba en la clandestinidad, en octubre de ese año, en la serranía de Sinaloa.

Según reportes de inteligencia compartidos con el autor, la actriz le mostró a Guzmán un video en donde aparece en la región de Arandas, Jalisco, visitando una destilería como presunta dueña de una marca de tequila denominada Honor del Castillo, en aparente alusión a su apellido. En el video, ella elogia el proyecto y establece: "Yo no tuve hijos [pero] este es mi hijo".

Los investigadores, tanto de México como de Estados Unidos, asumieron que la artista mexicana había solicitado al capo fondos para apuntalar su proyecto tequilero, pero pese a las pesquisas desarrolladas, no pudieron encontrar dinero irregular en las cuentas de la señora Del Castillo.

De lo que sí hubo profusas evidencias fue que ambos habían acordado producir una película biográfica sobre el mafioso, con la participación del actor estadounidense Sean Penn, quien incluso acudió a la referida cita con el capo y Del Castillo. En un aparente deslinde para evitar consecuencias legales, Penn publicó su testimonio sobre esa reunión en la revista *Rolling Stone*. Los investigadores mexicanos, en consonancia con lo publicado por la prensa estadounidense, dijeron a este autor estar convencidos de que en todo este proceso Penn fue un informante de la justicia estadounidense, como lo refirió igualmente la prensa norteamericana.

Tres meses después de esa reunión entre el trío de personajes y luego de una intensa cacería, Guzmán fue reaprehendido como resultado de un confuso operativo extraoficialmente conjunto entre policías y militares mexicanos y efectivos de la DEA.

Posteriormente al arresto, los investigadores estadounidenses compartieron con su contraparte un hallazgo singular. En uno de sus mensajes a diversos números telefónicos de la actriz, Guzmán profundizó sobre la importancia de que la película sobre su vida fuera un suceso internacional, por lo que debía ser encomendada a un director de fama reconocida.

"Querida amiga — le indicó el capo a la actriz—, yo creo que quien dirija mi película debe ser Francis Ford Coppola [el director de la saga *El Padrino*, entonces de 76 años]. Creo que debes buscarlo para proponérselo".

El efímero triunfo de Osorio Chong

En febrero de 2014, cuando la administración de Peña Nieto parecía aún rozar el cielo con la mano gracias a sus altos niveles de popularidad, nacional e incluso internacional, el secretario de Gobernación, Miguel Ángel Osorio Chong, anunció con alborozo el arresto del capo.

Quienes en esa época visitaban al funcionario en la casona de lo que alguna vez fue llamado Palacio de Covián, sobre la avenida Bucareli en el centro de la Ciudad de México, eran frecuentemente conducidos a una sala de juntas donde una pantalla se hallaba conectada directamente a la celda del narcotraficante, en el penal del Altiplano. Era un morboso timbre de orgullo de Osorio ante sus interlocutores, pero quizá reflejaba también el temor oculto de que el criminal volviera a escaparse.

A las 20:40 horas de aquel sábado de julio de 2015 esa preocupación se tornó en una pesadilla para Osorio Chong. La imagen de Guzmán Loera humillando al Estado mexicano marcaría la hoja de vida de este funcionario que en el último lustro había enfrentado otros escándalos con potencial de desbarrancar su carrera.

Osorio cumplió 51 años en esas semanas posteriores a la fuga, cargando el triste logro de ser responsable de la vergüenza de su jefe, el presidente Peña Nieto, durante una gira por Francia que recordó otro bochorno presidencial, en noviembre de 2014, cuando el mandatario realizaba un viaje a China mientras en México estallaban las revelaciones periodísticas de la "Casa Blanca".

El balance inicial sobre los responsables de la fuga del líder del Cártel de Sinaloa apuntaba hacia el sistema de inteligencia mexicano, en particular al Cisen, que conducía Eugenio Ímaz, un operador estratégico de Osorio que en los años ochenta tenía una modestísima vida pública como camarógrafo en el gobierno estatal —incluso intentó ser actor— hasta que fue tomado de la mano por el que desde entonces fue su jefe.

Tras la evasión de Guzmán, fuentes mexicanas y estadounidenses aseguraron extraoficialmente que durante meses alertaron al gobierno mexicano sobre un singular relajamiento de la seguridad en torno a Guzmán Loera, lo que incluyó coloquios con sus abogados fuera de control, menores escuchas sobre su familia directa y licencias dentro del penal del Altiplano que no se concedían a otros reos.

La prensa internacional y el gobierno estadounidense empezaron a sugerir que esas alertas fueron canalizadas al Cisen, definido desde inicios de la administración de Peña Nieto como la "ventanilla única" de interlocución con agencias como la DEA y el FBI en materia de inteligencia sobre grupos criminales. Incluso hubo indicios de que Washington había pedido en los meses previos la extradición de Guzmán, encontrando resistencias en algunas instancias del gobierno mexicano, que criticaban el "excesivo" número de extradiciones otorgadas durante la administración anterior, del panista Felipe Calderón.

Ese clima de desconfianza hizo resurgir viejos señalamientos levantados contra Osorio Chong cuando, siendo gobernador de Hidalgo, líderes de oposición lo acusaron de delincuencia organizada y lavado de dinero. La PGR lo exoneró en marzo de 2012. En ese año se registraron las primeras imputaciones contra sus hermanos Luis y Eduardo Osorio por operaciones bancarias sospechosas en HSBC —una institución acusada internacionalmente de lavado de dinero—, lo que también fue legalmente desestimado.

En los años posteriores, ya en el gobierno de Peña Nieto y con Osorio como secretario de Gobernación, se multiplicaron los señalamientos contra Eduardo Osorio por presionar a funcionarios federales y locales para hacer negocios, con lo que ganó, a pulso, el carácter de "hermano incómodo". En abril de 2015 Osorio rechazó ser propietario de una residencia que habitaba en las Lomas de Chapultepec de la Ciudad de México, ligada con Carlos Aniano Sosa, un contratista en Hidalgo y a nivel federal.

Tras la fuga del Chapo prevalecieron las sospechas que despertaba la figura del comisionado nacional de Seguridad, Monte Alejandro Rubido, que fue destituido tras estos hechos sin fincarle ninguna responsabilidad legal.

En esas semanas se recordó la extensa trayectoria de Rubido en temas de inteligencia sobre grupos criminales. Se refirió que en 1994 un grupo de colaboradores cercanos a Luis Donaldo Colosio, candidato del PRI a la presidencia de la República (asesinado en marzo de ese año en los suburbios de Tijuana), le mostró un expediente con indicios de que podía ser víctima de un atentado mortal. El sonorense desestimó el hecho. "No se van a atrever", aseguró, según confió un testigo directo de la reunión.

Colosio preguntó quién había integrado el expediente y surgió el nombre de Monte Alejandro Rubido. Este último no era ajeno al primer círculo colosista. Meses antes, desde su oficina en el Cisen, había surgido la alerta contra la intención de que la campaña presidencial arrancara en Chiapas, donde desde meses antes se multiplicaban reportes de un inminente levantamiento guerrillero armado.

El episodio constituía apenas una anécdota en la controvertida trayectoria de Rubido García, a lo largo de casi tres décadas, dentro de los sistemas de espionaje y seguridad nacional en el país. Una presencia que creció y se fortaleció bajo cinco presidentes, de diversos partidos, desde Carlos Salinas de Gortari hasta Enrique Peña Nieto. Esa influencia le permitió permanecer lejos de indagatorias judiciales formales en torno a la escandalosa fuga del Chapo Guzmán del penal del Altiplano.

Investigadores federales revelaron en ese entonces a este autor que el excomisionado nacional de Seguridad decidió retener, bajo su personalísimo control, evidencias —entre ellas varios videos— cruciales para entender qué ocurrió la noche en que oficialmente Guzmán Loera desapareció de su celda.

En el expediente del caso, integrado bajo la supervisión de a la sazón procuradora general, Arely Gómez, abundan declaraciones según las cuales hubo reiterados reportes de que el capo no era objeto de las políticas carcelarias en materia de seguridad y que, por ejemplo, se le permitía, efectivamente, intercambiar con sus abogados notas manuscritas de las que se desconocía su contenido. Las fuentes consultadas aseguraron que la mayor parte de esos reportes llegaron hasta la oficina de Rubido García, sin que atrajeran los correctivos esperados.

Investigaciones adicionales detectaron también una red de complicidades en torno a la escandalosa fuga. Decenas de presuntos implicados fueron arrestados pero paulatinamente liberados. Diversos testimonios apuntaron en un sentido distinto al que la autoridad había querido orientar la explicación de los hechos. La fuga del Chapo no habría sido producto de un genio criminal que construyó un túnel capaz de burlar los controles más sofisticados del mundo, sino resultado de una corrupción enorme de funcionarios públicos de todos los niveles.

Rubido (Ciudad de México, 1954) había habitado desde 1986, casi la mitad de su vida, oficinas del espionaje gubernamental, desde antes de que fuera creado el Cisen, del que fue fundador y cuyos más altos cargos ocupó más de una vez.

Veterano personaje en el escenario político del Estado de México, fue señalado de establecer sistemas de espionaje para las administraciones estatales encabezadas por Emilio Chuayffet y Arturo Montiel, el padrino político de Enrique Peña Nieto. El peso del que Rubido hizo gala durante el priismo no sufrió demérito sino que incluso se amplió en los gobiernos panistas de Fox y Calderón, a los que entró de la mano de su anterior compañero en el Cisen, Genaro García Luna.

Rubido fue destituido finalmente el 27 de agosto de ese 2015, 46 días después de la fuga de Guzmán, como titular de la CNS. Su relevo fue Renato Sales. El personaje más notorio en la historia de la evasión del narcotraficante más conocido en el planeta optó por la discreción y el bajo perfil que imponen las leyes no escritas del sector. Hasta el cierre del gobierno de Peña Nieto no había sido incomodado por algún fiscal sobre el espinoso episodio de la fuga del Chapo.

La extraña recaptura de Guzmán

La saga de incongruencias oficiales en torno al Chapo no cesaría. Alcanzaría a la historia oficial de la detención del capo, la madrugada del viernes 8 de enero de 2016.

Un video difundido el miércoles siguiente por la entonces procuradora de la República, Arely Gómez, impulsó una versión insostenible sobre lo ocurrido con la llamada Operación Cisne Negro.

Informes facilitados a este autor dan cuenta de una estrategia diseñada por agencias de seguridad del gobierno estadounidense, en particular la DEA. Ello incluyó rastreadores colocados en vehículos que se presumió eran usados por el capo y colaboradores cercanos para sus traslados. Uno de esos vehículos fue incautado por la PGR sin conocer la existencia de esos rastreadores, pero la DEA solicitó que fuera regresado porque formaba parte de la investigación.

Ese rastreo permitió detectar una serie de casas en la ciudad de Los Mochis, Sinaloa, a las que esos vehículos ingresaban. Con base en esos datos fue armado el operativo, bajo la presunción de que serían arrestados importantes operadores del Chapo. La DEA consideraba remoto que en una de esas casas estuviera el propio Guzmán, según los reportes difundidos posteriormente.

El día del operativo presuntamente liderado por la Marina (en realidad conducido por la DEA) diversas casas fueron allanadas en busca de narcotraficantes, en una estrecha calle de Los Mochis, dentro de la colonia Las Palmas, una nueva urbanización de la ciudad. Se detectó que varias de estas viviendas estaban conectadas por túneles subterráneos.

Pero Guzmán sí se hallaba en una de esas casas, y al enterarse del operativo en marcha entendió que las casas circundantes conectadas por túneles podían ya haber sido allanadas o "reventadas", como se alude en el caló policiaco. Por ello se introdujo en el drenaje urbano, que sin embargo se hacía más angosto según iba avanzando hasta obligarlo a avanzar a rastras, acompañado sólo por su pistolero de más confianza, Iván Gastélum, "el Cholo". Se estima que permanecieron dentro del drenaje al menos cuatro horas.

Contra lo informado, la Marina no vigilaba previamente la red de alcantarillas por la que escapó el narcotraficante. De acuerdo con un recorrido hecho entonces directamente por este autor acompañado de especialistas en la materia, se trataba de una red de drenaje nueva, de poco más de un kilómetro en línea recta. Al menos 24 horas después de la evasión, periodistas encontraron en una de las rejillas un rifle automático, abandonado por Guzmán y su escolta. Las omisiones en el reporte de los marinos eran evidentes.

La historia ofrecida por la PGR —que inicialmente erró hasta en el día de los hechos— suprimió la existencia de un segundo vehículo robado a mano armada por el capo y su pistolero. La dueña de ese vehículo, un Focus rojo, reportó el asalto, lo que, según fuentes disponibles, atrajo una alerta policial de carro robado en el llamado C-4 de coordinación. Ese reporte fue el que permitió la detención del vehículo y sus ocupantes.

Contra lo informado oficialmente, nunca se supo por qué los policías federales que detuvieron al Chapo y su escolta —al sur de Los Mochis— lograron hacerlo sin violencia (Gastélum portaba una pistola) y los resguardaron en el motel Doux, a ocho kilómetros de distancia, hacia el norte, cuya propiedad era atribuida a un narcotraficante de la plaza, "El Chapo Isidro".

Pasaron frente a la ciudad, donde había un cuartel de la Policía Federal y un destacamento de la Marina, donde habrían estado mejor protegidos, pero siguieron de largo. Si ya estaban en la salida norte, pudieron seguir de frente unos kilómetros más, hasta la base militar del Ejército en el vecino poblado de Zapotitlán, pero tampoco lo hicieron.

Posteriormente a los hechos, el comisionado estatal de la Policía Federal, Nicolás González Perrín, habló de que un convoy de vehículos sospechosos se acercaba a la zona con el aparente propósito de rescatar al Chapo, por lo que los agentes se refugiaron en el referido motel, un inmueble de fácil acceso, totalmente vulnerable ante un asalto armado.

Los policías federales no reportaron a la Marina la detención ni el resguardo en el motel Doux. Reportes disponibles y versiones difundidas localmente permiten suponer que sus comunicaciones de radio fueron interceptadas por operadores militares, lo que atrajo a la Marina a la zona. Y que una vez ubicados hubo un largo regateo entre policías y marinos, hasta que desde la capital del país se ordenó entregar a estos últimos a Guzmán.

El capo fue conducido de inmediato a una pista aérea. Expertos consultados identificaron a agentes de la DEA usando chamarras de la PGR en las imágenes en donde se ve al narcotraficante subiendo a la aeronave que lo llevaría a la capital del país y, según se asumía ya entonces, a una pronta extradición hacia Estados Unidos, lo que ocurrió justo un año después, en enero de 2017.

Los problemas de la versión difundida por la PGR de Arely Gómez no se agotaron en lo que dijo sino que se extendieron a la pobreza que exhibió la tarea que le correspondía a la procuraduría en este caso.

Por segunda ocasión Guzmán Loera se había fugado de un penal de alta seguridad y se lograba arrestarlo de nuevo. También por segunda ocasión, la autoridad no reportó ni dio indicios de que tuviera declaraciones del capo sobre los implicados en sus evasiones, de las autoridades a las que sobornó, de los empresarios que le ayudan a lavar dinero ni de otros muchos cómplices que necesariamente debían existir.

En lugar de ello, el país asistió al morboso festín en donde se colocó a la actriz Kate del Castillo, como amiga del Chapo Guzmán. Los especialistas preguntaban en esas semanas sobre la seriedad de versiones que buscaban desestimar las destrezas de un narcotraficante cuyo cártel opera en 56 países y en al menos 200 ciudades de Estados Unidos.

Nueve meses después de haber sostenido estas versiones y sujeta a una dinámica de desgaste, en particular con el equipo de Los Pinos, la procuradora Gómez dimitió de su cargo. Fue relevada por Raúl Cervantes.

Miguel Ángel Osorio Chong, secretario de Gobernación, perdió por este caso su calidad de "político teflón" que le permitía no registrar daño en su imagen pública pese a diversas crisis en las que se vio implicado. Con su fuga, Guzmán Loera impuso en adelante al funcionario la calidad de no confiable.

Capítulo 16
Miguel Ángel Mancera: la estrella fugaz

En la tarde del 31 de octubre de 2014 Miguel Ángel Mancera se asomó a la muerte. Su corazón se detuvo en los momentos en que un equipo médico abría su pecho de emergencia y fracturaba el esternón para controlar el intenso sangrado de una arteria perforada durante un procedimiento médico que buscaba corregir una arritmia cardiaca en el paciente.

El procedimiento, que requiere la participación de electrofisiólogos y es conocido como ablación con catéter, estaba programado con anticipación. De acuerdo con su expediente y testimonios de médicos, el jefe de Gobierno capitalino había sido internado al mediodía de ese viernes en el Hospital Inglés ABC en la zona de Observatorio, al poniente de la Ciudad de México. Durante los meses previos había sufrido síntomas típicos, como agitación en el pecho, dificultad para respirar, aturdimiento y mareos. El paciente era descrito como sujeto a un intenso cuadro de estrés y ansiedad, que agravaba el diagnóstico.

El cardiólogo Carlos Riera Kinkel y su equipo conducían la intervención, que consiste en introducir varios catéteres flexibles en los vasos sanguíneos del paciente hacia su corazón, hasta encontrar la zona de tejido que provoca la arritmia, el cual puede ser removido. Existe en este procedimiento un riesgo menor de perforación arterial. Mancera cayó en ese lado oscuro de la estadística médica.

El infarto que puso a Mancera en el limbo entre la vida y la muerte se produjo cuando el equipo de especialistas tenía ya su corazón casi a la vista. Los médicos lo sacaron del paro y resolvieron la perforación arterial, en una operación que se prolongó varias horas. Fue enviado a terapia intensiva, donde el monitoreo se concentró en el riesgo de nuevas hemorragias o de infecciones.

Mancera había salvado la vida, si bien quedó maltrecho y con restricciones diversas durante meses. Su vocero Fernando Macías declaró a la prensa el día posterior que el procedimiento previsto inicialmente había encarado un "inconveniente" pero que la mañana siguiente el jefe de Gobierno atendía ya asuntos vía telefónica, y que incluso siguió por televisión un partido de futbol.

Durante esa larga noche de otoño, en la sala de espera del hospital aguardaban dos personajes en cuyas manos Mancera había depositado, por varios motivos, el perfil de su gobierno y el futuro de su proyecto personal.

El primero de ellos era el secretario de Gobernación, Miguel Ángel Osorio Chong. Había llegado apresuradamente al lugar con el propósito inicial de trasladar a Mancera al Hospital Militar. Cuando se le informó que el paciente no sobreviviría a una maniobra de ese tipo, permaneció ahí hasta que fue informado que estaba fuera de peligro.

Otro hombre especialmente cercano a Mancera también permaneció en vela esa noche. Se trataba de su secretario de Gobierno, Héctor Serrano. En cierto momento, cuando su jefe seguía en el quirófano, llamó hasta una habitación a los principales colaboradores del mandatario capitalino y les advirtió: "Pase lo que pase aquí, yo mando, yo estoy a cargo".

Sus interlocutores sabían que estaban presenciando un intento de golpe de mano. Ahí se encontraban, entre otros, amigos por muchos años de Mancera, que veían a Serrano como un arribista sobre el que se tejían muchas historias de corrupción. Estaban ahí Luis Serna, secretario particular de Mancera, y junto con su hermano Julio César Serna, compañeros de correrías adolescentes de su jefe; José Ramón Amieva, consejero jurídico, y Fernando Macías, vocero, los tres hondamente identificados con el hombre que a unos metros de distancia seguía en peligro de muerte.

Cuando Mancera recuperó el conocimiento, aún bajo terapia especial, hasta su cama llegó Luis Serna. Ambos sostuvieron un discreto coloquio. Horas más tarde, Serna y Macías comunicaron telefónicamente a Mancera con noticiarios de radio en los que anunció que el peligro estaba superado y que él seguía gobernando.

El episodio no afectó la marcha de Héctor Serrano Cortés, ni su pugna con el grupo que había acompañado por años a Mancera.

Osorio Chong y Serrano terminaron estrechando una relación que llenó espacios abandonados por el jefe de Gobierno, a quien la prensa describió como entregado a la frivolidad, los excesos y los negocios.

Mancera Espinosa había nacido en enero de 1966 en una vivienda que cabía en un solo cuarto de vecindad, en el viejo barrio de Tacuba. Fue hijo único de una madre de origen modesto y trabajadora, y de un padre ausente por tener otra familia, con otros hijos.

Se casó por vez primera a los 24 años con una joven que vivía en el aristocrático Pedregal de San Ángel, a la cual para cortejarla debía trasladarse en transporte colectivo, pues carecía de automóvil. Esa unión duró dos años. Un segundo matrimonio se prolongó por 11 años y dejó dos hijos bajo su cargo.

Al llegar a la alta política, este hombre portaba huecos en el alma que, de inmediato y desde lejos, pudieron ser olfateados por los lobos. Años después, uno de esos huecos parecía a punto de ser llenado cuando este mismo hombre, en la cumbre de su poder, comenzó a acariciar la posibilidad de comprarse una mansión en el mismo Pedregal de San Ángel del que alguna vez había salido derrotado por la vida.

* * *

En los primeros meses de su gestión, en 2013, Mancera daba ya señales de tener una cercanía importante con el entonces también recién llegado presidente Enrique Peña Nieto, y con el secretario de Gobernación, Miguel Ángel Osorio Chong. Con ello puso fin a la idea de que el gobierno de la ciudad, controlado desde 1997 por el PRD, debía marcar un contraste ideológico, incluso constituir un polo opositor, frente al ocupante de Los Pinos. Así lo había hecho su antecesor, Marcelo Ebrard, entre 2006 y 2012, con el presidente Felipe Calderón, emergido del PAN.

Mancera estaba dominado por obsesiones de signo muy diferente. Lo que definió su gestión desde el primer momento de su gobierno, iniciado el 6 de diciembre de 2012, fue una pugna sorda con Ebrard Casaubón, que no había hecho sino crecer en los meses previos, en particular desde la elección de julio anterior, que ganó en forma arrolladora con 63% de los votos emitidos. Un resultado con el que superó, por más de tres a uno, a su más cercana adversaria, Beatriz Paredes, del PRI, y por casi seis veces a la representante del PAN, Isabel Miranda de Wallace.

Mancera reconoció durante años que Ebrard le había dado su primer cargo público a finales de los años noventa, cuando el primero contaba con 32 años. Diez años después, en julio de 2008, el propio Ebrard, entonces jefe de Gobierno, lo nombró procurador de Justicia. Tras un confuso periodo de indecisión sobre a quién apoyaría para sucesor, sabiendo que el PRD se mantendría en el poder con cualquiera que fuera su candidato, Ebrard hizo a un lado sus piezas más cercanas, Mario Delgado y Alejandra Barrales, y se decantó por Mancera, quien el 8 de enero de 2012 dejó su cargo para registrarse como precandidato a la jefatura de Gobierno. La postulación formal le fue confirmada 11 días después.

En la campaña Ebrard y Mancera parecían caminar codo a codo. El exprocurador y candidato presentaba como sus credenciales cifras oficiales según las cuales la criminalidad en la capital del país había disminuido 12% en 2011, mientras que a nivel nacional mostraba un aumento de 10%. Adicionalmente, había conquistado en los años previos el carisma de un abogado joven sin militancia partidista. Tampoco le estorbaba la fama de soltero cotizado que acudía a eventos sociales acompañado de mujeres bellas, pero que también se daba tiempo para aparecer en público con sus pequeños hijos o retratado por los medios como atleta consumado, corriendo por Chapultepec antes del amanecer.

A ello se sumaba la popularidad del mandatario saliente, quien adicionalmente tuvo acuerdos con distintos grupos, incluso de partidos opositores, como el PRI, cuyo dirigente Cuauhtémoc Gutiérrez se desempeñaba como una quinta columna en su partido, a favor del PRD. La contienda fue una marcha triunfal, un día de campo.

Una vez que Mancera llegó al poder, algo se rompió entre ambos. La fractura reverberó en todo el país, y no hizo sino ensancharse en los años siguientes. Los colaboradores de Mancera acusaban a Ebrard de menospreciar a Mancera aun después de ganar las elecciones, de imponerle decisiones y colaboradores. Y de incurrir en actos de corrupción.

Su secretario de Gobierno, Héctor Serrano, que de posiciones modestas había llegado a ocupar ese mismo cargo en los meses finales del gobierno de Ebrard, fue el mayor divulgador de la confrontación, a la que se sumó decididamente.

De acuerdo con testimonios de diversos actores implicados, Mancera hizo contacto con el equipo de transición de Enrique Peña Nieto antes de la toma de posesión de ambos, como un recurso para fortalecerse ante la pugna con su antecesor.

El 1 de diciembre de 2012 hubo protestas de diversa gravedad que enmarcaron la toma de posesión del presidente Enrique Peña Nieto. Con ello regresaba a Los Pinos el PRI, derrotado en 2000 y que permaneció por dos periodos fuera del poder presidencial. Las movilizaciones fueron especialmente violentas en la capital del país.

Se multiplicaron los reportes de hechos de represión y arrestos injustificados por parte de agentes locales y federales, algunos de ellos vestidos de civil. Los heridos por esos sucesos en la Ciudad de México se contaron por centenares. Hubo 103 detenidos. La administración capitalina entrante fue especialmente dura con ellos, incluso amagó con acusarlos de terrorismo. La mayoría salió bajo fianza, pero siguieron sujetos a proceso penal. No fue sino hasta abril de 2018 que la Asamblea Legislativa otorgó amnistía a 500 participantes en estos hechos y otros similares ocurridos en 2015. En ese momento todavía tres implicados permanecían en prisión.

La mano dura en este caso tenía mar de fondo. Tanto Peña Nieto como Mancera compartieron en charlas privadas, con interlocutores diferentes, la misma certeza sobre esos hechos: se trataba de una conspiración en su contra, para socavar a sus gobiernos. Ese incidente y otros en el futuro alentarían un creciente acercamiento entre Peña Nieto y Mancera. Con el tiempo ello derivaría en un pacto entre los dos personajes contra enemigos comunes: Andrés Manuel López Obrador y Marcelo Ebrard.

El acuerdo quedó sellado. El interlocutor inmediato designado por Peña Nieto fue Osorio Chong. Él se daría de inmediato a la tarea no sólo de apoyar a Mancera, de secundarlo en sus proyectos y rescatarlo de sus demonios. También lo convirtió en aliado de su proyecto personal.

De la mano de Osorio Chong, Mancera se adentró en un mundo de poder y excesos que antes sólo había imaginado. Era el invitado de honor a las prolongadas fiestas que organizaba el político hidalguense en su departamento de lujo sobre la calle Rubén Darío, en el corazón de Polanco, a las que sólo acudía un selectísimo grupo de amigos.

En las ceremonias oficiales que encabezaba el presidente Peña Nieto, Osorio se aseguraba de que Mancera tendría un sitio de privilegio y sería mencionado en el discurso central. Las peticiones del jefe de Gobierno eran atendidas en las principales oficinas de la Secretaría de Gobernación y, de ser necesario, con la presencia de otros miembros del gabinete que recibían instrucciones de apoyar a la administración capitalina.

No pasó mucho tiempo antes de que la clase política comenzara a hablar de "los Migueles" y dejó de sorprenderse cuando Osorio y Mancera se saludaban en público con un alegre "¡tocayo!"

Testimonios recogidos entre participantes directos dan cuenta de que Mancera alentaba la posibilidad de que Osorio Chong fuera seleccionado por el presidente Peña Nieto como el candidato presidencial para los comicios de 2018.

"Él forma parte de nuestro proyecto", dijo alguna vez Mancera a un grupo de colaboradores.

En algún momento para todos fue claro que el destino de Osorio y Mancera correría de alguna manera emparejado. Si la suerte les sonreía, triunfarían juntos; si les era adversa, juntos se hundirían.

* * *

Apenas seis meses después de la operación de emergencia en la que estuvo en riesgo su vida, el estrés y la ansiedad volvían a dominar la vida de Miguel Ángel Mancera. Y esa tarde sentiría en las yemas de los dedos que la suerte se le estaba escapando.

"No se meta, doctor... que las cosas se acomoden por sí mismas".

La charla privada, sostenida en la primavera de 2015, tenía al jefe de Gobierno frente a frente con Andrés Manuel López Obrador. La conversación giraba en torno a las elecciones que ya estaban a la vista, para diputados federales, jefes delegacionales y diputados locales en la Ciudad de México.

La relación entre Mancera y el político tabasqueño no cursaba sus mejores días. Los personajes cercanos a ambos eran cada vez menos, por lo que su comunicación disminuía. Pero Morena había logrado su registro en julio de 2014 y estaría presente en los comicios que tendrían efecto tanto en el ámbito federal como en varias entidades, la capital de la República entre ellas.

La propuesta de López Obrador para Mancera fue que ninguno de los dos hiciera un despliegue de movilización artificial en la ciudad. Le adelantó que él mismo se concentraría, junto con sus principales estrategas, en los comicios que se desarrollarían en diversos estados del país.

"Andrés calculaba una fuerte penetración en la ciudad. Pero también quería construir afuera; casi experimentar lo que vendría en 2018. Y le propuso a Mancera una batalla en buena lid entre Morena y el PRD: Que el gobierno capitalino no volcara recursos irregulares en favor del PRD. Pensó que todavía podían entenderse hacia el futuro. Nos pidió otorgarle al doctor Mancera, como él lo llamaba, el privilegio de la duda… pero se equivocó", dijo una fuente cercana a López Obrador.

Lo que ocurrió fue un conflicto que supuso un rompimiento final entre Mancera y López Obrador. Irritado, el tabasqueño reveló en declaraciones a la prensa que el jefe de Gobierno le consultó si vería con buenos ojos vender a la polémica inmobiliaria española OHL los segundos pisos del Periférico construidos durante la administración del tabasqueño (2000-2005).

"Eso lo enfureció. Andrés asumió que la ruptura no tenía remedio. En las reuniones de Morena empezó a hablar de 'Mancerita', como lo bautizó", dijo la misma fuente consultada.

Los escenarios para el jefe de Gobierno eran ominosos. El PRD, que había gobernado la ciudad por casi 20 años, exhibía un marcado desgaste. La expectativa de que sus espacios de poder se redujeran atrajo una guerra intestina entre sus corrientes. En plena disputa, incluso algunas candidaturas cercanas a Mancera fueron aplastadas.

Un personaje encarnó la descomposición y el deterioro: Héctor Serrano, secretario de Gobierno, corruptor, intrigante, adulador al viejo estilo, había sido el hombre más poderoso de la administración de Mancera; su principal operador y, también, su más grave error.

Durante los meses previos a la elección, Serrano atiborró el escritorio de Mancera con encuestas que anticipaban un triunfo arrasador del PRD y sus aliados, y le garantizó que contarían con el apoyo del gobierno de Peña Nieto, bajo la coordinación de Miguel Ángel Osorio Chong. Incluso algunos gobiernos estatales de extracción del PRI acudirían a respaldarlos.

Lo que realmente ocurrió fue el peor resultado para el PRD desde 1997. De las 16 delegaciones, sólo ganó en seis, la mayor parte de ellas gracias a mafias enraizadas durante años, y cuyas cabezas asumían ya como jefe político a Héctor Serrano. Era el caso de Mauricio Toledo, en Coyoacán; Julio César Moreno, en Venustiano Carranza; Leonel Luna, en Álvaro Obregón, o Víctor Hugo Lobo, en Gustavo A. Madero, entre otras. De 66 diputaciones en la Asamblea, logró 18.

Serrano cargó con la responsabilidad del desastre electoral, fue removido de la Secretaría de Gobierno y colocado el frente de la Secretaría de Movilidad, pero siguió teniendo en sus manos los hilos de la política capitalina. De toda suerte, el daño estaba hecho. La caída en picada de Mancera en la aprobación ciudadana y un partido fracturado parecían empezar a configurar la herencia de su administración.

**

Semanas después del quebranto frente a las urnas, buscando quizá retomar el paso, Mancera instruyó a Serrano para convocar a una reunión de trabajo en un salón privado de uno de los hoteles que rodean la sede del gobierno capitalino, frente al Zócalo que reúne en una sola plaza a otros tres emblemas del poder en México: Palacio Nacional, la Catedral metropolitana y la Suprema Corte de Justicia.

De acuerdo con asistentes a este encuentro, al instalarse la reunión y siguiendo el guión de un facilitador en dinámicas empresariales, Mancera soltó ante su público tres preguntas:

"Díganme en qué estoy equivocado. ¿Qué debo corregir? ¿Qué debemos hacer?".

Sus interlocutores eran una mezcla entre la *nomenklatura* del perredismo de la ciudad y los operadores políticos del propio Mancera: funcionarios, jefes delegacionales, legisladores, caciques de la política metropolitana. Una clase política que no había sido formada en la cultura del debate público, por lo que guardó un silencio pesado. Todos ahí sabían que en su oficio es suicida decir abiertamente los errores del jefe.

Desde que el PRD había llegado al poder en la ciudad, casi 20 años atrás, las cabezas del gobierno —Cuauhtémoc Cárdenas, López Obrador, Marcelo Ebrard— no abrigaron dudas sobre para qué era el poder. Cuando convocaban a reuniones daban órdenes, anunciaban estrategias, asignaban responsabilidades y lanzaban advertencias.

Para bien o para mal, los liderazgos de las izquierdas en México son ocupados por gente obsesionada con la creencia de que las guía una misión. Mancera no fue de esos.

Tras los escenarios públicos, al iniciarse 2016 los líderes del PRD habían comenzado a preguntarse hacia dónde conducía al partido el liderazgo de Mancera, quien ni siquiera era miembro de la organización. Jesús Ortega y Jesús Zambrano —los fundadores del clan "Los Chuchos", que por años fue el bloque dominante del perredismo— distribuían en mesas de café y en reuniones privadas encuestas en donde las intenciones de voto en favor del jefe de Gobierno como un eventual candidato presidencial eran menores al 20%, abajo del llamado "voto duro" o base mínima de la votación del PRD. Ambos, Mancera y el PRD —decían Ortega y Zambrano—, formaban ya un "binomio venenoso", pues cada uno le estaba haciendo daño al otro.

* * *

La mañana del sábado 9 de diciembre de 2017, en su despacho de jefe de Gobierno capitalino, Miguel Ángel Mancera recibió simultáneamente a Alejandra Barrales, ya entonces exdirigente nacional perredista; a Armando Ahued, secretario de Salud, y a Salomón Chertorivski, titular de Desarrollo Económico de la ciudad, para confirmarles que uno de ellos sería el candidato para sucederlo, postulado por el frente opositor PRD-PAN-Movimiento Ciudadano.

Manuel Granados, quien se desempeñaba como consejero jurídico del gobierno, se dirigía entonces a tomar posesión como nuevo presidente del partido del sol azteca.

El episodio parecía confirmar a Mancera como voluntad casi absoluta en el PRD, un partido en el que no militaba. Pero ambos habían determinado construir una simbiosis, una apuesta elevada en pos de la mutua sobrevivencia.

El propósito de evitar que Morena ganara la ciudad por la vía de Andrés Manuel López Obrador y Claudia Sheinbaum, entonces ya candidata a la jefatura de Gobierno, precipitaba las decisiones adoptadas por Mancera en días recientes, lo que había incluido declinar en su búsqueda de la candidatura presidencial, respaldar la postulación, por parte del Frente, del panista Ricardo Anaya y refugiarse en su enclave político.

Mancera mostraba la obsesión de quien libra una batalla con la convicción de que aquel que la ganara no dejaría sobrevivientes. O la del capitán que decide hundirse con su barco… o casi, pues el jefe de Gobierno había pactado con Anaya y otros líderes del frente que sería candidato plurinominal al Senado y, al llegar a la legislatura en septiembre de 2018, coordinador de una bancada conjunta que se anticipaba sólida aun en el más pesimista de los pronósticos.

En las semanas previas Mancera había estado sometido a una dosis alta de incertidumbre sobre sus escenarios. A inicios de noviembre, tras un discreto coloquio con su amigo Miguel Ángel Osorio Chong, ambos se habían fundido en un abrazo tras conversar sobre la inminente postulación del secretario de Hacienda, José Antonio Meade, como precandidato del PRI a la presidencia de la República. Osorio perdía esa batalla frente a su adversario a todo lo largo del sexenio, Luis Videgaray, el personaje con mayor influencia sobre Enrique Peña Nieto.

Se trataba de una derrota también para Mancera, que había acompañado la formación del frente electoral integrado por el PRD el PAN y Movimiento Ciudadano. Esa ruta había sido secuestrada por el controvertido dirigente panista, Ricardo Anaya.

Mitad incómodo por el angostamiento de sus escenarios, mitad con el propósito de blofear como jugador de póker, a finales de noviembre Mancera se presentó en un merendero político de Polanco, a la vista de todos, con Margarita Zavala y Rafael Moreno Valle, abiertos adversarios de Anaya.

Los tres se dolieron durante la charla de que primero el PAN y luego el frente habían quedado reducidos a rehenes de la obsesión de Anaya para ser el candidato, pese a los múltiples ofrecimientos de suelo parejo hacia otros candidatos con los que luego debió romper. Margarita Zavala renunció a su partido y avanzó en la construcción de una candidatura independiente. Moreno Valle parecía concentrado en alcanzar un pacto con Anaya que incluía la entrega de toda decisión partidista en Puebla, la entidad que había gobernado con mano dura. A él le bastaba para sí una candidatura a senador, y entregar la postulación para gobernadora de ese estado a su esposa Martha Érika Alonso.

Mancera dijo a sus colaboradores que con Anaya caminaban hacia un callejón sin salida. La candidatura presidencial del panista resultaría debilitada por la disidencia interna y por una eventual postulación, por parte del PRI y sus aliados, de José Antonio Meade, que atraería un segmento del electorado cercano al PAN. Todo ello restaría apoyo al PRD y al propio Mancera para conservar el control de la capital del país.

Todas las encuestas alertaban ya del crecimiento en la ciudad no sólo de la batalla por la jefatura de Gobierno, sino en el nuevo Congreso local y en las recién creadas alcaldías.

Voces de sus colaboradores, entre ellos los hermanos Julio César y Luis Serna, llamaron a Mancera a romper con el frente y presentar su candidatura presidencial por el PRD.

De acuerdo con estos argumentos, la posición estratégica de Mancera se veía enriquecida si se retiraba del frente bajo el sólido argumento de que Anaya había capturado para sí la selección interna. Ello lo llevaría a invertir su capital político en una candidatura presidencial bajo las siglas del PRD, Movimiento Ciudadano y sectores que jamás se sumarían a Anaya.

Un dilema similar se le presentaba al jefe de Gobierno con la definición sobre la candidatura para su relevo en la Ciudad de México. En el frente se le había garantizado que la decisión final estaría en sus manos, pero en el PRD había resistencia creciente a que el fenómeno Anaya de una postulación sin consulta fuera replicada en el caso de la señora Alejandra Barrales. Ante ese panorama, ella había echado mano en esos días del mismo argumento que esgrimía Anaya en contra de una consulta interna para definir la postulación.

Como Hamlet, el príncipe de la indecisión, Mancera durmió mal las noches de esos días. Sabía que la atención del país estaba centrada en él. Si se equivocaba, sería el peor error de su vida.

Capítulo 17
Anaya y Peña: reencuentro tras el divorcio

Lo que fuera la residencia oficial de Los Pinos cuenta con un amplio portón que permite el acceso de camiones recolectores, cuyo personal vacía los tambos con los desperdicios que se generan en el lugar. Un área inevitablemente maloliente, quizá la más lejana a las residencias y los pasillos donde se decidían los asuntos de Estado en ese verano de 2018, durante los meses finales del gobierno de Peña Nieto.

Por discreción o como una señal con carga política, ése fue el lugar por donde fue ingresado Ricardo Anaya, ya entonces excandidato presidencial del frente PAN-PRD-MC. El mismo hombre que en su campaña advirtió que de ganar en los comicios, metería a la cárcel a Enrique Peña Nieto.

Pero esa tarde, cuando los trabajadores empezaban a retirarse, Anaya logró concretar la cita que había solicitado por semanas. El encuentro, que se prolongó por 30 minutos, fue negado por los canales oficiales del gobierno mexicano, pero este autor lo pudo confirmar con tres fuentes distintas y cercanas al mandatario.

Ninguna de las fuentes consultadas dio cuenta de que Peña Nieto les haya confiado a algunos de sus colaboradores lo que trató con Anaya en esa reunión, en la que no hubo más asistentes que ellos. Funcionarios de la PGR aseguraron que tuvieron pruebas para someter a juicio penal al también exdirigente nacional del PAN por lavado de dinero y por mentir a la autoridad judicial, para lo cual solicitaron el aval de la Presidencia como siempre que se trataba de casos sensiblemente políticos. Esa autorización nunca llegó. En los hechos, el caso se congeló.

En agosto de 2017 el diario *El Universal* publicó que Anaya había visto multiplicarse su patrimonio a lo largo de 14 años, hasta acumular bienes inmuebles con valor superior a 300 millones de pesos. El líder panista respondió con una demanda por supuesto daño moral y denunció una campaña para desprestigiarlo, que atribuyó al gobierno de Peña Nieto.

En octubre de ese mismo año la PGR recibió una denuncia por supuesto lavado de dinero en operaciones inmobiliarias que presuntamente implicaban a Anaya y a su amigo, el empresario queretano Manuel Barreiro, en la compra de una nave industrial. En la operación figuraba, como adquiriente, la firma de Luis Manuel López, que luego se descubrió se desempeñaba como chofer de Barreiro.

En abril de 2018 la propia PGR exoneró a Luis Manuel López de acusaciones de lavado de dinero por este caso. López entregó una bodega cuya propiedad le era atribuida, con un valor de 54 millones de pesos. Y declaró que había firmado como dueño a petición de Barreiro, el mismo personaje al que en videos y fotografías se veía convivir con Anaya. En el testimonio de López se hallaba la cadena que podría haber permitido el encarcelamiento de ambos amigos.

Anaya-Peña Nieto: ¿traición o divorcio?

Peña Nieto seguramente acumulaba un sabor agridulce durante ese encuentro con Ricardo Anaya, al que por años extendió múltiples apoyos, al grado de que en el círculo del político queretano se asumía que el presidente lo respaldaba para ser el "plan B" del gobierno en caso de que, como ocurrió en 2006, el aspirante presidencial del PRI no lograra ser competitivo ante el seguro aspirante, por tercera ocasión, a la contienda presidencial de 2018, Andrés Manuel López Obrador.

Testimonios recogidos en el círculo cercano a Los Pinos aseguran que desde inicios del sexenio Anaya recibió un trato privilegiado, especialmente desde que se desempeñó como presidente de la Cámara de Diputados (por seis meses, entre 2013 y 2014), luego como secretario general y presidente del PAN (2014-2017, con un receso intermedio). Ello suponía frecuentemente recursos adicionales a estados en donde gobernaba el PAN, o el aval para que recibieran contratos gubernamentales empresas identificadas con dirigentes del partido, especialmente tras las negociaciones del Pacto por México.

"El Pacto generó una *comalada* de millonarios entre los dirigentes de oposición y sus representantes en la mesa de negociaciones", indicó a este autor un funcionario que participó en los trabajos del acuerdo emblemático de la administración de Peña Nieto.

Otra expresión del respaldo gubernamental a Ricardo Anaya fue constituirlo en la puerta de entrada para toda gestión que buscaran hacer ante secretarías de Estado los gobernadores del PAN. "¿Ya hablaste con Ricardo?", era típicamente la respuesta que obtenían los mandatarios, especialmente por parte de la Secretaría de Hacienda, a cargo de Luis Videgaray, quien había utilizado la misma estrategia con el dirigente anterior a Anaya, Gustavo Madero.

La relación, sin embargo, se descarriló a inicios de 2017, puesto ya en marcha el proceso para la elección de nuevo gobernador del Estado de México, contienda en la que figuró prematuramente la aspirante de Morena, Delfina Gómez, poco conocida en el conjunto del estado.

A nadie escapaba el esmero que Peña Nieto había dedicado durante su gobierno a proteger la hegemonía del PRI y en particular de la clase política priista estatal. La voluntad presidencial ejercía como poder paralelo a Eruviel Ávila, el gobernador formal de la entidad. Si desde la Secretaría de Gobernación Miguel Ángel Osorio se desempeñaba como el poder real en Hidalgo, en el territorio mexiquense la voluntad última era dictada desde Los Pinos, donde incluso se dispuso en diversas ocasiones la remoción de funcionarios estatales.

En este modelo participó también rutinariamente el subsecretario de Gobernación, Luis Miranda, político mexiquense, amigo personal de Peña Nieto y rival de Eruviel Ávila, sobre quien se expresaba en términos despreciativos en reuniones privadas.

"El gobernador despierta cada mañana preguntándose qué chingadera le hará ese día Miranda", dijo un colaborador cercano a Ávila.

Bajo esa lógica, nadie tenía dudas de que la elección en el Estado de México sería administrada desde Los Pinos, incluida desde luego la candidatura del abanderado del PRI y, en la medida que lo permitieran las circunstancias, las de los partidos de oposición, que en la entidad han sido adictos a los apoyos oficiales que se les extendían desde Toluca a cambio de sumisión.

En enero de 2017 había ya varios aspirantes del PAN a la gubernatura. Pero Anaya y Santiago Creel decidieron tomar en sus manos la designación del abanderado sin hacer una elección interna, lo que los estatutos del partido permiten sólo si se compite en coalición con otras organizaciones políticas. En realidad se trataba de un simulacro para la ya cercana definición de la candidatura presidencial en Acción Nacional.

Anaya y Creel le propusieron la candidatura a Josefina Vázquez Mota, exaspirante presidencial en 2012, exsecretaria de Estado, y por ello, uno de los personajes panistas más conocidos en el país. Luego de negociaciones con ella (que habrían incluido garantizarle una senaduría si no ganaba la gubernatura), decidieron inopinadamente ir a Los Pinos por el aval presidencial.

Testigos directos de esa visita, a finales de enero de 2017, confirmaron a varios espacios periodísticos un encuentro de líderes panistas con Peña Nieto sobre el Estado de México, bajo diversos argumentos, cualquiera de los cuales confirma la subordinación que el PAN y otras agrupaciones partidistas mostraron para apuntalar al PRI en el proceso mexiquense, que le resultaba tan esencial al presidente.

De acuerdo con testimonios directos obtenidos por este autor, tras aceptar la candidatura para el Estado de México, Josefina Vázquez Mota alertó a sus interlocutores, Ricardo Anaya y Santiago Creel, que "prometió" al presidente Peña Nieto, por conducto del secretario de Hacienda, Luis Videgaray, que no sería candidata, por lo que se acordó que Anaya y Creel acudirían a Los Pinos para obtener la licencia presidencial correspondiente.

En esas semanas se difundieron públicamente reportes en el sentido de que la fundación Juntos Podemos, dirigida por Vázquez Mota y orientada al apoyo de comunidades migrantes en Estados Unidos, había recibido apoyos por al menos 1 000 millones de pesos del gobierno mexicano, por disposición del secretario Videgaray.

Versiones publicadas en diversos espacios indicaron que en la reunión de Peña Nieto con los líderes panistas también participó Videgaray, y que en la misma se analizó, en presencia del presidente, la pertinencia de la postulación de Vázquez Mota para debilitar a la morenista Delfina Gómez, que empezaba a crecer en las encuestas. Tras la conversación entre Peña Nieto, Videgaray, Anaya y Creel, la propia Vázquez Mota (que había esperado fuera) ingresó a la reunión para refrendar que concentraría su estrategia electoral en combatir la campaña de la abanderada de Morena.

Desde las oficinas del secretario de Gobernación, Miguel Ángel Osorio Chong, fluyó hacia columnistas y analistas políticos la versión de que Videgaray había operado ese encuentro para impulsar a Vázquez Mota, cuyo nombre ya encabezaba las proyecciones de intención del voto, con Delfina Gómez en un segundo sitio, y en un lejano tercer lugar el aspirante por el PRI, Alfredo del Mazo Maza. En el entorno político era un secreto a voces un serio distanciamiento entre Del Mazo y Videgaray.

Por su parte, el equipo de Anaya y Creel fue señalado de filtrar a los medios que en esa reunión Peña Nieto ofreció a los panistas no interferir si Vázquez Mota se colocaba a la cabeza de la contienda, pues lo relevante era evitar el triunfo de Delfina Gómez.

Sin embargo, desde sus primeras apariciones como candidata, Vázquez Mota enfiló críticas contra el "primo presidencial", aludiendo a Del Mazo Maza. Ello fue reforzado mediante declaraciones públicas de Anaya.

El 27 de marzo el diario *El Universal* publicó como su noticia principal que la PGR investigaba a un amplio número de familiares de la candidata Vázquez Mota, incluido su padre, Arnulfo Vázquez Cano, por supuestamente participar en triangulaciones ilegales de capitales. El periódico subrayó que la indagatoria inicial corrió a cargo de la Unidad de Inteligencia Financiera (de la Secretaría de Hacienda), que conducía entonces Alberto Bazbaz, integrante de la clase política mexiquense ligada al PRI y exprocurador de Justicia del estado durante la gubernatura de Peña Nieto.

La información tuvo un efecto demoledor en la campaña de la abanderada Vázquez Mota, pero surgieron señales de malestar desde Los Pinos por la certeza de que ello afectaría el equilibrio de fuerzas en la contienda por la gubernatura. Lo anterior abrió el enigma de quién había filtrado a *El Universal* el expediente del caso. La versión más consistente fue que lo hizo el equipo del candidato del PRI, Alfredo del Mazo, apoyado por

Bazbaz, convencidos de que Luis Videgaray había pactado con el PAN la gubernatura mexiquense.

Este episodio se sumó a otros compromisos incumplidos por Ricardo Anaya con el gobierno de Peña Nieto, entre los que destacaba aceptar que en el Congreso se impulsara la reforma para transformar a la PGR en Fiscalía General y que su primer titular, con un nombramiento de nueve años, fuera el procurador en funciones, Raúl Cervantes.

A partir de ello se consolidó una imagen controvertida de Anaya, que lo acompañó durante su fallida campaña presidencial y lo relegó a un virtual ostracismo tras las elecciones de julio de 2018.

ANAYA: ¿HAMLET O NARCISO?

El 10 de marzo de 2018 Ricardo Anaya acudió a la sede del Instituto Nacional Electoral (INE) para obtener su registro como candidato presidencial de la alianza PAN-PRD-MC. Buscaba dejar atrás los señalamientos sobre su patrimonio y había logrado construir un bloque de apoyo con grupos políticos y empresariales preocupados por el eventual triunfo de Andrés Manuel López Obrador.

Entre los capitanes de empresa cercanos a Anaya y presumiblemente resentidos con la administración de Peña Nieto se encontraba Claudio X. González padre. Se hallaban también, en el grupo de apoyo, gobernadores y exgobernadores panistas que pactaron con Anaya su respaldo a cambio de control de postulaciones en sus respectivos estados y otros espacios.

A este bloque se sumaba el liderazgo del PRD, depositado en las manos de Miguel Ángel Mancera y en el que destacaban Alejandra Barrales, candidata de la coalición para el gobierno de la Ciudad de México, y Manuel Granados, presidente formal del perredismo en tanto que operador de Mancera, entonces mandatario capitalino. El último compañero de viaje era Movimiento Ciudadano, encabezado por Dante Delgado.

Para edificar su coalición electoral, llamada Con México al Frente, había cedido a sus aliados una cifra desproporcionada de candidaturas al Congreso federal, entre ellas 100 nominaciones comunes a diputados federales al PRD, y 50 a Movimiento Ciudadano. Ello supuso marginar las aspiraciones de numerosos dirigentes del PAN en el país, incluso en zonas con voto duro panista, como Jalisco y Morelos.

Por su lado, la base política de Anaya se había visto paulatina y discretamente enriquecida por personajes cercanos al PRI a los que se identificaba con el expresidente Carlos Salinas de Gortari, lo que incluyó a figuras como Diego Fernández de Cevallos, aliado salinista durante tres décadas.

Existieron señales cruzadas sobre la verdadera motivación de Salinas de Gortari, pues las versiones le atribuyeron lo mismo agravios con el equipo de Peña Nieto que un rechazo abierto a la postulación, por parte del PRI, de José Antonio Meade, al que consideraba una imposición de Luis Videgaray, con quien el expresidente guardaba un foso de distancia. Versiones reiteradas pero no confirmadas aludieron a tensas conversaciones entre Peña Nieto y Salinas de Gortari por el respaldo de éste hacia Anaya.

La coalición de intereses que acompañó a Anaya se manifestó posteriormente con la participación del politólogo Jorge Castañeda como coordinador estratégico de la campaña del queretano.

Castañeda fue canciller durante la primera mitad del sexenio de Vicente Fox, del que luego marcó una honda distancia al enfrentarse con Santiago Creel, entonces secretario de Gobernación y que en la campaña de Anaya fue designado conductor de la estrategia. Pese a que ambos se dijeron entonces amigos, Creel y Castañeda se combatieron durante la contienda. Eventualmente este último resultó marginado.

Cada tropezón que exhibía su campaña reforzaba la percepción de que Ricardo Anaya es un político que no honra su palabra, proclive a la traición.

El candidato frentista había estado acompañado por esa imagen dentro y fuera de su partido. Desde sus años iniciales en la política, de la mano de su preceptor, el panista Francisco Garrido, que lo forjó primero siendo alcalde (1997-2000) y luego gobernador de Querétaro (2002-2009); en sus acuerdos con el exgobernador priista José Calzada, o los pactos rotos con su antecesor en la presidencia del PAN, Gustavo Madero.

Durante su gestión al frente de Acción Nacional, al que llegó a mediados de 2015, Anaya no despachó en el cuartel general del panismo, en el sur de la Ciudad de México, sino que acondicionó, sólo para él, dos pisos de la *Torre Azul*, frente al Senado de la República.

Quienes seguían de cerca el estilo de Anaya Cortés describían como "exasperación" el ánimo que dominó a los cuadros dirigentes, legisladores, líderes estatales e incluso candidatos, que por meses no pudieron dar con el camino que condujera a una conversación de frente con su presidente de partido.

"La mecánica fue que los temas eran planteados a Damián (Zepeda Vidales, secretario general), y él se los exponía a Ricardo. Si tenías suerte, te contestaban en un mes", describió a este autor un dirigente que debía tomar decisiones todos los días para atender la encomienda recibida, ligada con los procesos electorales en marcha.

Además de Zepeda, otro personaje operaba como *alter ego* de Anaya, como Santiago Creel, quien tuvo un peso notable en el PAN de Gustavo Madero, al grado de representarlo en las negociaciones para el Pacto por México. Creel conservó su influencia, lo que le permitió ser la última voluntad en candidaturas para sus cercanos.

Un amplio grupo de panistas clave consultado por el autor concluyó que las reservas de Anaya para ejercer entonces su liderazgo se basaron en el cuidado de su imagen personal y en la necesidad de no debilitar sus alianzas al interior del partido.

"Puede tomarse semanas para analizar un anuncio de televisión en el que saldrá… pero posponer indefinidamente una reunión con un aspirante competitivo para una gubernatura, especialmente si no lo considera absolutamente leal y subordinado", se dijo. Un ánimo que oscilaría entre el dubitativo Hamlet y el arrogante Narciso.

Otra constante que se le adjudicaba a Anaya era un pragmatismo que rayaba, se decía, en la deslealtad. Lo ejerció sucesivamente con su padre político, el exgobernador queretano Francisco Garrido; lo aplicó luego con Felipe Calderón, y en septiembre de 2015, con Gustavo Madero, su antecesor en la presidencia del partido, cuyas aspiraciones a coordinar la bancada blanquiazul fueron descartadas de un plumazo por el nuevo líder.

Unos meses antes, cuando a finales de 2014 le había cedido interinamente la presidencia del PAN, Madero se refirió a Anaya como "un liderazgo joven y un político brillante, que ha demostrado amplias capacidades de diálogo, acuerdo y tolerancia. Sin duda, representa al panismo del futuro". Tras el episodio de su desplazamiento, Madero nunca repitió esos conceptos.

Anaya Cortés (Querétaro, 1979) nació unos días después de que se cumpliera el aniversario 40 de su partido. Abogado, descrito como brillante en múltiples etapas de una carrera política que comenzó en la década de los 2000, a los 21 años el queretano atrajo la atención cuando desde varias posiciones se convirtió en una pesadilla para el gobierno del priista José Calzada. En las elecciones de 2015 la gubernatura estatal regresó a manos del PAN, en la persona de Francisco Domínguez, un político que sostiene diversos contrastes con Anaya.

Dirigía Anaya al partido en Querétaro cuando en 2011 fue designado por el presidente Felipe Calderón subsecretario de Turismo. En el lapso de su función visitó su estado, encontrándose con una emboscada del gobernador Calzada: reporteros locales esperaban a Anaya con preguntas filosas sobre supuestos malos manejos con terrenos urbanos que le atribuyen haberse apropiado cuando laboró con el gobernador Garrido. Se trataba de un expediente venenoso que aparecía recurrentemente en el camino del líder nacional blanquiazul.

En aquellos tiempos se le tuvo por aguerrido. Pero durante su presidencia en el PAN cobró fama por su renuncia a mostrar un rostro desafiante ante la administración de Peña Nieto.

En 1999 la catedrática Soledad Loaeza publicó un libro pionero sobre la historia del PAN, en el que lo describió como "oposición leal", porque su ideología no buscaba demoler al régimen, sino reformarlo. En la época de Anaya como presidente del partido, el PAN no sólo fue leal ante Peña Nieto, sino manso.

Con las elecciones de 2018 a la vista, esa mansedumbre se convirtió en confrontación entre ambos personajes. En ese momento hubo múltiples alusiones a la traición de Anaya hacia Peña Nieto. Visto en perspectiva, quizá lo que ocurrió fue más bien la ruptura de un matrimonio por conveniencia.

Capítulo 18
Meade: el heredero despreciado

Cinco escenas con el mismo actor.
Para entender a un personaje:

1. Hacia la mitad de agosto de 2015 el presidente Peña Nieto sostuvo un discreto coloquio con José Antonio Meade, entonces canciller, para alertarlo sobre su transferencia a otra responsabilidad. "Prepárate para la tierra... luego hablamos", fue la frase que le expresó, escueta, casi críptica. El día 28 de ese mes Meade fue nombrado titular de la Secretaría de Desarrollo Social. Había sido impulsado por Luis Videgaray, secretario de Hacienda y el más poderoso integrante del gabinete.

2. La noche del 6 de septiembre de 2016 Meade fue citado en la residencia presidencial. A su arribo le fue informado que debía esperar, pues Peña Nieto sostenía un muy largo acuerdo para pactar con Videgaray Caso su salida de Hacienda, en el contexto del escándalo provocado por la visita de Donald Trump a México. Meade ingresó finalmente al salón y los tres conversaron todavía un amplio lapso. Horas después, hecho ya el anuncio oficial, Meade y Videgaray comparecían ante la prensa en Hacienda, juntos, confirmando el relevo en la Secretaría de Hacienda. La escena parecía presentar a un amigo encomendándole a otro una tarea.

3. Meses antes de ser presentado como candidato del PRI, en noviembre de 2017, Meade Kuribeña sostenía ya reuniones de estrategia política en su casa de Chimalistac, al sur de la Ciudadde México, con un cercano grupo de amigos y colaboradores, abundante en economistas, magro en políticos y casi ayuno de priistas.

4. El 3 de agosto de 2018 desayunaron en privado el entonces presidente electo Andrés Manuel López Obrador y José Antonio Meade. La noche del 1 de julio, día de los comicios presidenciales y horas antes del plazo fijado para que se anunciara oficialmente el resultado, Meade aceptó haber sido derrotado y reconoció que el político tabasqueño era el triunfador. Tras su reunión, ambos grabaron un video en el que López Obrador le reconoció tal gesto y lo describió como "un hombre decente". En la conversación privada, el mandatario electo le planteó proponerlo para llenar una vacante como vicegobernador del Banco de México. Meade eludió la idea; dijo que desempeñaría "actividades privadas" y planteó que quizá buscaría la candidatura para presidir el Banco Interamericano de Desarrollo (BID) en 2020, y entonces sí precisaría apoyo gubernamental.

5. Antes de la toma de posesión de López Obrador, el 1 de diciembre, se conoció que Meade había abierto un despacho cerca de la casa familiar en Chimalistac, para hacer negocios como consultor de empresarios. Más tarde se reveló que también atendería clientes en unas lujosas oficinas, instaladas en la exclusiva zona de Polanco, propiedad del acaudalado abogado Raúl Cervantes, exsenador y exprocurador general de la República.

Cerraba así su ciclo político este hombre considerado una de las mentes más brillantes en el gobierno durante dos periodos sucesivos, con Felipe Calderón y Enrique Peña Nieto, lapso en el que ocupó en cinco ocasiones diferentes secretarías de Estado.

Desde la noche misma en que asumió públicamente su derrota, Meade dejó de hablar del PRI, el partido que lo postuló para la presidencia pero de acuerdo con todas las evidencias, le dio la espalda. En los casi 90 años de vida del Revolucionario Institucional, nunca ese partido lució tan incómodo con su candidato, ni éste dejó traslucir tan ampliamente y durante tanto tiempo su resquemor por su compañero de aventura electoral finalmente frustrada.

Toda esta historia tuvo sus raíces en un reducido grupo de universitarios que se conocieron en las aulas del ITAM, la institución que durante las tres décadas anteriores había fabricado gobernantes e incluso presidentes de la República.

Hijos ambos de abogados, José Antonio Meade y Luis Videgaray se sintieron compelidos a estudiar igualmente leyes. Cuando algo se atoraba en las clases, era frecuente que buscaran el consejo de doña Guadalupe Caso, madre de Videgaray, una abogada que comenzó a ejercer a los 35 años al quedar viuda cuando Luis, el mayor de sus tres hijos, contaba 11 de edad.

A ese equipo se sumarían más tarde Mikel Arriola, en su momento director del IMSS, y José Antonio González Anaya, que llegaría a ser titular de Pemex y secretario de Hacienda y era quizá el mejor amigo de Meade. En esa órbita y por la vía del Estado de México, de la mano de Videgaray, se incorporó más de una década atrás Aristóteles Núñez, que al salir Videgaray de Hacienda dejó el Sistema de Administración Tributaria (SAT). De origen más modesto, formado en el Politécnico, sin estudios de posgrado en el extranjero, Núñez gusta de recordar que de niño jugaba descalzo a la pelota y que en la universidad sus amigos le regalaron una corbata para acudir presentable a su primer empleo.

Desde ese 7 de septiembre de 2017 en que asumió Hacienda, Meade despertó el enigma de si sería capaz de tomar distancia o no de Luis Videgaray, cuya gestión se caracterizó por un crecimiento sin precedente de la deuda pública, devaluación de 50% del peso frente al dólar, aumento incesante del gasto burocrático, estancamiento del PIB y la más baja inversión pública en infraestructura en 50 años, pese a la creciente recaudación fiscal. Por si hiciera falta, la imagen de Videgaray se complementó con un estilo arrogante en su trato con empresarios, gobernadores y el Congreso, así como con opacidad en su patrimonio personal.

"Yo sé ganar elecciones: Peña Nieto"

"Quizá algunos de ustedes coincidan con quienes hablan de mis defectos… que si he cometido errores o no he leído suficientes libros. Pero les aseguro que hay algo que sí sé hacer, y eso es ganar elecciones".

Tras la postulación de Meade Kuribreña, y palabras más, palabras menos, así se expresó el presidente Peña Nieto en diversas ocasiones, siempre en privado, frente a públicos diversos: empresarios, políticos o líderes de diversos ámbitos. Nunca dejó duda en sus interlocutores de que se empeñaría personalmente, a fondo y con todos los elementos a su alcance, en la batalla para conservar Los Pinos para su partido.

Paulatinamente se fueron develando los mecanismos usados por Peña Nieto para decidir la candidatura a favor de Meade Kuribreña. Las reflexiones que realizó y quién lo ayudó a desentrañarlas. Lo que en un desayuno con periodistas en la casa presidencial denominó "la liturgia del PRI que hay que respetar".

En los días previos a la definición se difundieron informaciones periodísticas según las cuales Peña Nieto realizó en los meses previos consultas con varios sectores para buscar un consenso y amarrar acuerdos que dieran margen de confianza a su apuesta. Y los operadores que utilizó en algunas etapas de estas consultas.

Entre estos últimos figuró el entonces coordinador de la bancada del PRI en el Senado, Emilio Gamboa, que viajó en más de una ocasión a Monterrey para mantener contacto con la cúpula financiera que ahí radica. O el empresario José "Pepe" Miguel, muy cercano al primer círculo presidencial, que hizo lo propio con diversos actores. Gamboa y Miguel eran asiduos compañeros de golf del presidente, y ampliamente mencionados como gestores de negocios a la sombra del poder político.

Expertos en materia de encuestas dijeron a este autor que Peña Nieto consultó numerosos estudios en esas semanas. "Entiendo que fueron en realidad muchos… y la mayoría coincidía en que la única manera de mejorar la posibilidad de que el PRI ganara la presidencia radicaba en un candidato ajeno al priismo tradicional… incluso con el perfil opuesto del actual presidente". Meade era la opción que atraía más votos opositores, muy en particular del PAN.

Con el tiempo se determinaría que Meade y Peña Nieto tenían muchas más semejanzas de las que se les atribuían: ambos eran católicos observantes, ideológicamente conservadores, miembros de familias con estirpe priista. No existían reportes de que Meade se hubiera enriquecido desde el poder, pero ni durante sus múltiples encomiendas gubernamentales ni en su campaña emprendió acciones expresas y públicas en contra de desvíos del erario.

En la estrategia inicial se calculó que el candidato del oficialismo tendría como activo asumir un perfil ciudadano, apartidista por no ser militante del PRI. Pero ello, en contraparte, obstaculizó su acercamiento con una clase política enorme que, siempre sin decirlo en público, desconfiaba ya crecientemente de las decisiones del presidente y de su equipo.

Al reanudarse las campañas en enero de 2018 tras el receso de fin de año, estaba ya claro que Meade arrastraba al menos cinco lastres:

1. *La coordinación de campaña.* Durante meses hubo una pugna al interior del equipo de estrategas, entre los que habían sido enviados desde Los Pinos y los que habían acompañado a Meade en gran parte de su periplo en altos puestos de la burocracia. Pero la autoridad máxima del equipo siempre fue Aurelio Nuño, uno de los hombres más cercanos al presidente Peña Nieto, el que en el tramo final le disputó a Meade claramente la postulación. Y cuando se esperaba que alguien del primer círculo del candidato asumiera la vicecoordinación, a ese puesto llegó inopinadamente otro hombre del presidente, Eruviel Ávila.

2. *Los fuegos por apagar.* Los estados seleccionados para la primera etapa de la campaña no fueron plazas clave para asegurar votos o sitios emblemáticos donde mostrar poderío, sino entidades en las que el PRI había mordido el polvo en comicios anteriores, como Aguascalientes y Nayarit, donde por añadidura el oficialismo había estado al centro de escándalos de corrupción o mostraba hondas fracturas.

3. *Los (varios) "cuartos de guerra".* Así se llama al equipo que integra el primer círculo de estrategas; el que reacciona ante imprevistos, marca agenda, define discursos, aterriza una visión. Lo reportes disponibles hablan de al menos dos equipos paralelos, con integrantes que en algunos casos reportan a personajes externos. "La tareas se duplicaban, las órdenes se encimaban", se dijo a este autor. Hubo presencias confusas, como la de Alejandra Sota, exvocera de Felipe Calderón y operadora mediática de varios políticos, panistas y priistas, entre ellos Eruviel Ávila. O la de Javier Lozano, expanista, exfuncionario del propio Calderón, colocado como vocero de Meade.

4. *Los aliados.* Ninguna de las fuentes consultadas para este texto mostró certeza sobre si la participación del Partido Verde y Nueva Alianza ga-

rantizaba un aporte neto sobre el riesgo de daño que también atraían. Su "compromiso", además, parecía al priismo cada vez más caro.

"Antes (el apoyo de los aliados) se lograba cediendo diputaciones, puestos en el gobierno y algo de dinero para los líderes y las matracas en los eventos de apoyo. Ahora se tasa en senadurías, gubernaturas, reclamo de secretarías de Estado, el desplazamiento de priistas. Todo eso a cambio de nadie sabe cuántos votos realmente. Mucho menos se tiene certeza de la garantía de lealtad de esos partidos, sus dirigentes y mecenas, si al final de la campaña las cosas se ponen difíciles", declaró un alto funcionario del PRI consultado al respecto.

5. *El dilema Ricardo Anaya.* Una confrontación de fondo entre Los Pinos y el entonces candidato presidencial Ricardo Anaya, apoyado por la alianza PAN-PRD-MC, derivó en una ambigüedad sobre la estrategia que debían desarrollar el PRI y la campaña de su abanderado. En los (varios) equipos de campaña había quienes hablaban de Anaya como otro adversario a derrotar, mientras algunos más llamaban a pactar con él e incluso lo describían como un eventual "plan B" para impedir que López Obrador ganara la presidencia, como ocurrió en 2006.

Para abril de ese 2018, el PRI había demostrado ser una amante esquiva para Meade. Durante meses, el ahora candidato debió negociar para pactar con gobernadores, líderes del oficialismo y otros personajes, lo que de entrada implicó no tener más que una injerencia marginal en la definición de candidaturas para múltiples posiciones electorales, las cuales quedaron en manos de Los Pinos, los mandatarios estatales, cabezas de los partidos aliados (Verde y Nueva Alianza) y otras figuras.

Según se acercaron los comicios crecieron evidencias de que muchos candidatos del PRI en las regiones del país pactaron con operadores electorales tratar de salvar su elección personal aun si eso suponía restar apoyo al candidato presidencial de su partido, como se conformó en los resultados electorales al que nada le debían y con el que no abrigaban ninguna identidad.

A ello se sumó la errática dirigencia de Enrique Ochoa al frente del Institucional, otro integrante del primer círculo de Luis Videgaray, carente de toda actividad partidista. Ochoa fue acusado de sumar inexperiencia, soberbia y el tacto de un elefante. A lo largo de semanas, la casa presidencial y la campaña de Meade analizaron la eventual remoción de Ochoa e incluso se preparó su relevo con José Calzada, exgobernador de Querétaro y exsecretario de la Sagarpa. El temor de desatar algunos acuerdos ya anudados le salvó a Ochoa el cuello hasta que se le cargaron todas las culpas, y la noche del 2 de mayo fue relevado por René Juárez, exgobernador priista de Guerrero.

Otro frente de complicaciones lo provocó la tensión en el grupo cercano al exsecretario de Gobernación, Miguel Ángel Osorio Chong, quien disputó a Meade la postulación. Ser derrotado fue una doble afrenta para Osorio, pues vio en Meade un aliado de Luis Videgaray, con quien se confrontó desde inicios de la administración de Peña Nieto. El candidato fracasó en sus acercamientos con Osorio esgrimiendo que no formaba parte de esa pelea.

A ello siguió la conformación de los "cuartos de guerra" de la campaña, formados por personajes provenientes de varios equipos, desde luego del candidato y de Los Pinos. Un indicio de falta de avenimiento fue el surgimiento de apodos hacia uno y otro lados. Cada grupo denostaba a las figuras visibles de los demás bloques. En los pasillos de la campaña despertaban carcajadas apodos como "la Gárgola" (Enrique Ochoa), "Bety la Fea" (Vanessa Rubio, operadora central de Meade), o la "Última Neurona "(en alusión a Aurelio Nuño). El propio Meade convocó en más de una ocasión a crear sentido de equipo, sin mayores resultados.

Todo lo anterior era alegado en el PRI para justificar el retraso de la entrada en acción de la casi legendaria "aceitada máquina electoral del PRI". Ello se reflejaba en las sucesivas encuestas publicadas, donde se veía a Meade en un lejano tercer lugar, por debajo de Andrés Manuel López Obrador y de Ricardo Anaya.

Tras la derrota del 1 de julio, los más cercanos colaboradores de Meade filtraron en charlas de café que nunca fluyó suficiente dinero, ni proveniente de los empresarios, de los gobernadores o del gobierno federal.

Otra queja recurrente fue que el coordinador de la campaña, Aurelio Nuño, manejó la misma con resentimiento por no haber sido él quien recibiera la postulación. Y que fue el propio Nuño quien rechazó, tajantemente, cualquier asomo de propuesta surgida de los diferentes "cuartos de guerra" a favor de que el candidato tomara posiciones más críticas hacia el gobierno de Peña Nieto, en especial en materia de corrupción.

En el primer círculo de Peña Nieto la visión era muy diferente. Se concluyó que, si bien Meade tenía un enorme talento como funcionario, resultaba políticamente débil, sin conexión con el público.

Se aseguraba que sí había fluido dinero, "miles de millones de esos", hacia las actividades proselitistas. "Pero ningún dinero hubiera alcanzado para que ese barco navegara bien", se dijo en referencia a la campaña de Meade. Sobre el apoyo de los gobernadores priistas: "Sí nos daban a nosotros, pero también a otros lados".

"Luego la estrategia tuvo que cambiar. Fue necesario empezar a prepararnos para procesar lo que después del segundo debate era inevitable. Íbamos a perder, sin duda alguna".

Capítulo 19
Navarrete Prida y la memoria de Jamiltepec

De pronto, en medio del descenso, cuando faltaban al menos 30 metros para tocar tierra, la cabina del helicóptero Black Hawk (halcón negro) UH-60M se llenó de una pesada polvareda mezclada con arena que cegó a los pasajeros y tripulantes. Diseñada para viajar artillada, la nave carecía de puertas centrales. Los haces de luz que arrojaban sus reflectores chocaban con la nube de polvo y creaban una densa masa amarillenta y oscilante que impedía distinguir nada.

En una maniobra que después demostró ser trágica, el piloto militar de la aeronave la hizo descender apresuradamente. Sobre su casco lucía lentes para visión nocturna, totalmente inútiles en esas circunstancias. El helicóptero bajó abruptamente, golpeó en tierra y volvió a tomar altura, ya con una grave inclinación. Entonces en su interior estalló el pánico.

Ubicado al centro del asiento trasero de la nave, Alfonso Navarrete Prida, secretario de Gobernación del gobierno de Peña Nieto, tenía mirada directa sobre lo que estaba ocurriendo. Vio cuando el piloto hizo descender de nuevo la nave y ésta tocó tierra muy inclinada hacia la derecha. Al asumir que la volcadura era inevitable, el militar alcanzó de un manotazo los controles que apagaban los motores.

Caído ya sobre su costado derecho, el helicóptero fue arrastrado a gran velocidad sobre el descampado. Navarrete Prida se sintió aplastado y a la vez protegido por sus compañeros de asiento. Por un lado, el gobernador de Oaxaca, Alejandro Murat; por el otro, el comandante de la VIII Región Militar, general de división Alfonso Duarte Mújica. Siete pasajeros más se hallaban distribuidos en dos filas de asientos adicionales.

Como una sola masa, los cuerpos rebotaron y se agolparon en el interior mientras la nave era arrastrada por la inercia de sus aspas y rotor. Navarrete se soltó el cinturón de seguridad para alcanzar con ambos brazos una estructura tubular sobre su cabeza. Sujetado, fue sacudido todavía un lapso que rememora como eterno pero que únicamente duró unos segundos. A ello siguió el estruendo que acompaña al choque entre varios vehículos. Después todo se detuvo. Entonces percibió que desde el exterior llegaban gritos de terror.

Navarrete buscó salir por el hueco libre de la portezuela izquierda de la nave, que ahora quedaba sobre su cabeza. No recuerda si alguien lo empujó hacia fuera o si fue jalado desde el exterior. Al poner pie en tierra, todavía en medio de la polvareda, la oscuridad y los gritos, descubrió que el helicóptero había aplastado un microbús y golpeado al menos a dos más. Por debajo de todo observó el cuerpo de una persona, sin vida. Sin poderlos ver aún, lo estremecieron los alaridos y llantos de hombres y mujeres que llamaban a gritos a sus parientes.

Fue empujado para alejarse de los restos de la aeronave. Apenas se asentó la polvareda, observó que al menos otros dos microbuses exhibían daños; uno de ellos yacía sobre su lado izquierdo. El impacto había abierto todo su costado derecho, como por efecto de un abrelatas. La gente se arremolinaba en busca de sus hijos y parientes. El caos dominaba la escena.

Apenas unos centenares de metros más allá, los pobladores de Jamiltepec dormían en esa noche fresca de la zona Costa de Oaxaca, ajenos a la tragedia que, irónicamente, visitaba el pueblo en nombre de la ayuda gubernamental.

***

El primero de los sismos registrados la tarde de ese viernes 16 de febrero de 2018 había sacudido Jamiltepec poco después de las 5:30 de la tarde. Los pobladores se enteraron por reportes radiofónicos que el fenómeno, con una intensidad de 7.2 grados Richter, tuvo su epicentro en la población costera de Pinotepa Nacional, a unos 30 kilómetros al este de ahí, Pese a que siguió habiendo movimientos, en la comunidad no había reportes de personas heridas. Daños sí, que se sumaban a los ya registrados por el terremoto del 19 de septiembre anterior.

Conforme se fue acercando la noche y como la tierra se siguió moviendo, un grupo de pobladores con los hogares más endebles decidió acercarse al amplio predio terregoso en las afueras del pueblo para acampar al aire libre, temerosos de que el techo de sus casas les cayera encima. Echaron mano de varios microbuses para guardar sus pertenencias y salvaguardar a los niños.

Ya pasaban de las 10 de la noche cuando la oscuridad y el silencio fueron interrumpidos por los reflectores y el ruido de aspas de un helicóptero que sobrevolaba el área y parecía empezar a descender. Mucha gente se acercó al descampado para presenciar un espectáculo poco frecuente.

La mayoría de los niños ya dormía en los microbuses. Entre ellos Alexi, un bebé de cuatro meses, y las hermanas González Hernández: Fabiola, la mayor; Montserrat, de 12, y Jacqueline, de 10.

El alcalde Efraín de la Cruz había recibido apenas minutos antes instrucciones de reunir automóviles del ayuntamiento y de vecinos para iluminar el descampado limitado por construcciones de adobe. De la Cruz declararía posteriormente que usualmente cuando aterrizan helicópteros, ese campo es regado con agua con anticipación para evitar que se levante el polvo arenisco que acumula, "pero ahora no nos dieron tiempo; cuando nos avisaron, ya estaban por llegar".

La pequeña multitud seguía expectante las maniobras del helicóptero al bajar hacia tierra. Lo perdió de vista entre la polvareda que levantó; sólo distinguía la luz de sus reflectores al chocar con el aire cargado de arena. Y vio con pánico cómo se desplomaba en medio de un estruendo y era impulsado en su contra y sobre los microbuses.

En pleno impulso aún, la nave aplastó uno de los vehículos. Sus aspas se hundieron en la carrocería como un cuchillo en mantequilla, matando instantáneamente al bebé Alexi y mutilando desde la cadera una pierna de Montserrat mientras su otra pierna sufría daños severos desde la rodilla. En el lugar murieron 14 personas, y 20 más resultaron heridas, entre ellas las dos hermanas de Monserrat, que sufrieron fracturas múltiples.

***

Tras recibir el reporte inicial del sismo ocurrido esa tarde, Navarrete Prida había decidido continuar con la agenda de una visita que desarrollaba en Campeche, la entidad gobernada por el priista Alejandro Moreno Cárdenas, uno de los favoritos del régimen.

Acababa de hablar telefónicamente con el presidente Peña Nieto, quien minutos después recibió en acuerdo a la secretaria de Desarrollo Agrario, Territorial y Urbano, Rosario Robles. Ella ofreció acudir a la zona afectada, pero el presidente le informó que Navarrete estaba más cerca y sería quien atendiera la contingencia.

Robles se quedó inquieta, pero a la vez sintió cierto alivio. Tenía previsto festejar su cumpleaños al día siguiente. Incluso disponía de boletos para un concierto de música vernácula en el Auditorio Nacional, pero consideró que no sería pertinente acudir dadas las circunstancias. Optó por convocar a quienes serían sus acompañantes a su casa a un convivio informal.

Seguía en esa reunión cuando recibió una llamada en su teléfono móvil. Antes de contestar reconoció el número de su delegado en Oaxaca, que acompañaría a Navarrete.

"¡El helicóptero se cayó! —lo escuchó gritar, entre sollozos—. ¡Venía Navarrete Prida con el gobernador Murat, el general de la zona y otras personas!".

Una hora después del temblor, Navarrete seguía en Campeche, donde clausuró un evento con el que se conmemoraba el centenario de la Confederación Nacional de Cámaras de Comercio (Concanaco), con la presencia del presidente del organismo empresarial, Enrique Solana Sentíes, y desde luego, del gobernador Moreno, sobre el que Navarrete dijo en su discurso que es "un aliado del progreso de México".

Ante su auditorio, el secretario de Gobernación anunció haber recibido instrucciones del presidente Peña Nieto para trasladarse tras ese acto a Oaxaca, donde, refirió: "No se reportan víctimas mortales y sólo algunos daños en viviendas".

Minutos más tarde el funcionario federal informó a sus colaboradores que Peña Nieto pensaba acudir a la zona del sismo, pero Navarrete lo había convencido de representarlo. Y de pronto el tema cobró carácter de urgencia.

Con apenas 40 días en el cargo, Navarrete Prida parecía deseoso de demostrar que bajo su gestión el gobierno atendería con celeridad las crisis. Presentarse en apoyo a vecinos afectados por el sismo seguramente elevaría sus bonos personales pero también los del gobierno. Las campañas políticas habían ya comenzado y las cosas no pintaban nada bien para el añoso Partido Revolucionario Institucional, en el poder.

El funcionario, cabeza del gabinete presidencial, se trasladó en avión hasta Puerto Escondido, donde se reunió con el gobernador Alejandro Murat. Pero ahí recibieron malas noticias: el jefe de la VIII Región Militar, general de división Alfonso Duarte Mújica, mostraba reserva sobre la pertinencia de trasladarse en helicóptero hacia Jamiltepec, pues llegarían después de las 10 de la noche y no había reportes de una crisis que justificara la presencia inmediata de autoridades federales y estatales en la región. Un recorrido por carretera hubiera requerido una hora para cubrir los escasos 100 kilómetros que separan ambas poblaciones.

A partir de ahí las versiones de esta historia son divergentes.

Integrantes del equipo de Navarrete Prida dijeron que el general Duarte cambió de opinión y que ofreció un helicóptero recién comprado a Estados Unidos para trasladar al grupo a Jamiltepec. El mensaje se lo transmitió al funcionario federal su vocero, Olguín Arellano. Esa misma versión cita una conversación según la cual el general Duarte describió con orgullo ante Navarrete la tecnología con la que estaba dotada la nave, incluso para volar de noche. El precio base de ese Black Hawk en el mercado es de 10 millones de dólares, el equivalente a 180 millones de pesos en ese momento.

En contraste, fuentes militares sugirieron que los colaboradores de Navarrete presionaron para realizar el vuelo, y que el secretario de Gobernación contaba con el mando para imponer esta decisión.

"Volar de noche no es algo que yo hubiera ordenado. Pero quien tenía a su disposición el helicóptero consideró que era urgente venir aquí", declaró el secretario de la Defensa, Salvador Cienfuegos, al llegar a Jamiltepec la mañana siguiente de la tragedia. Testigos dijeron que el helicóptero que lo trasladaba también levantó una enorme polvareda, pero aterrizó sin mayores complicaciones.

Después se conoció un dato relevante que al parecer pesó sobre la decisión de que el secretario Navarrete acudiera a Jamiltepec esa noche. Se acordó con el noticiero nocturno de Televisa, bajo la conducción de Denise Maerker, un enlace en vivo para difundir a todo el país que el funcionario representaba al gobierno atendiendo una crisis social. Incluso en Puerto Escondido el corresponsal de la televisora, Jorge Morales, fue sumado a los pasajeros del helicóptero.

Tras el desplome de la aeronave, el enlace con el noticiero sí se realizó, pero para dar un pormenor de los hechos y la tragedia cuyos detalles empezaban apenas a ser conocidos.

Alfonso Navarrete Prida no regresó en los meses siguientes a Oaxaca, muchos menos a Santiago Jamiltepec. El general Salvador Cienfuegos sí acudió en otra encomienda a la capital de Oaxaca, pero se negó a informar el seguimiento que se estaba otorgando en apoyo a las víctimas este drama.

Diecinueve hogares de los vecinos que alegaron daños por la caída de restos del helicóptero fueron demolidos y en su lugar levantadas nuevas viviendas con mano de obra del Ejército. Decenas de casas más afectadas por el terremoto de septiembre de 2017 o por el sismo de ese 16 de febrero de 2018 no fueron censadas para recibir apoyos dentro del programa de ayuda dispuesto por la administración de Peña Nieto, como sí ocurrió con más de 64 000 viviendas en Juchitán y algunas comunidades aledañas del istmo.

Las familias de las personas muertas por la caída del helicóptero de la Secretaría de la Defensa Nacional el 16 de febrero de 2018 no debieron pagar los gastos funerarios correspondientes, pero meses después de la tragedia estaba en trámite el pago de una anunciada indemnización de 1.6 millones de pesos que, se dijo, sería cubierta por la Secretaría de la Defensa. El gobierno estatal de Alejandro Murat informó que se establecería un fideicomiso para garantizar educación durante su periodo de vida escolar a los niños lesionados por estos hechos.

En julio siguiente, cinco meses después de la tragedia, se difundió un video en el que aparecen las tres hermanas González Hernández: Fabiola, Montserrat y Jacqueline. La segunda de ellas muestra el muñón vendado de su pierna derecha mutilada, apenas debajo de la cadera.

Cada una de ellas, en palabras similares, le pide al presidente Peña Nieto apoyarlas con un "seguro de vida" (parecen referirse a uno de gastos médicos). Han sido atendidas en el Hospital Militar de la capital del país, con varias operaciones cada una, con cargo al seguro de accidentes que se tenía contratado para el helicóptero siniestrado. Pero muestran temor de que esa cobertura se agote. "A mí y a mis hermanos nos desgraciaron la vida", dice entre lágrimas y desde sus 10 años de edad la más pequeña.

Si alguna vez se cuenta la historia política de estos años se deberá concluir lo que todo Jamiltepec supo la misma noche de ese viernes negro: este drama fue producto de la suma de improvisación, protagonismo político y urgencia para promover a un gobierno en apuros con las encuestas.

Capítulo 20
La cábala de Gobernación

En la noche del 16 de febrero de 2018, frente a los restos del helicóptero en el que se había desplomado al llegar al poblado de Santiago Jamiltpec, Oaxaca, Alfonso Navarrete Prida recordó la superstición que había escuchado en la Secretaría de Gobernación según la cual existe una cábala que cobra la vida de su titular en forma cíclica y trágica.

El fallido aterrizaje de su helicóptero había hecho que la nave aplastara un microbús y dañara dos vehículos más con vecinos dentro, varios de ellos niños que dormían fuera de sus casas por temor a sismos como el que esa mañana había sacudido la región. Al menos 14 personas murieron en esos hechos y 20 más resultaron con heridas, graves en algunos casos. Pero los 10 ocupantes de la nave habían salido prácticamente ilesos.

El 10 de enero anterior, apenas 40 días antes, en la tensa transferencia del cargo por parte de Miguel Ángel Osorio Chong, éste le hizo a Navarrete una solicitud singular. Se refería a la galería fotográfica de extitulares del ramo que por años ha estado dispuesta en la antesala del despacho principal de Gobernación.

"Por favor no coloques mi fotografía… esa silla está maldita. Uno sí y uno no de los que se sientan ahí, se mata. Y no te preocupes, que a ti no te toca", le dijo Osorio, según narró Navarrete posteriormente a su equipo cercano.

Osorio Chong daba con ello testimonio del frecuente apego de los políticos mexicanos por supersticiones, tabúes y sortilegios que suelen acompañar el ejercicio del poder. Ello aplica lo mismo para el espiritismo de Francisco I. Madero, las manías de José López Portillo o la obsesión de Martha Sahagún, la esposa de Vicente Fox, para ser acompañada en sus viajes por una mujer que le aconsejaba a partir de la lectura de cartas.

La galería de exsecretarios de Gobernación ya había sido motivo de fijaciones por parte de algunos titulares previos. Durante su gestión, Francisco Labastida Ochoa (1998-1989) ordenó retirar la fotografía, dejando el hueco respectivo, de Victoriano Huerta, titular en 1913, al considerar que su cargo fue espurio por formar parte del golpe de Estado contra Madero. El sucesor, Diódoro Carrasco (1999-2000), mantuvo la decisión de su jefe y amigo; lo mismo hizo el primer secretario de la transición panista con Vicente Fox, Santiago Creel (2000-2005), por lo que la imagen de Huerta siguió condenada a una bodega. Sin embargo, Carlos Abascal (2005-2006) consideró que, en rigor histórico, la imagen del usurpador debía regresar a su sitio.

Pero las supersticiones de Osorio Chong creían tener una base en hechos concretos, pues en ciclos de dos, antecesores cercanos habían encontrado una muerte trágica. Ambos en accidentes aéreos y durante la administración encabezada por Felipe Calderón (2006-2012): la tarde del 4 de noviembre de 2008 el jet ejecutivo que trasladaba a la Ciudad de México al secretario de Gobernación, Juan Camilo Mouriño, y otros funcionarios públicos se desplomó sobre la elegante zona de las Lomas, en el poniente de la capital del país, cuando empezaba las maniobras para aterrizar en el aeropuerto de la ciudad.

La tragedia convulsionó al país y en particular a la clase política mexicana. Además de su rango en el gabinete presidencial y de su cercanía con el presidente Calderón, Mouriño se perfilaba para ser el candidato presidencial del PAN durante las elecciones de 2012, para las que el PRI tenía como aspirante anticipado al joven gobernador del Estado de México, Enrique Peña Nieto.

Este hecho hizo recordar el deceso en similares circunstancias de Ramón Martín Huerta, el 21 de septiembre de 2005, cuando se desempeñaba como secretario de Seguridad Pública durante el gobierno de Vicente Fox (2000-2006).

Las investigaciones demostraron que la muerte de Mouriño y sus acompañantes debía ser atribuida a la corrupción, pues Gobernación misma había contratado los servicios de una compañía privada que proporcionó a pilotos inexpertos. Fueron divulgadas grabaciones de la caja negra del avión siniestrado con la voz de los pilotos en la que se revelaba que por error se colocaron en el vórtice de un avión de la aerolínea Mexicana de Aviación. Ello habría provocado una turbulencia que no pudo ser controlada por la tripulación.

En la grabación se escuchaba claramente cómo los pilotos se sorprenden de la turbulencia; intercambian el mando del aparato, sin suerte alguna. Lo último que se oye es la voz de uno de ellos exclamando: "¡Dios mío!". De acuerdo con los peritajes, la nave hizo un forzado giro en el aire colocándose boca abajo antes de precipitarse a tierra. En total, 14 personas murieron, entre ellas varios transeúntes alcanzados por el avión en su caída.

La autoridad se negó a difundir los instantes finales de la grabación. Quienes la escucharon refirieron extraoficialmente que la cabina se llenó en los instantes finales de gritos, insultos, llantos y rezos. Al final, silencio.

A Mouriño lo sucedió el abogado panista Fernando Gómez-Mont (2008-2010), sin incidente alguno. El 1 de diciembre de 2011 Francisco Blake Mora llegó al cargo. Menos de un año después, el 11 de noviembre de 2011, un helicóptero que lo transportaba junto con cuatro personas se estrelló en línea recta y a plena luz del día en un paraje del municipio de Chalco, Estado de México, al oriente de la capital del país. Era conducido por tres pilotos de la Fuerza Aérea.

La mañana de ese día Genaro García Luna, el poderoso secretario de Seguridad Pública en el gobierno de Felipe Calderón, desayunaba en sus oficinas con un grupo de columnistas políticos, entre los que se encontraban Raymundo Riva Palacio, Carlos Puig, Leonardo Curzio y este autor.

Unos minutos después de las 9:00 horas (se supo más tarde que el accidente había ocurrido a las 8:55), García Luna les dijo a sus invitados, sin ningún aspaviento, que estaba recibiendo reportes de que el helicóptero del secretario de Gobernación "está perdido... salió de los radares". Dejó su lugar por unos minutos y regresó sólo para despedirse; debía acudir a una reunión de emergencia en Los Pinos. Pero ofreció que uno de sus colaboradores estaría aportando a los periodistas presentes "toda la información que vayamos recibiendo".

A ello vinieron minutos intensos. El subordinado de García Luna informó que helicópteros de Seguridad Pública Federal y de la policía del Estado de México sobrevolaban ya la zona en la que había caído la nave siniestrada. Los primeros comenzaron a enviar imágenes que eran puestas ante los ojos de los periodistas.

Las primeras de ellas mostraron a un helicóptero fragmentado tras chocar aparentemente en línea recta contra un promontorio en la ladera de un cerro. Parecía, a simple vista, imposible que los tripulantes no hubieran podido evadir el obstáculo. Más tarde se abrieron tres hipótesis que al final se complementaron: un banco de neblina en la zona, error del piloto y falta de mantenimiento en una nave que había cumplido ya su vida útil.

En medio de las fotografías que fluían en forma incesante hacia el comedor de García Luna, en el salón se supo de instrucciones a los policías federales que sobrevolaban el área para descender sobre el terreno, reportar mayores detalles y valorar la condición de las víctimas. Pero había una inquietante indicación, imperiosa: "Procedan a rescatar el teléfono Blackberry del secretario Blake; repito, procedan a rescatar el teléfono Blackberry del secretario Blake".

Se supo que por las condiciones del terreno, los helicópteros federales no pudieron aterrizar, por lo que los agentes se descolgaron con cuerdas. Pero no fueron los primeros. Ya estaban ahí efectivos del gobierno mexiquense, que conducía Enrique Peña Nieto.

Un reporte radiofónico del periodista Joaquín López Dóriga daba cuenta de una versión que resultó ser falsa y que aseguraba que el secretario Blake había sido rescatado del lugar del siniestro y se le conducía en otro helicóptero hacia un hospital para ser atendido de sus heridas.

Hubo un momento de perplejidad entre los periodistas que seguían expectantes en ese comedor. El gesto sombrío del colaborador de García Luna los hizo alertar a sus respectivos medios de comunicación que se debían esperar noticias fatales.

Minutos después el oficial entró al salón con una sola imagen en las manos. Correspondía al cuerpo de un hombre colocado de espaldas sobre la yerba, con los brazos abiertos. Había sido extraído del helicóptero y colocado ahí. No mostraba lesión alguna, ni un rostro adolorido. La muerte había sido noble con él. Se trataba de Francisco Blake Mora, secretario de Gobernación. Había nacido 45 años antes en Tijuana, Baja

California, entidad en la que había sido diputado local, y luego legislador federal. Se daba por hecho que en 2013 competiría por la gubernatura, con amplias posibilidades de ganar.

Tras difundir la noticia, los periodistas se retiraron del lugar. Poco después preguntaron por el destino del Blackberry del secretario, que debió encerrar contenido políticamente sensible, en tanto se había ordenado en forma tan ingente rescatarlo.

La respuesta fue escueta: "Ya no encontramos el teléfono… nos lo ganaron los chicos del Estado de México".

El sucesor de Francisco Blake en la Secretaría de Gobernación fue Alejandro Poiré (2011-2012), cuya gestión transcurrió sin ninguna novedad. Al cambio de Gobierno entró al puesto Miguel Ángel Osorio Chong. Un hombre que portaba supersticiones.

Capítulo 21
Las horas finales del PRI

2015. Primera estación. El dilema de Peña Nieto

El verano dejaba notar ya su calor en los rostros con sudor y en las camisas húmedas de los asistentes cuando ese 25 de julio de 2015, frente a una asamblea abarrotada con dirigentes y militantes del PRI, el presidente Enrique Peña Nieto anunció un "cambio generacional" en el partido, e hizo un llamado para convertirlo en "un espacio de participación de jóvenes talentosos".

Sentados lado a lado en el presídium, César Camacho, entonces presidente del Institucional, e Ivonne Ortega, secretaria general, cruzaron una mirada cargada de interrogantes. Otros concurrentes, entre ellos Manlio Fabio Beltrones, prestaron oídos cuando Camacho le comentó a la política yucateca:

—Creo que mandará a Aurelio [Nuño], hay que prepararnos.

—Lo primero que tendríamos que hacer es conseguirle una credencial, creo que nunca ha sido militante —repuso Ortega, con gesto de reproche.

Era inminente la designación de un nuevo dirigente del PRI. Poco más de un año antes, el 7 de junio de 2015, habían sido renovadas la Cámara de Diputados federal, nueve gubernaturas y otros tantos Congresos estatales, con un balance variopinto para el Institucional, que había ganado en cuatro de ellas, tres más las había logrado el Partido Acción Nacional y una, Michoacán, quedó en manos de Silvano Aureoles, un personaje al que se consideraba subordinado al PRI y a la administración de Peña Nieto.

En el ambiente de esa rumbosa asamblea priista pesaba el dilema de Peña Nieto entre colocar al frente del partido a Manlio Fabio Beltrones, el político priista más destacado de su generación, con larga trayectoria; el mismo que, como líder de la bancada del Institucional, había sacado adelante en la Cámara de Diputados las reformas que integraron el llamado Pacto por México. Y que, por añadidura, a punto ya de terminar su nuevo periodo de legislador, había declarado no tener otro interés político que presidir a su partido.

La otra alternativa de Peña Nieto era colocar a un operador personal, que le garantizara, sin duda alguna, la disciplina del partido. Liderazgo no, pero control sí.

En las semanas previas a la definición sobre el PRI, gobernantes priistas mostraron un medroso activismo para manifestar alerta por lo que consideraban la inminente llegada de Aurelio Nuño a la dirigencia de la organización. Cuestionaban la virtualmente nula trayectoria política del entonces jefe de la Oficina de la Presidencia. Pero también alegaban que Nuño sería una correa de transmisión para consolidar las presiones establecidas desde el arranque de la administración por el secretario de Hacienda, Luis Videgaray, quien había impuesto sequía en las arcas estatales y mayores controles en el manejo de fondos federales. Singularmente, un tema irritante en los estados lo representaba en ese momento la compra centralizada de medicinas.

En al menos una reunión privada con César Camacho, presidente saliente del PRI —quien había dedicado los meses previos a recorrer el país cabildeando para sí la coordinación de la próxima bancada en Diputados—, las voces de rechazo a Nuño fueron expresadas, siempre bajo el código genético que caracteriza al priismo tradicional: una disciplina acrítica ante la decisiones presidenciales.

En los días previos a la cumbre del Institucional se supo que Beltrones Rivera y Peña Nieto sostuvieron en mayo anterior un encuentro en el que el político sonorense obtuvo el aval para intensificar su pretensión de dirigir al PRI. Pero en las semanas recientes las dudas en su entorno se multiplicaron. Marco Antonio Bernal, cercano colaborador de Beltrones, dijo a cercanos que nadie le tomaba una llamada y se sentía "apestado" incluso en Tamaulipas, su estado natal, donde durante desde 17 años había buscado colarse en la búsqueda de la gubernatura.

LAS HORAS FINALES DEL PRI

Tras esa cita de mayo con Beltrones, trascendió que Peña Nieto había decidido no tomar consejo de nadie sobre lo que determinaría hacer con el PRI. De acuerdo con fuentes cercanas a Los Pinos, pidió expresamente a Videgaray, a Miguel Ángel Osorio Chong y al referido Aurelio Nuño (considerados presidenciables los tres) no incluir ese tema en sus acuerdos.

Se trataba de una práctica poco común en el presidente, un político que reserva para su fuero interno decisiones clave, las que no emprende en forma espontánea sino que las somete a un complejo proceso de cavilación que fue casi legendario en su círculo cercano.

Todo se definió el martes 4 de agosto con el "destape" de Beltrones por parte del también veterano dirigente Manuel Aguilera.

Desde el equipo beltronista empezaron a generarse las estrategias inmediatas: el presidente Peña Nieto definiría a los titulares de las carteras del nuevo Comité Ejecutivo Nacional, donde ya tenía posiciones clave, notablemente Luis Vega, secretario de Finanzas y Administración, y Baltazar Hinojosa, secretario de Organización. Los cercanos al nuevo dirigente quedaron en los segundos niveles. Marco Antonio Bernal, uno de sus hombres clave, se dedicaría exclusivamente a su activismo en pos de la candidatura por Tamaulipas.

En la acera de enfrente, el equipo que encabezaba Luis Videgaray —el hombre más influyente en el gabinete— parecía lamerse las heridas. Era un hecho que había perdido la pelea para colocar a Aurelio Nuño en la dirigencia del partido. Tampoco pudo proyectar a Enrique Jackson —exjefe y aliado de Nuño— en la coordinación parlamentaria en San Lázaro, que fue asignada al referido político mexiquense César Camacho.

Pero el equipo de Videgaray tuvo una recuperación contundente el 27 de agosto, durante un amplio reacomodo del gabinete que pareció imaginado para perfilar a los finalistas en la carrera por la sucesión presidencial. Sus aliados fueron promovidos a dos secretarías de Estado con plataforma política propia: José Antonio Meade dejó la cancillería para asumir Desarrollo Social, y Nuño llegó a Educación Pública.

LA HISTORIA DETRÁS DEL DESASTRE

2016. Segunda estación. El naufragio

No se equivocará quien identifique en el resultado de los comicios estatales de 2016 la señal de que el PRI enfrentaba una alta probabilidad de ser arrojado nuevamente fuera de Los Pinos, y que una nueva correlación de fuerzas electorales elevaba la posibilidad de que Andrés Manuel López Obrador conquistara la presidencia de la República en 2018.

El 5 de junio de 2016 se disputaron gubernaturas en 12 estados del país, entre ellos algunos con alto peso electoral, destacadamente Veracruz y Puebla. Nueve de ellos los gobernaba el PRI: Aguascalientes, Chihuahua, Durango, Hidalgo, Quintana Roo, Tamaulipas, Tlaxcala, Veracruz y Zacatecas. Acción Nacional ostentaba dos gubernaturas en coalición: Puebla y Sinaloa. La coalición PRD-PAN-MC tenía Oaxaca.

Tras los comicios, el PRI se descubrió derrotado en siete de las 12 gubernaturas en disputa; entre ellas, cuatro que el partido oficial había retenido desde que fue creado en 1929, 86 años atrás: Durango, Quintana Roo, Veracruz y Tamaulipas. También perdió en Chihuahua, que recuperó el PAN. En Aguascalientes y Puebla los votantes optaron igualmente por abanderados de Acción Nacional.

Nunca en su historia electoral el PRI había sufrido una derrota de esas dimensiones. Y encaró tal desastre bajo la presidencia de un priista, Enrique Peña Nieto, y el liderazgo de un priista de cepa, Manlio Fabio Beltrones. Seis años antes, cuando esos mismos estados habían presenciado batallas en las urnas, el PRI había ganado nueve de 12, justo la cifra que en esta oportunidad Beltrones declaraba públicamente que obtendrían.

Conversaciones individuales con actores centrales sobre lo ocurrido en ese episodio llevan a un cruce de señalamientos entre actores. Es posible que todas las acusaciones tengan una dosis de razón y, juntas, se hallan potenciado. Pero no habría que descartar que ninguno de los operadores del PRI ni del gobierno de Peña Nieto haya sido capaz de entender la irritación que cultivaba desde años antes la sociedad mexicana. Un mal humor colectivo que atribuía a la corrupción de todo el sistema político la raíz de los problemas.

Los primeros balances sobre la derrota del PRI llevaban el sello de quienes los elaboraban. En el equipo de Beltrones Rivera se dijo que el secretario de Hacienda, Luis Videgaray, y el de Gobernación, Miguel Ángel Osorio Chong, conspiraron cada quien en su carril para eliminar al político sonorense como un posible contendiente en la decisión por la candidatura presidencial de 2018. Videgaray lo habría asfixiado por falta de dinero, mientras que Osorio habría pactado ayudas a diversos aspirantes opositores, especialmente Carlos Joaquín González, en Quintana Roo, y Miguel Ángel Yunes, en Veracruz.

Desde el gobierno, y aun en algunos sectores del PRI, se sostuvo que Beltrones Rivera había concentrado en sus manos el manejo de las campañas en todo el país; que marginó a los gobernadores y a las militancias locales e impuso a incondicionales en muchos de los cargos de la dirigencia nacional. Y que confió en un grupo de jóvenes, supuestamente expertos, la arquitectura electoral apoyados en un sistema de cómputo llamado Zafiro, que a la postre mostró ser caro e ineficiente.

El lunes 20 de junio, dos semanas después de conocerse los resultados de la derrota, Beltrones Rivera renunció a la presidencia del PRI. No cumplió siquiera el primero de los tres años para los que fue electo formalmente por sus correligionarios.

EL 20 de diciembre de 2017 fue disparado un dardo envenenado al corazón del prestigio político de Beltrones Rivera. No está claro quién la ordenó, pero la operación fue coordinada desde la Secretaría de Gobernación, que encabezaba aún Miguel Ángel Osorio Chong, cuya afinidad con Beltrones siempre estuvo en tela de duda, aunque se daba por hecho que ambos se habían acercado hacia el otoño de ese año para intentar bloquear el arribo de José Antonio Meade a la candidatura presidencial del PRI.

La tarde de esa fecha el empresario Alejandro Gutiérrez fue arrestado en Saltillo, Coahuila, por agentes de la Policía Federal, cuyo jefe máximo era Osorio Chong. Gutiérrez fue entregado unos minutos después a policías de Chihuahua, donde el gobierno del panista Javier Corral había levantado cargos en su contra.

Gutiérrez, amigo por 20 años de Beltrones, secretario general adjunto del PRI durante la gestión del sonorense, fue señalado de participar mediante sus empresas en una triangulación de fondos federales hacia campañas del PRI. Posteriormente se aseguró que la administración de

Peña Nieto, por vía de la Secretaría de Hacienda que conducía Luis Videgaray, había enviado a estados con elecciones cruciales al menos 650 millones de pesos que entraron a las arcas estatales; se les pagó a empresas por trabajos nunca hechos y acabaron en las campañas de candidatos locales del partido oficial.

Gutiérrez (Saltillo, 1956), el aparente eje de una conspiración político-financiera, acusado de facilitar una de sus empresas para disfrazar el uso electoral de poco menos de cinco millones de pesos, resultaba justo la pieza que menos podría encajar en este entramado, lo que mandó la señal de que el objetivo no era él, sino su amigo, el señor Beltrones.

Gutiérrez es de uno de los hombres más ricos de Coahuila, accionista de Minera Frisco —propiedad mayoritariamente de Grupo Carso—, que factura anualmente cerca de 14 000 millones de pesos. Nieto de Eulalio Gutiérrez, el general revolucionario que fue en un solo y turbulento año (1914-1915) gobernador de San Luis Potosí y, por 40 días, presidente de la República.

Acaudalado, apasionado de la aviación, piloto de sus propios aviones, benefactor de diversos organismos cívicos, el problema de Gutiérrez fue haber sido picado por la política. Se había afiliado 37 años antes al PRI, donde desempeñó encargos modestos, luego fue diputado local (1985), diputado federal (1994) y senador de minoría (2000-2006). En sus encomiendas legislativas tuvo tareas sustantivas en comisiones ligadas a las finanzas públicas. En 1999 fracasó en su intento por ser candidato a la gubernatura, derrotado por Enrique Martínez y Martínez.

Humillado por la voz de las urnas cuando dirigió el partido, acorralado por una historia que podría hacerlo sujeto a persecución penal, Beltrones Rivera adoptó desde ese verano de 2016 un bajo perfil, similar al usado en otras horas oscuras de su larga carrera política.

Otro factor que lo inhibió fue que su hija. Sylvana Beltrones, había obtenido una senaduría en las elecciones de 2018, y él no deseaba afectar su carrera. Uno de los enigmas tras el derrumbe del PRI fue si la estrella política de Beltrones se había apagado definitivamente o resurgiría.

2017. Tercera estación.
La batalla por el Estado de México

Enclave estratégico del presidente Peña Nieto; granero vital de votos para cualquier partido; considerado por décadas laboratorio de la elección presidencial, la batalla electoral por el Estado de México provocó que la política nacional retuviera el aliento con vistas a las elecciones de junio de 2017.

Fueron crecientemente ruidosas las señales de crisis interna en las principales agrupaciones partidistas, notablemente en el PRI, donde durante meses se vivió una tensión soterrada que puso en duda la autoridad política de Peña Nieto para definir al candidato. Las evidencias disponibles apuntaron en el sentido de que la voluntad presidencial estaría inclinada a favor de Alfredo del Mazo Maza, primo suyo, hijo y nieto de exgobernadores mexiquenses. En la acera de enfrente, Ana Lilia Herrera y Carlos Iriarte serían las cartas finalistas del mandatario Eruviel Ávila, quien contaría con un pacto en este propósito con Arturo Montiel, polémico exgobernador que conservaba una cuota de poder incontrovertible.

La leyenda política había tejido durante al menos seis años una rivalidad entre Ávila y Del Mazo. Una narrativa ampliamente ilustrada los ubicó como finalistas al término de la gubernatura de Peña Nieto. De esa pugna resultó ganador el primero, gracias al presunto amago de migrar a una candidatura opositora.

Las administraciones de Peña Nieto y Ávila no pudieron ser, sin embargo, más cercanas. Sumaron varias decenas las visitas presidenciales a la entidad, siempre marcadas por obras, inversiones y muestras de afinidad recíproca. Un punto de quiebre entre ambos en esta hora final hubiera sido no sólo inconveniente, sino políticamente suicida para los dos.

Por el lado de la oposición el panorama no estuvo carente de incertidumbre. Las dirigencias locales del PRD y el PAN habían sido por décadas convidadas a la mesa del poder estatal, que tradicionalmente les asignó fondos y cuotas de poder de diversa magnitud, lo que nunca incluyó la posibilidad de disputar con seriedad la gubernatura. Castrados de su verdadera razón de ser, panistas y perredistas se habían dedicado a exprimir erarios municipales y a pugnas internas, incluso sangrientas, por la tajada del pastel que se les asignaba.

"En lugar de combatir al brazo corruptor priista, le estrecharon la mano. En lugar de condenar el clientelismo electoral asfixiante del empeño personal [...] los panistas importaron las mañas del parasitismo social que convierte a la función pública en un despilfarro de dádivas gubernamentales", escribió en esos días en el diario *Reforma* Germán Martínez, expresidente nacional del PAN.

Los resultados electorales de 2016, con sonoras derrotas del PRI en siete estados, abrieron los ojos de la oposición, especialmente si marchaba en alianza, lo que se discutió en las cúpulas nacionales, encabezadas entonces por la perredista Alejandra Barrales y el panista Ricardo Anaya.

Esa posibilidad entró en colisión con los liderazgos de ambos partidos en el Estado de México, por afectar a sus intereses directos. El PRD local era controlado por la facción Alternativa Democrática Nacional (ADN), bajo el cacicazgo vitalicio del señor Héctor Bautista. En el lado del PAN el señor Ulises Ramírez encarnaba al panismo sumiso y corrupto.

El plazo para el registro de una coalición partidista se venció sin que se pactara la alianza PAN-PRD, lo que pareció satisfacer compromisos de las dirigencias locales ante el gobierno estatal y las de los liderazgos nacionales ante Los Pinos. Anaya se esforzó todavía en filtrar a la prensa que se había reunido con Alejandro Encinas, exjefe de Gobierno capitalino y una de las figuras más importantes de la historia del país, en la presunta búsqueda de un candidatura de unidad.

Además de la eventual coalición PAN-PRD, Encinas fue mencionado para ser el abanderado de Morena en el estado. Él supo que en ambos casos se trataba de fuegos de artificio y de antemano se consagró a buscar un espacio en la Asamblea Constituyente (la cual presidió) que le dio a la capital del país su primera Carta Magna.

La batalla final fue librada entre Alfredo del Mazo, candidato de la coalición PRI-Partido Verde-Panal-PES; Delfina Gómez, por Morena; Juan Zepeda, por el PRD; Josefina Vázquez Mota, por el PAN; Teresa Castell de Oro, independiente, y Óscar González, por el Partido del Trabajo. De haber competido sólo bajo las siglas del Institucional, Del Mazo hubiera sido derrotado por la señora Gómez Álvarez, un personaje sólo conocido en la región oriente de la entidad, recién llegada a la política estatal y nacional. Los votos añadidos por sus aliados permitieron al priista aventajar por poco más de dos puntos porcentuales a su más cercana contendiente.

2018. Estación terminal

Rumbo a su asamblea de octubre de 2017, el casi nonagenario PRI enfrentaba ya asechanzas externas y domésticas. De cómo las sorteara, se aseguraba entonces, dependería que lograse ser competitivo no sólo en la batalla por la sucesión presidencial, sino en la cita múltiple con las urnas que en 2018 renovaría la totalidad del Congreso federal, a lo que se sumarían comicios locales en 30 entidades del país. Estarían en disputa más de 10 000 puestos, desde gobernadores hasta regidores.

El Institucional, la administración de Peña Nieto y el conjunto del oficialismo tenían frente a sí una ruta azarosa, con al menos dos claros "despeñaderos" a la vista. Cada uno encerraba el riesgo de agudizar la crisis en la que ya parecía embarcado:

1. *La asamblea nacional.* A inicios de agosto de 2017 el dirigente del Institucional, Enrique Ochoa, se reunió con Ivonne Ortega, exgobernadora de Yucatán y en los hechos vocera de un bloque interno que buscaba construir un contrapeso al primer círculo presidencial en el manejo de las próximas elecciones. Durante tres horas ambos discutieron sobre la agenda que abordaría la asamblea nacional partidista, su instancia de más alta decisión, aunque en los hechos haya sido históricamente correa de transmisión de la voluntad cupular, en particular la de Los Pinos cuando han sido ocupados por un priista.

   La disputa real era cómo y quién definiría al candidato presidencial, entre otras postulaciones clave. La principal propuesta que portó Ortega fue que la candidatura presidencial fuera producto de una consulta abierta a la militancia o a la ciudadanía en general, y pronto, en octubre o noviembre, conscientes de la ventaja que había cobrado ya Andrés Manuel López Obrador.

   Esta sola idea tenía la capacidad de sacudir al anquilosado PRI, que ofrecería otro rostro al país. Una huida hacia adelante, para intentar la transformación hacia un organismo moderno, democrático, menos vertical. Pero la iniciativa se topó con la médula de una organización cuyas raíces se nutren del autoritarismo más rancio del siglo pasado.

Al final la asamblea arrojó, como su principal aporte, una reforma a sus estatutos que permitía postular a externos o no militantes para todos los cargos de elección, incluso la presidencia de la República.

2. *El juego de vencidas entre el* PRI *"duro" y Peña Nieto.* Antes, durante y después de la asamblea priista se expresarán los verdaderos bloques de poder en el partido: La fuerza del presidente Peña Nieto y su entorno, avalada por el controvertido triunfo reciente en los comicios del Estado de México. Y el peso de un polo de contornos complejos —líderes como Manlio Fabio Beltrones, gobernadores y exgobernadores, empresarios de cuño tricolor—.

El balance de fuerzas parecía orientado a reconocer la potestad presidencial para designar al candidato a sucederlo, y canalizar todo el apoyo posible en respaldarlo. Pero sería diferente en lo que respecta a espacios como las candidaturas para integrar el próximo Congreso federal, cuyos integrantes podrán ser, por vez primera, reelectos un periodo más. Ese grupo no quería una casta modelada por Peña Nieto con, por ejemplo, senadores electos para el periodo 2018-2024 y reelectos para 2024-2030.

Al final del día la resultante fue una composición diversificada en las postulaciones para el Congreso, en particular en el Senado, al que ingresó un compacto número de 15 legisladores provenientes de diversas facciones. Ello incluyó a Miguel Ángel Osorio Chong, con el rol de coordinador, acompañado por Nuvia Mayorga, una de sus principales operadoras. Del grupo de Osorio pero con un peso político proveniente de las familias Salinas de Gortari-Ruiz Massieu, la excanciller Claudia Ruiz. También, Vanessa Rubio, una de las más cercanas colaboradoras de José Antonio Meade. Y por el grupo de Manlio Fabio Beltrones, su hija Sylvana Beltrones, Manuel Añorve y Beatriz Paredes, entre otros.

Mención especial la ameritaría Rosario Robles, un personaje cercano al presidente Peña Nieto, quien la incorporó al gabinete desde el arranque del gobierno, pese a la incomodidad que ello generó al interior del PRI. Su respaldo principal interno fue Osorio Chong, con quien formó una alianza. Versiones sólidas apuntan a que el presidente estableció con ella el compromiso de que sería candidata plurinominal al Senado, con un lugar en las listas nacionales que supusiera una garantía de ingreso.

En vísperas de que se conocieran las candidaturas definitivas surgió el escándalo basado en la investigación periodística de la organización Mexicanos contra la Corrupción y el portal Animal Político, bautizada como La estafa maestra, basada en documentos de la Auditoría Superior de la Federación. Daba cuenta de gigantescos desvíos desde la Sedesol, iniciados durante la gestión de Robles Berlanga y no corregidos, se aseguró, tras ser relevada por José Antonio Meade. Si lo estuvo alguna vez, el nombre de Rosario fue removido de las nominaciones para la Cámara Alta. En conversaciones privadas, ella responsabilizó directamente de ello a Luis Videgaray y José Antonio Meade. No quedó claro por qué su protector Osorio Chong no abogó suficientemente por ella.

Un actor central que acompañó a la administración de Peña Nieto en este tramo fue Enrique Ochoa, quien asumió la presidencia del PRI a la salida de Manlio Fabio Beltrones y la desempeñó durante 22 meses, hasta que el 2 de mayo de 2018, a menos de dos meses de la elección presidencial, fue removido en medio de una intensa operación de prensa operada por Los Pinos y la propia campaña de Meade Kuribreña, para presentarlo como el responsable de todos los problemas que mantenían al aspirante oficial en un muy consolidado tercer lugar en las encuestas, por debajo de Andrés Manuel López Obrador, de Morena, y de Ricardo Anaya, de la coalición PAN-PRD-MC.

Ochoa Reza correspondía puntualmente con el perfil que Peña Nieto había descartado en agosto de 2015, cuando impulsó a Manlio Fabio Beltrones como nuevo dirigente priista. Se trataba de un tecnócrata, integrante de la burocracia dorada en el país y miembro del equipo de Luis Videgaray, quien logró con él colocar a un "administrador" del partido.

En esos 22 meses de gestión Ochoa acumuló sobrados señalamientos por su ignorancia sobre la vida del partido oficial, por pelear con gobernadores emanados del mismo y confrontarse con el candidato presidencial, José Antonio Meade, que al menos desde febrero anterior había pedido un relevo al frente del Institucional.

El exdirector de la Comisión Federal de Electricidad (CFE) se había llevado a colaboradores muy poco presentables y los convirtió en poderosos operadores y, en algunos casos, asesores en un PRI que cuando le fue encomendado, en julio de 2016, arrastraba enormes debilidades de cara a la disputa por la presidencia de la República.

Ochoa agregó a todo ello un estilo desparpajado y arrogante que sembró agravios en más de una generación de priistas, quienes primero se vieron humillados e ignorados y, al final, echados a la vera de las candidaturas para diputados y senadores, mientras que su dirigente lograba colar a incondicionales.

El balance obligaba no a preguntarse por qué Ochoa fue echado del PRI, donde tras la elección aterrizó en el Congreso federal como diputado plurinominal (una figura que él había exigido suprimir), sino por qué se le confió el partido en el gobierno a una figura con semejantes debilidades, cuando existía una perspectiva tan compleja.

La respuesta inevitable es que fue un grave error de cálculo decidir que con el solo aval de Los Pinos, como ocurría antes; con el respaldo de Luis Videgaray y de Aurelio Nuño, sería suficiente para volver a Ochoa funcional.

"Hoy es más importante ser del ITAM que un priista exitoso […] son personas que diseñan políticas para un país en el que sueñan, y se apartan del México real que desconocen", podía leerse, en julio de 2017, en un desplegado que firmó el exgobernador de Campeche, Antonio González Curi, y que habría contado con el aval moral de priistas como Manlio Fabio Beltrones, exdirigente del Institucional, e Ivonne Ortega, exgobernadora y exsecretaria general por ese mismo partido.

Ochoa Reza y cerca de 20 colaboradores suyos habían recibido en total 16 millones de pesos por concepto de liquidación cuando dejaron la CFE, pese a que algunos tenían apenas algunos meses trabajando en la empresa, de acuerdo con un reporte publicado el 6 de octubre de 2016 por el periodista Álvaro Delgado, de la revista *Proceso*.

Entre las beneficiarias se contó a Claudia Pastor Badilla, jefa de la Coordinación Nacional Jurídica (con 2.5 años de antigüedad, obtuvo una liquidación de 1.3 millones de pesos), a la que posteriormente Ochoa colocó como candidata a diputada plurinominal, ganando una curul. Su suplente es Myrna Yvette Torres Camacho, exsecretaria particular de Ochoa, quien con nueve meses de trabajo en la CFE recibió una liquidación por 2.1 millones de pesos.

La noche de la elección presidencial Enrique Peña Nieto convocó a Los Pinos a sus principales colaboradores. La convocatoria no precisaba hora, sino sugería acercarse a la residencia oficial por la tarde. El presidente los recibió en un salón dotado de un televisor donde fluían los resultados electorales. Temprano por la noche, y como se lo había anticipado a Peña Nieto días antes en caso de que se configurara el escenario que temían, el candidato del PRI, José Antonio Meade, aceptó haber sido derrotado por Andrés Manuel López Obrador.

El salón en donde se hallaban el mandatario y sus invitados quedó dominado por un silencio profundo. Alguno de los asistentes reportó haber escuchado llorar casi en silencio a una de las hijas de Angélica Rivera, la esposa de Peña Nieto.

Un asistente consultó al presidente si autorizaba que se transmitiera por televisión nacional el mensaje que Peña había grabado por la tarde confirmando la derrota del PRI y el triunfo del aspirante de Morena.

El grupo se empezó a despedir con caras largas. Antes de partir, uno de los asistentes se acercó a Peña Nieto y le preguntó directamente:

—¿En qué nos equivocamos?

—En nada —respondió con tono sereno el mandatario—. En 2012 contábamos con 12 gobernadores. Ahora no tuvimos esa fuerza.

En ese balance presidencial no parecía caber reflexión alguna sobre un país que no había dejado de cambiar en las últimas décadas. Tampoco, sobre las cada vez más numerosas elecciones que en varios países estaban ganando los candidatos antisistema. La razón del derrumbe radicaba, según Peña Nieto, en que la fórmula de siempre, la que a él lo hizo llegar al poder, no había podido ser aplicada en esta oportunidad.

"El presidente Peña no entiende que él no entiende", había descrito a inicios de 2015 el semanario *The Economist*, el mismo que dos años antes elogió el llamado Mexican moment. En un juego de palabras, tituló un nuevo artículo "The Mexican morass" (El pantano mexicano), en el que señalaba que ni Peña Nieto ni Luis Videgaray calibraron los problemas por supuestos conflictos de interés y corrupción por su relación comercial con los empresarios del Grupo Higa.

Sobre el destino del PRI, a finales de 2018 un veterano político priista fue consultado sobre qué debía hacer el Institucional en vísperas de su aniversario 90, en marzo de 2019.

"Yo diría —contestó el interpelado— que debía hacer lo que todo ser vivo que llega a los 90 años: disponerse a morir con la mayor dignidad posible".

Capítulo 22
López Obrador: origen y destino

Rocío Beltrán intentaba, con poco éxito, empujar la carriola con su bebé por el trazo entre casas que sugería las calles de Tucta, una comunidad indígena de Nacajuca. Avanzaba por un camino formado por costras superpuestas de lodo reblandecido por la humedad eterna del trópico tabasqueño. Al menos ya se podía salir al aire libre, pues semanas atrás lluvias torrenciales, que parecían anticipar el fin del mundo, habían inundado nuevamente la región.

El sol brillaba otra vez, pero un vaho de calor casi insoportable dominaba el ambiente y hacía que la ropa se pegara al cuerpo. Rocío mitad empujaba, mitad levantaba la carriola en la que transportaba a su pequeño hijo, José Ramón, nacido meses atrás, en 1981. Al lado de ambos, sorteando también charcos y lodazales, caminaba la suegra de Rocío, Manuelita, armada con una rama de árbol a la que había atado un trozo de tela con el que buscaba ahuyentar a los moscos que acosaban al bebé.

En marzo de 1980, recién casada y con 23 años, Rocío aceptó empezar a construir una familia en esa región. Desde 1978 su esposo, Andrés Manuel López Obrador, se desempeñaba como delegado estatal del Instituto Nacional Indigenista-Coplamar, cargo que asumió a los 25 años. Él había rechazado ocupar las oficinas del organismo en Villahermosa y decidió radicarse en el macizo indígena de la entidad, dominado por choles y chontales. La pareja fue recibida por una comunidad, formada por algunas decenas de familias, orgullosa de poderles ofrecer como residencia un jacal de una sola habitación, construido con guano, techo de palma y piso de tierra.

Rocío recordaría años después que casi se desmaya cuando la primera mañana en ese su nuevo hogar notó que a través de hendiduras en las paredes un grupo de choles la observaban, curiosos ante la presencia de forasteros. Poco después convenció a su esposo de mudarse a un salón sin uso en una pequeña escuela de la región. Y más tarde decidieron alquilar una estrecha vivienda de mampostería, de las pocas que existían en la zona, cuando se enteraron de que su primer hijo venía en camino.

Comenzaba así la historia de una pareja que se había conocido en las aulas de la Universidad Juárez Autónoma de Tabasco, donde Beltrán Medina (Teapa, 1956) estudió la licenciatura en sociología y un día al entrar al aula conoció a su maestro de pedagogía. Se trataba de López Obrador, nacido el 13 de noviembre de 1953 en el pequeño pueblo ribereño de Tepetitán, municipio de Macuspana. Recién había egresado de la Facultad de Ciencias Políticas y Sociales de la UNAM, donde cursó la licenciatura de ciencias políticas y administración entre 1973 y 1976.

Quienes conocieron a la pareja en los tiempos iniciales recuerdan que Andrés Manuel exhibía ya rasgos peculiares en su carácter: pasión por la política, obsesión por la historia, un claro componente espiritual, un temperamento volcánico, especialmente cuando enfrentaba reveses ("desde niño se trababa cuando se le regañaba", declaró alguna vez su madre)... y una proclividad a buscar apoyo y serenidad en la influencia de dos mujeres clave en su vida: doña Manuelita y, desde entonces, Rocío. Tuvieron tres hijos: José Ramón, Andrés Manuel y Gonzalo. Quizá habrían llegado más (López Obrador fue el mayor de siete hermanos), pero poco después del nacimiento del último de ellos, Rocío fue diagnosticada con lupus, aun ahora una extraña enfermedad del sistema inmunológico, que le cortó la vida a los 46 años, el 13 de enero de 2003.

La mañana de ese mal día, López Obrador arrancaba su tercer año al frente de la jefatura de Gobierno del entonces Distrito Federal. Viajaba en una camioneta con Martí Batres, entonces coordinador de la bancada del PRD en la Cámara de Diputados del Congreso de la Unión. Conversaban de camino al aeropuerto, donde el tabasqueño planeaba tomar un avión para trasladarse a Campeche y apoyar la campaña de Álvaro Arceo Corcuera, candidato del PRD a la gubernatura.

Antes de llegar a la terminal aérea recibió una llamada de sus hijos, alarmados por el agravamiento en la salud de la madre. Les pidió solicitar una ambulancia del ERUM, el servicio de emergencias del gobierno capitalino, y regresó apresuradamente al departamento en la calle de Odontología 57, en Copilco, vecino a Ciudad Universitaria.

Como acostumbraba, había salido de su casa al amanecer para coordinar la tradicional reunión sobre temas de seguridad, y luego ofrecer una de las 1 500 ruedas de prensa que encabezó durante su administración en la capital.

La versión familiar indica que, al llegar a su casa, López Obrador encontró aún con vida a Rocío, la cargó en brazos y la condujo al sótano del edificio, donde acababa de llegar la ambulancia 57 del ERUM, cuyos tripulantes nada pudieron hacer ya. Regresó con el cuerpo al departamento, a donde poco después acudió el sacerdote Miguel Concha para oficiar una íntima ceremonia póstuma.

López Obrador ordenó un breve velorio en la agencia funeraria Gayosso Félix Cuevas, y la tarde de ese mismo día el féretro que contenía los restos de su esposa fue trasladado a Villahermosa en el vuelo 315 de la compañía Aviacsa, donde hubo una nueva velación en la funeraria. Recinto Memorial, y fue sepultada a la mañana siguiente. Meses antes, a inicios de agosto de 2002, ella había asistido en silla de ruedas a la Basílica de Guadalupe, para recibir la bendición del papa Juan Pablo II, que visitaba México por quinta ocasión.

En mayo de 2002, días antes de su elección como jefe del Gobierno capitalino, López Obrador había perdido a su madre, Manuela Obrador (auténtico motor de la familia, su consejera en momentos políticos clave), víctima de un infarto. Pocos meses después, el 8 de diciembre, a tres días de que asumiera el cargo, su padre, Andrés López Ramón, fallecería también. En menos de tres años, este hombre vio desparecer tres referencias cardinales en su vida.

En diciembre de 2016, 13 años después de la muerte de Rocío, López Obrador dijo, durante una entrevista radiofónica, haber dispuesto que a su muerte sería sepultado al lado de ella. Indicó que su nueva esposa, Beatriz Gutiérrez Müller, con quien se casó en 2006, conoce y respeta esa voluntad.

González Pedrero y el "esto no es Cuba, Andrés"

Avanzaba abril de 1982 cuando Andrés Manuel López Obrador, que no cumplía aún los 29 años, recibió un mensaje de Enrique González Pedrero, su paisano y admirado profesor universitario. Se le pedía trasladarse con urgencia a la Ciudad de México. Pero desde días antes estaba haciendo erupción el volcán Chichonal, a 75 kilómetros de Villahermosa, cuyo aeropuerto estaba cerrado por la incesante lluvia de ceniza. No había forma de salir por aire.

López Obrador fue por su amigo Jesús "Chuy" Falcón y casi lo arrastró hacia un vehículo para viajar a Minatitlán, Veracruz, cuyo aeropuerto esperaba que estuviera abierto. Así lo recordó Falcón en conversación con este autor:

"Minatitlán también estaba cerrado, por lo que Andrés me pidió que siguiéramos hasta la capital del país. De camino bajó a hablar por teléfono y le dijeron que don Enrique lo esperaría en su casa de descanso en Morelos, en las cercanías de Cuernavaca. Llegamos por la noche, pero lo atendió. Al salir, Andrés venía eufórico. Don Enrique le había dicho que el candidato presidencial [del PRI], Miguel de la Madrid, le anticipó que sería candidato a la gubernatura del estado. Don Enrique invitó a Andrés a participar en su campaña".

López Obrador había tenido un acercamiento reciente pero afortunado con González Pedrero. Tras concluir sus estudios en la UNAM, en 1976, la política ya lo había picado, por lo que comenzó a diferir la elaboración de su tesis (no la presentaría sino hasta 1987). En 1982, ya como delegado del INI-Coplamar en Tabasco, aprovechó una visita a la Ciudad de México para acudir a la facultad y mostrar un proyecto de tesis que venía perfilando sobre una comunidad de aserraderos en Chiapas. Pero tenía otro propósito en mente. Hizo cita con un conocido paisano, José Eduardo Beltrán Hernández, secretario académico en la escuela y colaborador del exgobernador Mario Trujillo, que en 1970 había sido candidato emergente ante el súbito e inexplicado fallecimiento, en plena campaña, de Agapito Domínguez Canabal.

"Chelalo" Beltrán, como se le conocía ya en Tabasco, era primo de Rocío Beltrán, la pareja de López Obrador. Se atribuye al padre de aquél haber participado en la operación de las "camisas rojas" del controvertido gobernador Tomás Garrido Canabal (1919-1934), quien creó una clase política de la que descendieron el citado Domínguez Canabal, Carlos A. Madrazo y su hijo Roberto Madrazo Pintado.

(Garrido Canabal forjó también una leyenda en la que se inspirarían generaciones enteras de políticos de la región, lo que incluye al propio López Obrador. Así queda patentizado, con matices, en su libro *Entre la historia y la esperanza* (1995), donde establece que el fiero caudillo tabasqueño fue "muy hábil, muy eficaz, muy sensible [...] Tenía un instinto certero [...] tenía otra cosa que también es fundamental [...] era un hombre con aplomo", según lo cita el historiador Enrique Krauze en *El mesías tropical*, de 2006.)

En su reunión, López Obrador le habló de una tesis a Beltrán Hernández, pero abrevió para pedirle gestionar una reunión personal con González Pedrero, que al concretarse incluyó a la esposa del intelectual y catedrático, la escritora cubana Julieta Campos. El matrimonio se impresionó con la conversación de López Obrador sobre sus logros en las zonas indígenas de Tabasco, la construcción de "camellones" o chinampas para cultivar sobre zonas de pantanos, la obtención de "créditos a la palabra" con fondos federales para comunidades, la apertura de una radio comunitaria, XENAC, "La Voz de los Chontales". Tanto que visitaron la región, lo que sembró una amistad con ese joven que no alcanzaba los 30 años.

En particular doña Julieta se interesó en el Andrés Manuel devorador de libros que, a los 23 años, en 1976, se había afiliado al PRI para coordinar la campaña del poeta Carlos Pellicer (1897-1977) para ser senador de Tabasco por el PRI (lo fue durante menos de un año). Pellicer, secretario de Vasconcelos —pero hombre de izquierdas—, alegre cantor a la naturaleza, homosexual discreto, se había constituido en tutor y benefactor de universitarios que mal comían en la Casa del Estudiante Tabasqueño, en la calle Violeta de la colonia Guerrero, en el centro de la Ciudad de México. Acudían a la residencia del famoso escritor, 60 años mayor, en las Lomas de Chapultepec, para hablar de literatura, recibir libros, consejos y, sin duda, algo de comida caliente y algunas monedas para irla pasando.

Entre ellos se contaban Humberto Mayans Canabal y López Obrador. Fue Pellicer quien presentó a López Obrador con el gobernador Leandro Rovirosa para pedirle que le diera un empleo. También lo acercó con Ignacio Ovalle, responsable del programa Coplamar, que atendía a zonas marginadas, y del Instituto Nacional Indigenista.

Ovalle y Rovirosa acordaron el primer cargo público de relevancia que Andrés tuvo, aunque ya había sido brevemente director de Estudios Sectoriales de la Secretaría de Promoción Estatal, también por invitación del mismo Rovirosa. En particular, Ovalle desarrolló simpatía por ese muchacho tabasqueño al que le tendería la mano en varios momentos clave. Profundo debió ser el agradecimiento de ese joven que, 40 años después, seguiría buscando corresponder.

En febrero de 1978 Rovirosa y Ovalle visitaron Nacajuca para conocer los avances de la obra de López Obrador al frente de comunidades. En esa ocasión fue develado un busto en memoria de Pellicer, por ser defensor de la cultura indígena del estado. Ovalle llevó a la zona incluso al propio presidente José López Portillo, quien escuchó una breve explicación de López Obrador, que empezaba a ser hijo pródigo de su natal Macuspana y otras regiones.

Cuando López Obrador se reunió con él, González Pedrero ya había sido secretario general del PRI entre 1972 y 1975, bajo la influencia de Jesús Reyes Heroles —reconocido político veracruzano de origen español, autor de una amplia obra sobre el liberalismo mexicano—. También, senador por su estado (1970-1976) y director de la entonces Escuela Nacional de Ciencias Políticas y Sociales, de 1965 a 1970, lapso durante el cual acompañó su elevación de rango a facultad dentro de la UNAM. Pero pese a su lustre como intelectual progresista, su estrella declinó durante el gobierno de José López Portillo (1976-1982), lapso en el que se desempeñó en el modesto puesto de director de la Comisión Nacional del Libro de Texto Gratuito.

En Tabasco, siempre arena para una robusta actividad política (históricamente de espaldas a la capital del país), dos grupos se disputaban el control de la sucesión del gobernador Rovirosa Wade (1977-1982). Éste impulsaba a Manuel Gurría Ordóñez, entonces funcionario en el Distrito Federal y cercano al grupo de Carlos Hank González, que ya incluía a Roberto Madrazo. Pero otro grupo se inclinaba por David Gustavo Gutiérrez, entonces director de Fertimex. La tensión resultante apuntaba a un tercero en discordia, cargo para el que se mencionaba a Nicolás Reynés Berazaluce, delegado del PRI en Jalisco. Todos daban por muerto a González Pedrero. Menos Miguel de la Madrid.

De acuerdo con analistas políticos de la época, el entonces candidato presidencial convenció a López Portillo de cederle la decisión sobre el relevo en Tabasco. Luego solicitó a González Pedrero una propuesta para renovar al PRI, y cuando éste se la presentó en un encuentro privado, le indicó: "Muy bien, veremos cómo la puede aplicar cuando sea gobernador de su estado".

González Pedrero había dejado Tabasco desde niño. Era una figura virtualmente desconocida. A falta de equipo propio, desde su campaña se apoyó en dos figuras cercanas al exgobernador Trujillo: el citado "Chelalo" Beltrán y Gustavo Rosario Torres. El primero sería su secretario de Gobierno; el segundo, alcalde del municipio capitalino de Centro, al que pertenece Villahermosa.

López Obrador destacó en esa campaña por la organización de encuentros en comunidades de los 17 municipios, donde armó la estrategia denominada "Que hable Tabasco". Al asumir González Pedrero la gubernatura, el 1 de enero de 1983, le pidió prepararse para presidir al PRI estatal y desarrollar el programa de renovación que le había ofrecido a Miguel de la Madrid. Así ocurrió el 28 de ese mismo enero, tras una asamblea de delegados que atrajo protestas por parte de grupos para los que el nuevo dirigente era del todo ajeno.

En su discurso de asunción, López Obrador condenó la "mezcolanza del poder político con el económico en la política, que tanto daño nos ha causado".

Aún no se cumplían siete meses cuando, el 16 de agosto del mismo 1983, el joven dirigente fue sentado en el banquillo de los acusados durante una reunión privada en un salón del hotel Viva de Villahermosa, donde frente al gobernador González Pedrero, la mayoría de los 17 alcaldes del estado, organizados por Gustavo Rosario, protestó porque desde el PRI se les fiscalizaba, se les pretendían dictar acciones, y porque el presidente estatal del partido difundía "ideas socialistas" en las comunidades.

"Andrés, esto no es Cuba", le dijo al salir del encuentro González Pedrero. Lo removió de la dirigencia del PRI y le anunció que al día siguiente lo nombraría oficial mayor del estado. López Obrador se resistió, pero acabó aceptando asumir ese cargo, lo que ocurrió en una ceremonia que encabezó "Chelalo" Beltrán como secretario de Gobierno. El flamante oficial mayor se encerró en su nueva oficina, redactó una renuncia, la entregó en la oficialía de partes. Y se largó del lugar.

La dimisión, con carácter irrevocable, fue dirigida al gobernador González Pedrero y en la misma se lee: "Desde siempre mi trabajo lo he dedicado a servir a los intereses mayoritarios de mi pueblo. Hoy usted me brinda la oportunidad de ocupar el honroso cargo de oficial mayor, que sinceramente siento me aleja de ese propósito fundamental".

Cuando López Obrador salió del edificio se dirigió a su domicilio en la colonia Galaxias, un conjunto de viviendas de interés social de nueva creación en Villahermosa. Ahí se reunió con su esposa Rocío y le dijo que acababa de renunciar al gobierno, que ello suponía quemar sus naves en Tabasco. Y le anunció que deberían salir de la entidad, para buscar empleo en otro lugar, quizá en otro estado.

"¿Estás loco, Andrés? ¿Dejar todo aquí, nuestra vida, a nuestra familia, los amigos?", replicó su esposa, según amigos de la pareja consultados.

Después de unos minutos de silencio, Rocío habló de nuevo:

"De acuerdo, pues nos vamos... ¿A dónde?"

López Obrador lo ignoraba en ese momento. Poco antes había conversado telefónicamente con el único personaje importante ajeno a Tabasco que conocía: Ignacio Ovalle. Le pidió ayuda para salir del estado con un empleo, el que fuera.

Tras semanas que resultaron angustiosas para la familia López Beltrán, Ovalle regresó la llamada. Le habló de un programa en Sinaloa, con el gobernador Antonio Toledo Corro. López Obrador aceptó de inmediato. Pero no evitó la tentación de compartir su nuevo proyecto con algunos periodistas locales. El tema se filtró en los periódicos.

Días después, otra llamada de Ovalle le tiró el alma al piso.

"Don Enrique [González Pedrero] se enteró de lo de Sinaloa. Se atravesó, te vetó. Eso se cayó ya, Andrés."

López Obrador y su familia se refugiaron en la casa familiar de Palenque. Él necesitaba, como al aire, el consejo de doña Manuelita, su madre. Ella lo reconfortó: "Si nosotros que ni a la escuela fuimos, te sacamos adelante a ti y a tus seis hermanos, ¿qué no podrás hacer tú que eres profesionista?"

A su regreso a Villahermosa lo alcanzó una nueva llamada de Ovalle. Clara Jusidman, directora del Instituto Nacional del Consumidor, en la Ciudad de México, tenía vacante el puesto de director de Promoción Social. "¿Te interesa, Andrés?"

Estaba por iniciar 1984. Entre los tabasqueños se ha dicho siempre que el convulso temperamento tropical y la vida capitalina no hacen buen coctel. Pero la familia López Beltrán llenó maletas y partió. No falta ahora quien diga que lo hicieron jaloneados por un destino que nadie intuía aún. Andrés no perdió contacto con las relaciones que construyó durante las campañas estatales de Pellicer y González Pedrero, tampoco con las comunidades que le profesaban admiración. A su regreso a Tabasco, cuatro años después, los estaría aguardando una cita con la historia.

Capítulo 23
AMLO: el seductor del país

Septiembre de 2006. Carta de Cuauhtémoc Cárdenas dirigida a Elena Poniatowska, luego de que el diario *La Jornada* publicara una entrevista con la escritora, quien decía que Cárdenas, el subcomandante Marcos y Patricia Mercado estaban "envidiosos" de Andrés Manuel López Obrador, derrotado en las elecciones de ese año por Felipe Calderón, candidato del PAN:

> Reconocerás que en el círculo de colaboradores cercanos de Andrés Manuel [López Obrador] se encuentran algunos de los que instrumentaron el fraude electoral y la imposición en 1988 desde el gobierno, el Partido Revolucionario Institucional, la Cámara de Diputados y la Comisión Federal Electoral; quien impuso la banda presidencial a Carlos Salinas el 1de diciembre de 1988; el que instrumentó la privatización del Canal 13 de la televisión; el que ha declarado que el proyecto económico de Andrés Manuel es el mismo que el de Carlos Salinas; el que pretendió promover la reelección de éste; y a ninguno que sepa ha pedido Andrés Manuel explicación sobre su cambio de piel política y ninguno la ha dado públicamente.

La misiva es citada por Cárdenas Solórzano en su libro *Sobre mis pasos* (2010), que arroja luces sobre diversos episodios de la historia común entre los dos principales líderes de izquierda opositores al PRI en las tres décadas marcadas entre 1988 y 2018.

Son ásperas las referencias a esta historia aportadas por el hijo del legendario general y expresidente (1934-1940) Lázaro Cárdenas del Río. Ello contrasta con el hecho histórico de que fue Cárdenas quien atrajo a Andrés en 1988 hacia el Frente Democrático Nacional (FDN); el que lo impulsó para ser candidato al gobierno de Tabasco ese mismo año, y nuevamente en 1994 bajo las siglas del PRD. El que lo respaldó para ser presidente del PRD en 1996. Y el que en 2000, cuando López Obrador hacía ya campaña por tercera vez para ser gobernador de su estado, fue por él hasta Villahermosa para convencerlo de que se postulara a la jefatura de Gobierno del Distrito Federal.

Este último episodio colocó en definitiva al político tabasqueño (que había obtenido protagonismos esporádicos en la prensa de la Ciudad de México) bajo los reflectores de la política nacional y lo proyectó hacia su primera candidatura presidencial en 2006, con tal fuerza que le permitió conservarse vigente y competir de nuevo en 2012 y en 2018, cuando por fin conquistó el triunfo.

En *Sobre mis pasos*, Cárdenas disecciona una campaña de López Obrador para desmontar la influencia del michoacano sobre el PRD, donde su palabra fue acatada más de una década, a partir de la fundación de ese partido, en 1989. Tal campaña arrancó con toda claridad en 2000, ya con López Obrador en la jefatura del gobierno capitalino, y se agudizó en 2006. Tras ello, el cardenismo fue una expresión minoritaria en el PRD. Una vez consumado ese propósito y acaso por el desgaste de lo que en su momento se llamó una "guerra parricida", el PRD no se fortaleció; al contrario, entró en un marasmo, balcanizado por corrientes internas que con creciente frecuencia se vieron inmiscuidas en casos de corrupción.

Pero lo que no admite interpretaciones es el hecho de que López Obrador vio desde las filas del PRI la batalla librada al interior del partido oficial por la Corriente Democrática que en 1987 impulsaron Cárdenas, Porfirio Muñoz Ledo, Rodolfo González Guevara e Ifigenia Martínez. Y tuvo una presencia marginal en los tiempos iniciales del FDN que postuló a Cárdenas a la presidencia en julio de 1988.

La historia que se divulga en la familia y los círculos cercanos a López Obrador asegura que durante una gira de dirigentes del FDN por Tabasco en 1988, Cárdenas y Muñoz Ledo escucharon hablar de Andrés Manuel y consultaron a Graco Ramírez Abreu, de origen tabasqueño, si lo conocía, lo que éste confirmó, por lo que se le encomendó localizarlo y convencerlo de renunciar al PRI para ser postulado por el FDN como candidato a la gubernatura de Tabasco, pues estaba ya a la vista el inicio de campañas.

Amigos de Andrés Manuel aseguran que éste les refirió que tras hablar con Ramírez Abreu, se entrevistó con Cárdenas y Muñoz Ledo, quienes le reiteraron la disposición a postularlo. Luego habría acudido a Palenque en pos del aval materno para la nueva aventura. Y ya con todo ello en la bolsa se lanzó a la contienda. Forma parte de la leyenda que el recién electo Carlos Salinas de Gortari le habría pedido a Ignacio Ovalle ofrecer a López Obrador un puesto en el gobierno federal para mantenerlo en el PRI, propuesta que fue rechazada.

El libro biográfico de Cárdenas Solórzano cuenta con su propia versión:

> Hacia finales de julio [de 1988], no tengo clara la fecha, me reuní con Graco Ramírez, que me había anunciado iría acompañado de Andrés Manuel López Obrador, joven [ex] dirigente del PRI en su estado, quien podría ser el candidato a gobernador de Tabasco postulado por el FDN, incluido el PRD en formación [...]. Pocos días después, Graco me dijo que consideraba conveniente, para comprometer más firmemente al Partido Frente Cardenista [PFC, integrante del FDN] y presionar a Andrés Manuel, que pidiera yo a Rafael Aguilar Talamantes [dirigente del PFC] que hablara con él para insistirle en que aceptara la propuesta. Se lo pedí. Habló con Andrés Manuel, con el que me reuní de nueva cuenta, y finalmente aceptó contender.

En marzo de 1989 Aguilar Talamantes, cuya historia podría destacar en la lista de los mercenarios de la política mexicana, reconoció como "presidente legítimo" a Carlos Salinas de Gortari, el mayor enemigo del ya naciente PRD. Talamantes se bajó de ese tren, pero López Obrador permaneció.

1988. Primera estación

Andrés Manuel, que no había dejado de hacer política durante sus visitas a Tabasco mientras vivió en la Ciudad de México (1994-1998), rescató un perfil regional alto en 1988 al ser postulado por el FDN para las elecciones de noviembre de ese año a la gubernatura, cuando se enfrentó con Salvador "Chavo" Neme. El bloque partidista ya había designado al doctor Gonzalo González Calzada, pero éste aceptó declinar a favor de López Obrador y ser a cambio lanzado para la alcaldía capitalina de Centro.

Neme Castillo contendía en una posición débil, externa e internamente, pues el presidente saliente Miguel de la Madrid se inclinaba por Roberto Madrazo. Pero Carlos Salinas de Gortari impulsó a Neme, aunque permitió que en la dirigencia estatal del PRI fuera colocado Madrazo, que desde un inicio comenzó a minar la fuerza del candidato oficial y luego gobernador.

Por primera vez en la historia contemporánea de las elecciones en Tabasco, un candidato opositor venido del PRI, pero claramente opositor a la clase política priista local, superó el modesto 4% que acostumbraba alcanzar tradicionalmente el conjunto de adversarios al Revolucionario Institucional, entre los que destacaba el Partido Popular Socialista (PPS), con un máximo de 2%. López Obrador obtuvo 20.9% de los sufragios. No cerraban aún las casillas cuando llamaba ya a movilizaciones contra un presunto fraude electoral. Sin embargo, la coalición que postuló a López Obrador obtuvo cinco diputaciones en el Congreso local.

Como había ocurrido en 1984 a su salida de Tabasco, no faltó quien en esta nueva oportunidad diera por políticamente fenecido al candidato derrotado. Fernando del Villar, entonces delegado estatal de la dirigencia nacional del PRI, declaró: "En Tabasco murieron las oposiciones [...] como ilusiones trasnochadas de innovaciones ideológicas y de cambios pragmáticos. Definitivamente, el neocardenismo fue un aborto de ocho meses de gestación".

Declarada "muerta", la oposición a Neme Castillo mostró cabal salud por los años siguientes mediante marchas, plantones, tomas de pozos peroleros y otras acciones en las que López Obrador encarnó todo tipo de inconformidad, incluidos reclamos por daños en terrenos agrícolas a causa de las operaciones de Petróleos Mexicanos (Pemex), que desde años antes estaba teniendo un impacto adverso en los equilibrios ecológicos, sociales y económicos de la entidad.

En 1989 Andrés Manuel fue designado presidente estatal del entonces naciente PRD. E inició una *larga marcha* que cambiaría el rostro político de Tabasco, controlado desde la segunda década del siglo por una misma cofradía, la fundada por el gobernador Tomás Garrido Canabal.

El turbulento periodo que acumularía Neme Castillo al frente del gobierno estatal fue propicio para el crecimiento de López Obrador. Así lo explicó años después en un artículo el analista Mauricio Merino, estudioso de la historia política de Tabasco:

> Durante tres años completos, todo contó a su favor: las disputas y los despropósitos del gobierno local, los dineros sistemáticamente entregados por Pemex y el gobierno de la República para paliar los conflictos generados por la actividad petrolera, el aislamiento político del gobernador, las bases de la organización social construidas durante doce años y, naturalmente, su propia imagen de líder político incorruptible. Pero, sobre todo, los errores del centro: los que olvidaron la historia política viva en la entidad y las enormes diferencias que profundizó la abrupta llegada de la modernidad petrolera.

Víctor Sámano, veterano periodista tabasqueño, refirió al autor el desbordamiento de esos meses iniciales para la construcción del PRD. Sámano laboraba para la televisión y la radio estatales, y se daba maña para librar la censura que se cernía sobre la cobertura de los eventos de López Obrador.

Durante una conversación entre ambos, López Obrador tomó una blanca servilleta a cuyo centro dibujó un pequeño punto negro. "Nosotros somos esto —le dijo—, sólo un punto en medio de la nada, pero nos notamos mucho, pues somos lo único que hay."

Sámano recordó cómo en estas charlas, con frecuencia efectuadas en la casa de Andrés Manuel en Villahermosa, el dirigente monopolizaba la palabra, con mucha vehemencia; casi era imposible interrumpirlo para argumentar. Sin estar sentada a la mesa, su esposa Rocío seguía la conversación. Y en más de una ocasión se acercó para decirle a su pareja: "Papi, déjalo hablar, escúchalo".

El ya dirigente perredista estatal retomó los recorridos por pueblos y rancherías del estado. Se obstinó en sumar no sólo a campesinos y vecinos de condición humilde, sino también a pequeños empresarios y a personajes ligados a medios de comunicación, en los que López Obrador reconoció tempranamente una herramienta poderosa para su causa. Uno de sus primeros reclutados con este perfil surgió en Comalcalco: don Roberto López, que encabezaba la publicación *El Alacrán*.

En ese mismo municipio comenzaría una estrategia de acercamiento con comunidades eclesiales, por conducto de Ulises Rodríguez, Óscar Rosado y Javier May, quienes junto con otros líderes laicos, como Francisco Rentería y Carlos Francisco Lastra González, lo acompañarían en los años siguientes (incluso hasta la campaña de 2000 por el Distrito Federal) e influirían notablemente en las protestas de López Obrador con los conceptos de resistencia civil y movilizaciones pacíficas.

Comalcalco se volvió una referencia del crecimiento perredista en el estado y su penetración en las agrupaciones cristianas, al grado de que desde el PRI surgió el clamor de que el obispo, Rafael García González, interviniera para frenar el fenómeno. El jerarca religioso acudió a la zona, habló con las partes y después eludió interferir en la disputa.

Otros personajes que acudían a Comalcalco eran los padres de López Obrador, en particular su madre, doña Manuelita, quien casi no se perdía ninguno de los mítines encabezados por su hijo. "En esos días con el caminar diocesano, la homilía se escuchaba en los mítines de Andrés Manuel y el discurso político en la Iglesia", escribió el citado Ulises Rodríguez en un artículo para el diario *Presente* de Villahermosa.

1991. SEGUNDA ESTACIÓN

Las elecciones intermedias en Tabasco se desarrollaron en medio de un intenso clima de ebullición política y ofrecieron una oportunidad excelente para mostrar el músculo del nuevo partido, el PRD. Las movilizaciones se intensificaron en los municipios en donde se anticipaban los comicios más disputados.

Desde una diputación federal recién obtenida, Roberto Madrazo hacía su propia labor de zapa contra el gobierno de Neme Castillo. Había sellado una alianza con Manuel Gurría Ordóñez, ambos cercanos al círculo de Carlos Hank González y ambos, también, frustrados aspirantes a la gubernatura.

Un nuevo resultado adverso para el PRD y López Obrador en los comicios locales atrajo en esta ocasión una convulsión política opositora al PRI nunca vista en la historia del estado. Andrés Manuel convocó plantones y marchas, en el marco del por vez primera denominado movimiento de resistencia pacífica.

La tensión creció durante varias semanas. De acuerdo con amistades del dirigente, primero su madre, doña Manuelita, y después Rocío, la esposa, lo alertaron sobre el riesgo de una violencia desbordada:

"Andrés Manuel, no expongas a la gente... sácala, llévatela", le habrían dicho ambas.

Años antes él declararía que a diferencia de Michoacán, en donde durante las tomas de alcaldías la población cercaba con cordones el palacio municipal, sin incidente alguno, en Tabasco ocupar un palacio suponía incendiarlo y saquearlo.

El 11 de enero de 1992 López Obrador protagonizó una marcha a la Ciudad de México, por más de 750 kilómetros. Con una evocación religiosa clave, la columna que encabezó fue bautizada "Éxodo por la democracia". Mientras el contingente avanzaba y se nutría a su paso, el secretario de Gobernación, Fernando Gutiérrez Barrios, convocó a López Obrador a la Ciudad de México, donde acordaron la anulación de elecciones en varios municipios, entre ellos Cárdenas, Nacajuca y Macuspana. Y lo ratificó como interlocutor en negociaciones con comunidades dañadas por Pemex.

Al llegar a la Ciudad de México López Obrador concentró a sus seguidores en el Zócalo capitalino, en medio de un proceso de negociaciones con el entonces regente de la ciudad, Manuel Camacho Solís; su secretario de Gobierno, Marcelo Ebrard, y el director de Gobierno, Joel Ortega.

Todo ello representó un tiro de gracia para el frágil gobierno de Neme Castillo, quien el 28 de ese mismo enero pidió licencia al cargo y fue sustituido por el ya citado Manuel Gurría Ordóñez, que cubrió la segunda mitad del sexenio. Menos de tres años después, virtualmente exiliado, Salvador "Chavo" Neme murió en la Ciudad de México, el 17 de diciembre de 1995.

Su defenestración política había consumado también la estrategia diseñada por Gurría con Madrazo para controlar al estado. En su libro *Entre la historia y la esperanza*, López Obrador lo describió así:

La alianza era evidente. El PRI y el gobierno estaban fusionados como nunca con el propósito de ganar las elecciones. Madrazo decidía sobre asuntos gubernamentales. Nombraba funcionarios, manejaba de hecho el Pronasol, el pago a campesinos por afectaciones de Pemex y sugería programas de obras y servicios públicos. En la práctica, Gurría actuaba más como delegado del PRI que como gobernador del estado.

En mayo de 1992 terminó el periodo de López Obrador como presidente del PRD de Tabasco. Se dedicó a apoyar diversas campañas políticas en los estados, como la de Heberto Castillo en Veracruz. Se distanció de la vida política estatal, en uno más de los "éxodos" personales que han sido documentados.

Pero Andrés Manuel volvió a cobrar notoriedad en 1993 cuando empezó a estar a la vista la nueva sucesión gubernamental en su estado. En julio de ese año Roberto Madrazo había pedido licencia como diputado federal para ser nuevamente líder del PRI en Tabasco, posición desde la que construyó su candidatura (seis años después haría lo mismo para disputar la presidencia del país, con resultados desastrosos).

El 6 de febrero de 1994 López Obrador protestó como candidato del PRD a la gubernatura, por segunda ocasión. En el país se vivía el fin del gobierno de Carlos Salinas de Gortari y sería el "año horrible" del sistema político, lo que ya había incluido, el 24 de mayo anterior, el asesinato del cardenal de Guadalajara, Juan Jesús Posadas Ocampo. En marzo de ese 1994 el candidato del PRI a la presidencia, Luis Donaldo Colosio, fue muerto a balazos en los suburbios de Tijuana. Y la lista de dramas apenas comenzaba.

En los comicios presidenciales del 21 de agosto de ese año resultó ganador el candidato oficial, Ernesto Zedillo, cuyo representante de prensa fue Carlos Salomón, un operador de origen tabasqueño que había trabado relación con López Obrador desde la adolescencia de ambos.

Andrés Manuel escribió en *Entre la historia y la esperanza* que Salomón Cámara le transmitió una propuesta de Zedillo para ser candidato conjunto del PRI y el PRD a la gubernatura de Tabasco, pero que rechazó tal planteamiento "muy respetuosamente".

Así lo recordó Salomón Cámara en conversación con el autor:

Ya como presidente electo, Zedillo acudió a Los Pinos para tener un acuerdo con el presidente Salinas, quien lo instó a mejorar su acercamiento con líderes de izquierda. Y en la lista colocó a López Obrador. Yo había tratado durante muchos años a Andrés Manuel, por lo que lo invité a reunirse en privado con Zedillo, en mi casa. El propio presidente electo le hizo la propuesta de candidatura común. Andrés pidió unos días para pensarlo, pero luego me dijo que no. En automático, Roberto Madrazo se consolidó.

Luego vinieron las elecciones de noviembre de 1994 en las que ganó Madrazo bajo muchos cuestionamientos. López Obrador alegó nuevamente fraude y comenzó movilizaciones. Hubo nuevos encuentros, también en mi casa, entre Andrés Manuel y Esteban Moctezuma, entonces secretario de Gobernación, quien simpatizaba con la idea de anular la elección en Tabasco. Pero en el panorama ya se había acumulado el arranque del nuevo gobierno, la devaluación tras el llamado error de diciembre, y el levantamiento zapatista.

Moctezuma tuvo la instrucción de Zedillo para operar la caída de Madrazo, al que le ofreció separarse del cargo y asumir la Secretaría de Educación. Moctezuma y su equipo negociaron con Madrazo y López Obrador simultáneamente en la Secretaría de Gobernación, en oficinas diferentes. En cierto momento, Madrazo aceptó dejar la gubernatura y se pactó incluso el nombre de un relevo. Pero en Villahermosa los exgobernadores Gurría y Trujillo, apoyados por los empresarios Carlos Hank González y Carlos Cabal Peniche, promovieron una rebelión contra el centro, y todo se cayó. Al final lo que se sembró fue una buena relación de Andrés Manuel con Moctezuma e incluso con Zedillo, que fructificó en el futuro, cuando él se hizo dirigente nacional del PRD y luego candidato a la jefatura de Gobierno del Distrito Federal.

Confirmado Madrazo en la gubernatura de Tabasco, López Obrador se embarcó en nuevas protestas, intervino en el bloqueo de más de 400 pozos petroleros. Seguidores de esa época narran haber sido detenidos por la PGR y encarcelados por un juez. Enrique Fernández Valdés, exdirigente estatal del PRD, refirió en un artículo publicado por el diario tabasqueño *Presente* que Andrés Manuel "hipotecó su casa para pagar fianzas y liberar a líderes de Centla". Y en la Navidad y el año nuevo de ese 1994 "él y su esposa nos llevaron a prisión la cena".

En abril de 1995 López Obrador inició otra marcha —un "éxodo" más— a la capital del país, llamada esta vez "Caravana por la democracia". Pero no logró mucho más, ni siquiera porque presentó cajas con miles de documentos que eran prueba fehaciente de un desbordado gasto en la campaña de Madrazo. Las movilizaciones se extenderían hasta inicios de 1996, sin mayores resultados concretos.

El contraste con momentos anteriores fue descrito así por el citado analista político Mauricio Merino:

> Madrazo llegó a Tabasco para reconstruir la poderosa maquinaria priista antes de que fuera demasiado tarde. Y sobre ella estableció su candidatura al gobierno de la entidad. Si López Obrador había hallado terreno fértil durante tres años, al final encontró una barrera de memorias locales, de apoyos gubernamentales y de organizaciones comunitarias que le devolvían muchas de sus tradicionales ventajas al PRI de Tabasco. Y es que Madrazo no era un candidato como cualquier otro, ni el partido oficial había desaparecido del mapa. Amenazada por un PRD que crecía al abrigo del líder social, la vieja clase política tabasqueña volvió a reunirse para defender la candidatura de Roberto Madrazo como si se tratara de la última oportunidad para volver a los tiempos en que gozaron de una verdadera autonomía de los poderes centrales. No se trataba solamente de competir con el poderoso adversario, sino de recuperar la dignidad política que les había arrebatado el sexenio anterior.

Agotada la apuesta por Tabasco, López Obrador viró su mirada hacia el plano nacional, alentado por Cuauhtémoc Cárdenas. En abril de 1996 contendió por la dirigencia nacional del PRD contra Heberto Castillo y Amalia García. Logró triunfar y se desempeñó al frente de su partido entre agosto de ese año y abril de 1999. En ese lapso el partido del sol azteca logró varios triunfos electorales, como las gubernaturas de Zacatecas y Baja California Sur. Pero el más destacado de ellos fue el de Cárdenas Solórzano, en 1997, durante la primera elección para jefe de Gobierno capitalino.

Al término de la gestión de López Obrador, el proceso de relevo se vio manchado por imputaciones cruzadas de fraude entre los aspirantes a sucederlo. En medio de la crisis, que incluyó un creciente distanciamiento con Cuauhtémoc Cárdenas, Andrés Manuel abandonó el Distrito Federal y emprendió un "éxodo" inverso, ahora hacia Tabasco, donde se registró como aspirante, por tercera vez, a la gubernatura en los comicios de noviembre de 2000.

Hasta allá fue a buscarlo Cárdenas Solórzano, convencido de que el PRD podía retener el gobierno de la capital del país con un abanderado como López Obrador, lo que, por añadidura, podría traer muchos votos al propio hijo del general Cárdenas, que se postuló por tercera vez a la presidencia de la República.

En una concentración pública en la plaza de la Revolución en Villahermosa, Cuauhtémoc pidió a los seguidores de Andrés Manuel "prestarlo" al PRD para que compitiera por el Distrito Federal, "un proyecto más importante para todos nosotros". López Obrador renunció a su candidatura estatal, en la que lo relevó su amigo César Raúl Ojeda.

La campaña de 2000 marcó una ruptura entre ambos dirigentes. Así lo ilustró Cárdenas en su libro *Sobre mis pasos*:

> La mayor parte de los días que hice campaña [durante el año 2000] en la Ciudad de México no coincidimos, por su decisión, con el candidato a jefe de Gobierno [López Obrador]. El desencuentro más serio se dio en mi visita a Ciudad Universitaria el 22 de junio […] Al tratar de coordinar esa visita con el programa de campaña de Andrés Manuel encontramos que él se negaba a asistir a ese encuentro. Hubo que insistirle a través de varios enviados y fue hasta poco antes de la hora prevista para el mitin que aceptó asistir, resistiéndose hasta el último minuto a hacer uso de la palabra. Finalmente dio un corto saludo.

El 2 de julio de 2000 Andrés Manuel López Obrador ganó el gobierno de la ciudad en un apretado resultado que lo colocó apenas 1.1% arriba del panista Santiago Creel, impulsado por la ola de apoyo que permitió a Vicente Fox conquistar la presidencia del país.

Andrés Manuel había conquistado el segundo escenario de poder más importante en la nación.

Quedaba atrás la historia del modesto muchacho nacido en un caserío de un poblado ribereño, al que sus amigos apodaban "lombriz" por su delgadez. El joven que alguna vez fue acólito; el hijo de doña Manuelita y esposo de Rocío, las mujeres que lo sosegaban en sus arrebatos. Ese hijo de Macuspana se presentaba de cuerpo entero ante un país que se dejaba seducir. Y juntos se imaginaban qué pasaría si alguna, ese hombre llegara a ser presidente de la República.

Capítulo 24
La transición suavizada

Hacia las 14:00 horas de ese domingo 1de julio de 2018, una llamada entró al teléfono móvil de Emilio Gamboa, entonces todavía líder del PRI en el Senado.

"Hola, Emilio, ¿cómo vamos?

El veterano político reconoció de inmediato la voz.

"Buenas tardes, presidente. La votación transcurre sin incidentes importantes… Los resultados se perfilan 2 a 1."

"Pues así se anticipaba… De acuerdo, gracias."

Gamboa todavía repuso:

"Presidente, pudo haber estado peor."

"Sí, Emilio, gracias, buenas tardes."

Peña Nieto colgó. Se hallaba en sus oficinas de Los Pinos. Tenía frente a sí a Luis Videgaray, el hombre que durante más de una década se había conservado como la figura con mayor influencia sobre el ánimo del presidente, al que había conocido cuando éste era diputado local y líder Congreso del Estado de México.

Videgaray —entonces canciller— guardaba silencio mientras sostenía una carpeta que guardaba una sola hoja, con un balance contundente: de acuerdo con las primeras encuestas de salida, Andrés Manuel López Obrador obtendría durante esa jornada entre 40 y 50% de los votos para la elección presidencial. Muy por debajo, acaso con 20%, Ricardo Anaya ocuparía un segundo lugar. José Antonio Meade, el candidato oficial, estaba ubicado en el tercer sitio, apenas con poco más de 15%.

No se disponía, a esa hora del domingo, de información sobre los resultados que determinarían la nueva integración de ambas cámaras del

Congreso federal, la gubernatura de nueve entidades, incluida la Ciudad de México, y miles de posiciones más entre alcaldes, diputados locales y regidores municipales. Pero los estudios previos habían alertado que el impacto de López Obrador sería mucho más profundo que el solo ganar la presidencia. Luego sabrían que la derrota electoral iba a ser peor de lo que cualquiera de ellos esperaba.

Peña Nieto le dijo a Videgaray que si en las próximas horas este panorama se confirmaba, hablaría telefónicamente con López Obrador antes de que se hiciera el anuncio oficial, para felicitarlo.

Refirió que días atrás había tenido una reunión con el candidato Meade Kuribreña, quien le anticipó su deseo de salir públicamente a conceder el triunfo de López Obrador cuando las tendencias fueran ya irreversibles. Peña Nieto le pidió a Videgaray coordinar tiempos con Meade, bajo el acuerdo de que éste aparecería primero y luego se transmitiría por televisión un mensaje presidencial pregrabado.

"Pero antes hablaré con López Obrador. Coordina la comunicación con su equipo", le indicó a Videgaray.

El canciller salió de la reunión con una clara inquietud: ¿Cuál es el número telefónico de López Obrador? Sabía que el inminente presidente electo no usaba un móvil personal, y Videgaray no tenía trato con nadie de su círculo cercano. De hecho, hasta esa fecha dos de los hombres más poderosos del país nunca se habían conocido en persona. Empezó a realizar algunas consultas, y finalmente decidió hacer una llamada a Europa con una diplomática que sabía era de la confianza de la esposa del político tabasqueño, Beatriz Gutiérrez Müller.

Una hora después, Videgaray contaba y con un enlace verificado y el número telefónico al que podría llamar el presidente para tener una cortesía con López Obrador que seguramente aceitaría la relación entre ambos durante los seis largos meses que distaban el arranque del próximo gobierno.

Para ese entonces y desde semanas atrás, Peña Nieto seguía ya el estricto guion dictado por las formalidades de la política, el apego a las reglas de etiqueta del poder. Un código genético que, para bien o para mal, lo describió durante todo su gobierno y aun antes, como gobernador y como diputado. Y quizá antes que eso, desde que, muy joven aún, se descubrió inoculado por la política y, con un modesto traje, alba camisa, corbata austera y cabello engominado, le apasionaba visitar oficinas públicas, conocer funcionarios…

"La verdad, no es que yo sea muy serio. Lo que sí soy es muy formal", declaró alguna vez en una entrevista donde se le buscaba extraer confidencias sobre su vida personal.

"Nosotros, en el PRI, tenemos una liturgia que todos debemos respetar", comentó a un grupo de periodistas con los que se reunió a mediados de 2017.

La liturgia, la formalidad que dominó la formación política de Peña Nieto en el Estado de México, dicta normas y protocolos en el trato hacia los personajes públicos, especialmente los que ostentan un mandato popular. No en balde esa entidad cuenta con una de las clases políticas más sólidas y estables del país. Lo traen en la sangre…, tanto como la comprensión de que la política se hace con dinero. De ahí que "un político pobre es un pobre político", según reza una de las máximas más conocidas de Carlos Hank González, tan legendario por sus destrezas en el ejercicio del poder como por su riqueza personal. Y el mandatario mexiquense era un iniciado consumado en esa cultura.

Los cánones de la política no se habían expresado entre Peña Nieto y López Obrador solamente en el contexto de la contienda presidencial. De alguna manera, durante todo el gobierno se habían producido mensajes, señales de civilidad política entre ambos, apegados a una tradición que podría ser llamada priista y que, a querer o no, los había nutrido a ambos, aun cuando estuvieran colocados en polos opuestos en múltiples temas.

"Yo he sido opositor por muchos años, y nunca dije 'muera el PRI' o 'muera el PAN'. Ése no es mi estilo", había dicho en diversas ocasiones López Obrador, antes y después de su elección.

En el marco de la larga transición posterior a los comicios surgió la percepción, ampliamente difundida en la prensa nacional, de que se había establecido un pacto de impunidad entre el gobernante saliente y el entrante. Ninguna versión de las conversaciones obtenidas por el autor estuvo orientada en ese sentido. Es más probable que, en apego a la misma tradición, ambos hayan sabido que actuar política y penalmente contra el pasado es un asunto sujeto a circunstancias, no a pactos.

Pesó también el antecedente inmediato para Peña Nieto, el representado por la forma en que su antecesor en el cargo, el panista Felipe Calderón, condujo su propia salida del poder presidencial para abrirle espacio al nuevo mandatario. Desde que se supo que el mexiquense había triunfado en las urnas, Calderón le allanó múltiples caminos.

A muy temprana hora del 3 de diciembre de 2013, cumplido apenas su primer año en Los Pinos, Peña Nieto fue informado de que en las primeras horas de ese día López Obrador se había presentado por su propio pie en el hospital Médica Sur, uno de los más importantes de la Ciudad de México, con síntomas de estar sufriendo un infarto cardiaco. Casi de inmediato había sido sometido a un procedimiento de canalización arterial, aplicado por el doctor Patricio Ortiz, lo que permitió desbloquearle una arteria coronaria. En principio estaba fuera de peligro.

El mandatario reunió a un grupo de colaboradores a quienes les pidió dar seguimiento al estado de salud del líder opositor, por si resultaba necesario ofrecer a su familia que fuera trasladado al Hospital Militar o extender otro tipo de apoyo.

En esa reunión Peña Nieto fue informado que López Obrador había ordenado a su hijo Andrés Manuel López Beltrán no suspender un bloqueo al que el político había convocado sobre el Senado al día siguiente, 4 de diciembre, para tratar de impedir la aprobación de la llamada reforma energética impulsada por el gobierno.

En los días previos esa protesta, desde diversas instancias gubernamentales se había coordinado que dirigentes políticos y empresariales condenaran la movilización orquestada por el político tabasqueño. Y se pediría a periodistas cercanos al régimen enfatizar sus críticas en el mismo sentido.

Peña Nieto les dijo a sus colaboradores que debían comprender la angustia que enfrentaba en esas horas la familia de López Obrador. Ordenó vigilar el mitin que encabezaría su hijo, para garantizar que no hubiera incidente alguno. Y pidió desalentar todo tipo de pronunciamiento en contra. "Incluso en los medios", instruyó directamente al vocero presidencial, Eduardo Sánchez.

UNA LLAMADA DESDE LOS PINOS

La tarde de ese día de elecciones, los integrantes del gabinete recibieron desde Los Pinos sendas llamadas para confirmarles que Peña Nieto estaría en la residencia atento a la evolución de la jornada electoral, y que se les invitaba a acompañarlo. Como lo hizo en los meses anteriores, cuando su buen humor ante un panorama ominoso intrigaba a sus colaboradores, el mandatario deseaba dar una nueva muestra de institucionalidad y temple personal.

Oscurecía ya cuando el grupo reunido en Los Pinos tomó nota de que, hacia las ocho de la noche, el candidato de la alianza PRI-Nueva Alianza-Partido Verde, José Antonio Meade, daría una conferencia de prensa para reconocer su derrota, horas antes de que se dieran a conocer los resultados oficiales por parte del Instituto Nacional Electoral (INE).

Un denso silencio dominó el salón que congregaba a Peña Nieto, sus invitados y algunos de sus hijos y de su esposa, Angélica Rivera. Ningún comentario fue externado durante los ocho minutos que Meade tomó para aceptar lo que "los ciudadanos decidieron ya": que las tendencias de la votación no le favorecían y que el ganador de la contienda había sido Andrés Manuel López Obrador. El sollozo apagado de una de las hijas de la pareja presidencial alcanzó a escucharse por algunos segundos.

Candidato cuatro veces derrotado (dos por la gubernatura de Tabasco, dos por la presidencia de la República), forjado para la batalla permanente, su estado natural, López Obrador no tuvo en ese momento ninguna reacción más allá del ámbito familiar. Al anochecer se dispuso a salir de su casa en la zona del Tlalpan, al sur de la Ciudad de México. Pero antes había recibido la anunciada llamada presidencial.

El teléfono que sonó fue el de su esposa Beatriz.

"Buenas noches, señora, llama Enrique Peña Nieto, ¿puedo hablar con Andrés Manuel López Obrador?"

La conversación fue breve. El virtual candidato ganador agradeció la llamada y la felicitación y expresó su interés en un encuentro próximo; ambos acordaron tenerlo al martes siguiente. Se despidieron.

López Obrador, su esposa y su hijo menor se trasladaron al hotel Hilton Alameda, donde había sido rentado un salón en el que se reuniría con sus colaboradores y los dirigentes partidistas que respaldaron su candidatura, para esperar los resultados de la jornada, que ya fluían en cascada.

Se hallaban en esa reunión cuando se anunció que el candidato del PAN, Ricardo Anaya, también saldría a reconocer su derrota. A diferencia de Meade, lo hizo en términos quejumbrosos.

Tras difundirse el reporte del presidente del INE, Lorenzo Córdova, López Obrador, acompañado por su esposa y sus cuatro hijos, dio un mensaje en el salón, y luego anunció que se trasladaría al Zócalo, escenario de momentos clave en su trayectoria desde mediados de los años noventa, para encabezar una celebración por el triunfo. Ambos discursos fueron considerados conciliadores.

Después de ello regresó a su casa en Tlalpan, a donde había invitado a un pequeño y significativo grupo de personajes al que deseaba agradecer su apoyo en ese momento. El encuentro comenzó hacia las 12 de la noche de ese largo e intenso domingo.

Una decena de asistentes departió por algunos minutos tras la llegada de López Obrador. Ubicados en mesas separadas conversaban en corrillos, hasta que vieron que el candidato ganador de la contienda presidencial se ponía de pie con una copa de vino en la mano, dispuesto a hacer un brindis. Todos lo imitaron, formando un círculo frente a él. Los mencionó por sus nombres y subrayó que les debía agradecimiento por el respaldo que le extendieron en diversos momentos.

Lo observaba un grupo de singular composición: su esposa y sus tres hijos mayores; Julio Scherer, propuesto como consejero jurídico; Bernardo Gómez, vicepresidente del Grupo Televisa; Daniel Chávez, del Grupo Vidanta, corporación propietaria de hoteles; Miguel Torruco, empresario, propuesto para ser secretario de Turismo y consuegro del magnate Carlos Slim; Ricardo Salinas Pliego, propietario del Grupo Salinas (televisión, almacenes, bancos), acompañado de su hijo Benjamín; el embajador Agustín Gutiérrez Canet, tío paterno de su esposa Beatriz, consejero en temas de política exterior y esposo de la también diplomática Martha Bárcena, quien pocas semanas después sería propuesta para ser embajadora de México en Estados Unidos.

Unas horas antes, al concluir el festejo en el salón del centro de la ciudad, López Obrador había conversado en privado con la ministra en retiro Olga Sánchez Cordero, propuesta para ser la primera mujer secretaria de Gobernación, y le pidió: "Por favor llámales a todos, hoy mismo. En especial a los gobernadores y a tu enlace con Peña Nieto. Diles que venimos sin ningún ánimo vengativo, que queremos trabajar juntos, en favor del país".

En unos minutos ella tenía organizada ya una larga serie de llamadas. Siempre inició la conversación con la misma frase: "Buenas noches, le llama la próxima secretaria de Gobernación".

Pero una de las primeras llamadas fue con el canal de comunicación que había sostenido durante los últimos meses. Un canal por el que habían corrido, en ambos sentidos, consultas, dudas, acuerdos. Se trataba de un viejo amigo, alguna vez alumno distinguido de su padre, Jorge Sánchez Cordero, uno de los profesores más queridos en años ya lejanos en la Facultad de Derecho de la UNAM.

"¡Poncho querido!", expresó ella cuando escuchó del otro lado de la línea la voz del secretario de Gobernación de Peña Nieto, Alfonso Navarrete Prida.

Sánchez Cordero fue en sí misma una señal de institucionalidad de López Obrador hacia el gobierno de Peña Nieto. Una garantía de legalidad y de que no habría ánimo de revancha contra el gobierno saliente. Este esquema se consolidaba con un segundo personaje en el equipo del tabasqueño que portaba un mensaje adicional, éste sobre responsabilidad en los temas económicos. Se trató del empresario Alfonso Romo, que antes y después de los comicios pavimentó el camino de la transición de la mano de contrapartes designadas desde Los Pinos, en una suerte de juego de espejos múltiple.

UNA GUERRERA EN GOBERNACIÓN

Doce años antes, en una mala tarde de 2006, frente al entonces gobernador mexiquense Enrique Peña Nieto, Olga Sánchez Cordero, a la sazón ministra de la Corte, disimulaba su irritación al hablar sobre las vejaciones a manos de policías que había sufrido un grupo de mujeres durante un violento operativo estatal en la zona de Atenco, a inicios de mayo de ese año.

"Usted debe hacer que se persigan estos delitos, señor gobernador… es necesario castigar a los culpables", insistía esta abogada, con la mirada clavada en el hombre que ya entonces atraía sobre sí los reflectores de la política nacional. Su intervención en Atenco era aplaudida en los pasillos del poder y en círculos empresariales como muestra de cómo deben hacerse las cosas.

Se trataba de un contraste inevitable ante la presunta pequeñez de carácter de Vicente Fox y su secretario de Gobernación, Santiago Creel, doblegados por los campesinos con machetes de Atenco que habían frenado el proyecto de un nuevo aeropuerto.

De acuerdo con testimonios recogidos de esa escena, Peña Nieto miró con condescendencia a su interlocutora, la misma que aprendió de su abuela el oficio de guerrera, y le replicó: "Sí, ministra, yo sé que usted es una defensora de las mujeres".

Ella calculó que la justicia por Atenco debería esperar, pero que la relación con Peña Nieto no sería nunca fácil. Y así ocurrió aun cuando éste se desempeñó como presidente de la República.

Diez años después, con cuatro décadas ya de experiencia profesional; retirada desde 2015 en el máximo tribunal, Sánchez Cordero se alborozó como diputada constituyente de la Ciudad de México. Cuando en febrero de 2017 se cerró esa etapa, estaba convencida de tener vocación de legisladora.

"¿Y por qué no senadora?", se preguntó ella con el mismo arrojo que a los 24 años de edad, con tres hijos menores y un esposo, la hizo cortar amarras familiares y la echó a estudiar en Londres, llevando en las maletas buenos recuerdos y algunos raspones de su paso por el movimiento estudiantil de 1968.

Imaginándose en un escaño senatorial analizó sus escenarios, las puertas por tocar, y optó por la de Andrés Manuel López Obrador. El personaje no le era ajeno, pues tuvo en su escritorio de ministra decidir la pertinencia del juicio de desafuero contra el político tabasqueño que en 2006 impulsaban los citados Fox y Creel. Se dieron por vencidos no sólo porque el entonces jefe de Gobierno capitalino crecía en el aprecio público como víctima del poder, sino porque ya en la Corte se alistaba un respaldo del máximo tribunal en un documento que lucía la firma de Sánchez Cordero.

López Obrador ha contado a sus colaboradores que no conocía cercanamente al personaje que esa tarde le pidió ayuda para ser senadora. Pero sabía su historia, sus batallas a favor de la equidad de género; sus posiciones sobre el aborto, sobre Florence Cassez y otros temas.

En la reunión entre ambos, que incluyó una amplia conversación, quedó sellado el compromiso de la candidatura al Senado. Sánchez Cordero se retiró a casa satisfecha, y así lo compartió con su familia y su hija, Paula García Villegas Sánchez, otra mujer aguerrida, magistrada de circuito, temida incluso en la casa presidencial por la independencia de sus resoluciones.

Pero en sus oficinas, López Obrador se quedó cavilante. Colaboradores suyos consultados por este autor refieren que durante las conversaciones para anunciar la integración de un gabinete que entraría en funciones si se triunfaba en las elecciones, se abordó la decisión del tabasqueño para que hubiera equidad de género en la lista.

Nombres fueron y vinieron en esa reunión de trabajo. Salió a la lista el espacio de la Secretaría de Gobernación. "¿Por qué no una mujer? Sería la primera en ese cargo en la historia", planteó López Obrador.

Algunos intentaron objetar la idea cuando el ahora virtual presidente electo soltó: "Como Olga Sánchez Cordero, por ejemplo".

Días después, la ministra en retiro fue convocada de nuevo a las oficinas del candidato. Le pareció un mal augurio. Supuso que había sido removida de las listas para el Senado. "Cosas de la política", pensó, según compartió a algunos amigos posteriormente. El mal sabor de boca le duró hasta el momento mismo de la nueva cita.

Al encontrarse con el candidato presidencial quiso apresurar el mal trago, pero se congeló cuando su interlocutor le explicó el motivo de la renovada conversación: la quería en su gabinete.

Con el pasar de los días, las semanas y los meses, Sánchez Cordero asumiría su rol en la transición entre un gobierno y otro, respaldada por operadores con una notable cercanía con el presidente electo, entre los que destacó Julio Scherer Ibarra, proyectado como consejero jurídico.

Era frecuente, durante la transición, que los días de Scherer se dividieran en encuentros con personajes del gobierno saliente, para acordar procesos y compartir información; encuentros con los integrantes más relevantes del nuevo equipo, como Sánchez Cordero, Marcelo Ebrard, Alfonso Romo o Alfonso Durazo, para afinar estrategias. Y por las noches, acudir a frecuentes llamados a la casa de López Obrador, para afinar e intercambiar impresiones.

Una tarea central la desempeñaría también el citado Romo, un empresario regiomontano al que se le atribuían excentricidades, como invertir en tecnologías de avanzada, apostar a negocios inciertos como la producción de semillas transgénicas, la energía eólica o las innovaciones en salud. Pero su función esencial fue garantizar al equipo económico de Peña Nieto, así como a empresarios nacionales y extranjeros, que el futuro gobierno no precipitaría por un tobogán la política económica.

ROMO: SEMBRADOR DE CONFIANZA

"A Andrés Manuel lo investigué como lo hago cuando emprendo un negocio o busco un socio", comentaba Romo, especialmente en charlas privadas con amigos empresarios, cuando explicaba por qué decidió sumarse desde 2012 al proyecto del ya entonces presidente electo.

"Me parece [López Obrador] un hombre de valores, sencillo y honrado, amante de su familia. Indagué sobre su desempeño como jefe de Gobierno en la Ciudad de México, y me convenció", refería también en entrevistas periodísticas el controvertido empresario regiomontano colocado en el primer círculo del político tabasqueño, que lo había designado futuro jefe de Oficina de la Presidencia a partir del primer día de diciembre.

Romo Garza tenía en esos días 68 años (nació en la Ciudad de México en 1950), y desde que inició la transición entre gobiernos funcionó como jefe de un gabinete en gestación, cuyos integrantes podían ser convocados por él en cualquier momento y salvo contadas excepciones (Sánchez Cordero, Ebrard, Durazo, Carlos Urzúa) debían tener sus agendas abiertas para cualquier compromiso que les asignara.

En el equipo de Peña Nieto en Los Pinos fue designado como enlace de Romo y de otros integrantes del futuro gobierno Erwin Lino Zárate, el eficaz y ubicuo secretario particular, que acompaña al mandatario desde 2005, cuando inició su gubernatura en el Estado de México. La tarea de Lino Zárate fue abrir las puertas de cualquier funcionario, y ser un canal confiable para el presidente sobre la marcha de la transición.

Desde antes del inicio de la campaña de López Obrador, Romo había tenido también la tarea de sembrar confianza con el empresariado y otros grupos que en los años anteriores habían mostrado claras reservas frente al tabasqueño.

Así ocurrió a principios de agosto, un mes despúes de las elecciones, cuando tras un acuerdo exprés con líderes empresariales Romo alertó a futuros secretarios de Estado que participarían en una ronda de encuentros con el sector privado. Él mismo dio de inmediato inicio a la ronda con una reunión que coordinó el presidente del CCE, Juan Pablo Castañón. Una cita de la que surgieron señales que amerita diseccionar.

Romo les dijo a sus interlocutores, muchos de ellos amigos durante años, que el próximo gobierno no ofrecería, al menos en lo inmediato, estímulos fiscales a los empresarios. "Primero hay que ordenar la casa, reducir gastos", les explicó.

Eso arrojó un torrente de agua fría a las expectativas de los barones del dinero, esperanzados de que como ocurrió en el arranque de los gobiernos de Felipe Calderón y Enrique Peña Nieto, el de López Obrador decretaría un perdón en el pago de impuestos o "retrasos" acumulados por parte del sector privado al fisco. Los datos conocidos hablaban de 1.6 millones de adeudos, por un total superior a los 663 000 millones de pesos. Incluso se rumoró que ello ya estaba previsto en borradores de la próxima Ley de Ingresos federal.

Este episodio permitió prever un rol singular en la labor futura de Romo, un hombre apasionado de la lectura, en particular de biografías de líderes. Es probable que haya leído un fascinante perfil de Franklin D. Roosevelt, el presidente estadounidense que sacó a su país de la Gran Depresión. Empresario de origen, Roosevelt no lo logró privilegiando a sus viejos amigos de las finanzas y los negocios, sino al revés. La biografía que escribió sobre él H. W. Brands se titula *Traidor a su clase*.

Fue un secreto a voces la influencia de Romo sobre López Obrador como su principal operador en múltiples temas. Estaba claro, no obstante, que el presidente electo conservaría personalmente el control de muchos hilos y asignaría temas relevantes, de manera directa, a un compacto grupo de colaboradores.

Pero era una paradoja que Romo fuera uno de los personajes más importantes en la urdimbre de poder que había ido enhebrando el mandatario electo, al que llevó en más de una ocasión a la mesa de consejeros de su casa de bolsa Véctor, para presentarle propuestas de reformas económicas. Romo, su más cercano colaborador para menesteres clave, parecía provenir de las antípodas, sociales, políticas e ideológicas en las que se había formado el político tabasqueño.

Si López Obrador se nutría del trópico y despuntaba en una familia de patrimonio notablemente modesto, Romo había nacido en pañales de seda, presumía de un parentesco lejano con Francisco I. Madero y por décadas había pertenecido, no sin sobresaltos, a la casta dorada de millonarios de la capital regiomontana.

El presidente electo albergaba desde su temprana juventud ideas progresistas, claramente de izquierda. Romo Garza es un empresario con fama mundial de innovador, con inquietudes de promoción ciudadana, pero con un código genético y un pensamiento conservador a toda regla: defensor de Madero, su tío-abuelo, pero también de Porfirio Díaz y, según se había publicado, incluso del dictador chileno Augusto Pinochet.

Este hombre narraba haber atendido en 2011 una invitación de Dante Delgado —dirigente de Movimiento Ciudadano— para reunirse con López Obrador y su esposa, Beatriz Gutiérrez Müller, ella también interesada en la biografía de Francisco I. Madero. Había declarado que acudió a ese encuentro "con mucha flojera", escéptico ante las propuestas del tabasqueño. "La tuya es una medicina que va a matar al paciente", le dijo en su primera conversación esa noche.

No hubo en dicha oportunidad acuerdo alguno que no fuera seguir conversando. Romo acumulaba dos decepciones seguidas tras apoyar en 2000 a Vicente Fox, y en 2006 a Felipe Calderón. Pero abandonó esa cena con la decisión de analizar más profundamente a su interlocutor.

Índice onomástico

Ovalle, Ignacio, 230, 232, 233, 237

Padrino, El (película), 158
Paredes, Beatriz, 35, 170, 220
Partido Acción Nacional (PAN), 20,
    21, 24, 26, 28, 36, 44, 58, 60,
    69, 80, 93, 94, 103, 116, 118,
    119, 124, 133, 149, 169, 170,
    175-177, 179-182, 184-187,
    192, 194, 206, 211, 214, 217,
    218, 221, 235, 249, 252
Partido Convergencia, 24
Partido de la Revolución Democrática
    (PRD), 21, 25, 26, 35, 69, 82,
    94, 99, 103, 118, 124, 150, 170,
    173-177, 179, 184, 185, 195,
    214, 217, 218, 221, 226, 236-
    240, 242, 243, 245
——Alternativa Democrática
    Nacional (ADN), 218
Partido del Trabajo (PT), 25, 35,
    81, 218
Partido Demócrata (Estados
    Unidos), 127
Partido Encuentro Social (PES), 20,
    81, 148, 218
Partido Frente Cardenista (PFC), 237
Partido Nueva Alianza (Panal), 20,
    81, 124, 193, 218, 251
Partido Popular Socialista (PPS), 238
Partido Revolucionario Institucional
    (PRI), 13, 16, 19, 21, 23-27,
    29-32, 34, 35, 39, 56, 58, 60,
    69, 72, 74, 80, 81, 88, 89, 94,
    99, 100, 113, 117, 121, 124,
    132-134, 136, 139, 145, 147-
    151, 160, 170, 171, 174, 176,

177, 180-183, 185, 189, 190,
    192-195, 201, 211-224, 228-
    232, 235-238, 242, 244, 247,
    249, 251
——Comité Ejecutivo Nacional, 213
——Corriente Democrática, 236
Partido Verde Ecologista de México
    (PVEM), 20, 24, 81-84, 124,
    193, 218, 251
Pastor Badilla, Claudia, 222
Pastor Medrano, Isidro, 23, 24
Paz, Omar, 87
Pejeleaks.com (portal), 124, 125
Pellicer, Carlos, 229, 230, 233
Penchyna, David, 147
Penn, Sean, 158
Peña Argüelles, Alfonso, 31
Peña Argüelles, Antonio, *Tony*, 30, 31
Peña Nieto, Enrique, 13-21,
    23-29, 31-37, 39-43, 45, 50,
    51, 53, 55-58, 60-62, 65, 68-
    72, 75, 78-82, 87, 89-99, 102,
    105, 106, 107, 109, 110, 112-
    118, 120, 121, 123, 124, 127-
    133, 135-137, 139-141, 143-
    149, 151, 152, 157, 159-168,
    169, 171, 172, 174, 176,
    179-185, 187, 189-193, 195-
    197, 200, 202, 203, 206, 208,
    211-214, 216, 217, 219-221,
    223, 247-251, 253, 254,
    256, 257
Pequeño García, Ramón Eduardo, 139
Peres, Shimon, 90
Pérez Reverte, Arturo, 157
Petróleos Mexicanos (Pemex), 18,
    20, 41, 61-64, 77, 94, 95, 117,

La historia detrás del desastre de Roberto Rock L.
se terminó de imprimir en junio de 2019
en los talleres de
Litográfica Ingramex, S.A. de C.V.
Centeno 162-1, Col. Granjas Esmeralda, C.P. 09810,
Ciudad de México.